KB139703

Alphago

알파고를
분석하며 배우는
인공지능

Artificial Intelligence

最強囲碁AI アルファ碁 解体新書 増補改訂版 アルファ碁ゼロ対応
(Saikyolgo AI Alfago KaitaiShinsyo ZouhoKaiteiban : 5777-1)

Copyright ⓒ 2018 by TOMOSHI OHTSUKI, YOICHIRO MIYAKE.

Original Japanese edition published by SHOEISHA Co., Ltd.

Korean translation rights arranged with SHOEISHA Co., Ltd. in care of The English Agency (Japan) Ltd.
through Danny Hong Agency.
Korean translation copyright ⓒ 2019 by J-PUB. Co., Ltd.

1쇄 발행 2019년 7월 25일

지은이 오츠키 토모시
옮긴이 정인식
펴낸이 장성두
펴낸곳 제이펍

출판신고 2009년 11월 10일 제406-2009-000087호
주소 경기도 파주시 회동길 159 3층 3-B호
전화 070-8201-9010 / **팩스** 02-6280-0405
홈페이지 www.jpub.kr / **원고투고** jeipub@gmail.com
독자문의 readers.jpub@gmail.com / **교재문의** jeipubmarketer@gmail.com

편집부 이종무, 황혜나, 최병찬, 이 슬, 이주원 / **소통·기획팀** 민지환, 송찬수 / **회계팀** 김유미
교정·교열 배규호 / **진행** 이종무 / **표지디자인** 미디어픽스 / **내지디자인** 이기숙
용지 신승지류유통 / **인쇄** 해외정판사 / **제본** 광우제책사

ISBN 979-11-88621-64-4 (93000)
값 26,000원

※ 이 책은 저작권법에 따라 보호를 받는 저작물이므로 무단 전재와 무단 복제를 금지하며,
   이 책 내용의 전부 또는 일부를 이용하려면 반드시 저작권자와 제이펍의 서면동의를 받아야 합니다.
※ 잘못된 책은 구입하신 서점에서 바꾸어 드립니다.

제이펍은 독자 여러분의 아이디어와 원고 투고를 기다리고 있습니다. 책으로 펴내고자 하는 아이디어나 원고가 있는 분께서는
책의 간단한 개요와 차례, 구성과 저(역)자 약력 등을 메일로 보내주세요.   jeipub@gmail.com

Alphago
알파고를
분석하며 배우는
인공지능
Artificial Intelligence

오츠키 토모시 지음 | **정인식** 옮김

차례

CHAPTER 1 알파고의 등장 1

CHAPTER 2 딥 러닝 – 바둑 AI는 순간적으로 수를 떠올린다 31

CHAPTER 3   강화 학습 – 바둑 AI는 경험을 배운다   101

CHAPTER 4   탐색 – 바둑 AI는 어떻게 예측할까?   145

CHAPTER 5   알파고의 완성   189

CHAPTER 6   알파고에서 알파고 제로로   213

역자 머리말

역자가 AI(인공지능, Artificial Intelligence)란 단어를 접한 것은 대학교 1학년 때다. 그때 전산학 개론의 시험 문제로 'AI'라는 영어 약자의 전체 스펠링과 무엇을 의미하는지 쓰는 간단한 문제가 있었다. 대학에 입학했던 당시에는 아직 386 PC도 나오지 않은 상황이라 꽤 생소한 단어였고, 공상과학 영화에서나 접했던 AI를 현실 세계에 도입한다는 것은 먼 미래의 이야기라고 생각했다.

그런데 20여 년이 지난 지금, 인공지능은 여러 분야에서 맹활약하고 있다. 물론 인간의 창조적인 영역까지는 아직 갈 길이 멀지만, 이 책을 번역하면서 알파고와 알파고 제로가 채택한 인공지능의 지식 습득 방법이 인간의 지식 습득 방식과 유사하다는 것을 알고 얼마나 더 발전해 나갈지 기대 반 우려 반의 생각을 하게 되었다.

이 책은 인공지능에서 이론적인 부분과 활용적인 부분을 자세히 설명한 후, 현재 AI 기술의 가장 선두에 있는 구글의 알파고와 알파고 제로의 내면을 파헤쳤다. 알파고와 알파고 제로의 구현에 앞서, 주요 AI 기술들의 이론적인 부분을 다루었기에 내용이 다소 생소하고, 수학적인 표현들도 많아 난해한 부분도 없지 않아 있지만, 저자는 될 수 있는 대로 이해하기 쉽도록 내용을 차근차근 풀어서 설명하고 있다. 머신 러닝, 딥 러닝, 듀얼 네트워크, 몬테카를로 트리 탐색 등 여러 기술에 대한 이론적인 설명을 토대로 필기체 문자 인식, 미로 찾기, 비디오 게임의 강화 학습 실현 방법과 바둑을 습득하는 알파고 및 알파고 제로의 내부 구조를 알기 쉬운 그림과 함께 설명하고 있다.

저자도 언급하지만, 이 책의 대상 독자는 주로 이공계 및 정보처리 계통의 학생이나 엔지니어다. 그리고 알파고 논문의 이론적인 설명을 저자가 쉽게 풀어서 설명하고 있으므로 알파고와 최신 AI 기술에 관심 있는 사람들에게도 많은 도움이 될 것으로 생각한다. 부디 이 책을 통해 AI 기술의 핵심 지식을 얻길 바란다.

또 한 권의 책을 번역하게 해주신 하나님께 감사드린다. 번역과 교정, 그리고 편집 과정에서 많은 도움을 주신 분들께 이 자리를 통해 감사 말씀을 전한다. 특히 늘 아낌 없는 지원으로 함께 해주신 제이펍 장성두 대표님과 이 책의 전체적인 진행을 맡아 준 이종무 팀장님께 감사드린다. 또한, 디자이너분 등 출판 과정에서 수고해 준 모든 분들에게 감사드리며, 역자의 부족함을 메꿔 준 베타리더들에게도 고마움을 전한다.

마지막으로, 사랑하는 나의 아내와 하은, 시온에게도 감사하며, 올여름 즐거운 휴가를 떠날 것을 약속한다!

2019년 7월 일본 도쿄에서
정인식

천재 바둑 기사와 바둑 AI '알파고'의 만남

'오호~ 이런 수도 있을 수 있나?' 한때 세계 체스 챔피언이나 최고의 장기 프로 기사들도 느꼈을 압도적인 위화감을 아마 이세돌 9단도 느끼지 않았을까? 알파고의 예상치 못한 한 수 앞에서 이세돌 9단은 온몸에 전율을 느끼는 듯했다. "또다시 공부해야 할 것들이 늘어났네요." 세계 최고의 바둑 기사로 하여금 이렇게 말하게 한 상대는 바로 최강 바둑 AI인 '알파고(AlphaGo)'다.

2016년 3월 9일, 디데이는 의외로 빨리 왔다. 구글 딥 마인드가 개발한 알파고가 세계 최고의 바둑 기사 중 한 명으로 불리는 이세돌 9단에게 승리한 것이다. 그 후 알파고는 3연승을 하였고, 많은 관계자가 마른 침을 삼키며 지켜본 다섯 번의 대결은 4승 1패로 알파고의 승리였다. 천재 바둑 기사와 알파고의 대결에 대한 현장감 넘치는 해설 내용은 아래 참고문헌을 읽길 바란다.

 메모 | **참고문헌**
《알파고 VS 이세돌: 인공지능과 바둑의 역사를 새로 쓴 7일간의 기록》(홍민표, 이상미디어, 2016)

세계에 전달된 충격

하지만 충격은 이것만으로 끝나지 않았다. 2017년 1월에는 바둑 대국 사이트인 '야코바둑'에 나타난 'Master'라는 수수께끼의 플레이어가 세계 랭킹 1위의 커제(柯潔) 9단을 비롯해 일본 바둑의 일인자인 이야마 유타 9단 등 수준 높은 최고 기사들을 상대로 60

연승 무패라는 엄청난 성적을 남겼다. 그리고 나중에 이 수수께끼의 플레이어는 바로 알파고의 차기 버전인 것으로 드러났다.

 메모 | **야코 바둑**

중국의 인터넷 대국 사이트 '야코 바둑'

URL http://webigojp.com/

역사적인 승리의 시간으로 거슬러 올라가 보자. 그때로부터 약 1개월 전인 2016년 1월 27일, 《네이처(Nature)》에 〈Mastering the game of Go with deep neural networks and tree search〉라는 한 편의 논문이 게재되었다. 'Master(전문가가 된다)'라는 단어에서 최강 바둑 AI의 자부심과 자신감이 느껴졌다. 물론 이 논문은 앞서 언급한 구글 딥 마인드의 멤버에 의해 작성되었다. 이 시점에서 알파고는 이미 유럽 챔피언에 승리하였다. 상용 바둑 소프트웨어에 대해서는 494승 1패였다. 일본이 진행하고 있던 바둑 AI 연구인 흑선이 밀려나는 순간이었다.

 메모 | **이 책에서 참고한 《네이처》의 알파고 논문**

〈Mastering the game of Go with deep neural networks and tree search〉

(David Silver, Aja Huang, Chris J. Maddison, Arthur Guez, Laurent Sifre, George vanden Driessche, Julian Schrittwieser, Ioannis Antonoglou, Veda Panneershelvam, Marc Lanctot, Sander Dieleman, Dominik Grewe, John Nham, Nal Kalchbrenner, Ilya Sutskever, Timothy Lillicrap, Madeleine Leach, Koray Kavukcuoglu, Thore Graepel, Demis Hassabis, nature, 2016)

URL https://www.nature.com/articles/nature16961.pdf

이 책의 구성

이 책에서는 프로 바둑 기사들의 기보를 학습시킴으로써 최고 수준의 바둑 기사를 이긴 바둑 AI가 어떻게 만들어졌는지를 설명한다. 또한, 필자의 바둑이나 장기 AI 개발의 경험도 감안하면서 알파고의 비밀을 조금이라도 많은 사람에게 전하고자 한다. 더 나아가, 알파고의 논문을 읽고 싶어하는 여러분에게도 도움이 되었으면 한다.

한편, 독자 중에는 'AI는 바둑만큼 난해한 것도 학습할 수 있으니까 다른 어떤 것이라도 학습할 수 있을 거야', '이러다가 사람들이 하는 모든 일을 AI에게 빼앗기는 거 아니야?'라고 우려하는 사람이 있을지도 모르겠다. 그런 걱정은 일단 현재는 기우일 뿐이다.

그림 0.1 처럼 알파고는 딥 러닝, 강화 학습, 탐색의 우수한 성질을 엔지니어의 창의성과 독창성의 조합으로 만들어 낸 것이다. 각각의 요소에는 '머신 러닝'이라는 기술이 사용되고 있는데, 이것은 '사람의 학습'과 비슷하면서도 다른 것이다. 따라서 현재로서는 AI가 자신의 힘으로 차례차례 인간 이상의 성과를 만들어 내는 일은 없을 것이다. 이러한 오해를 풀기 위해서라도 최근 급속히 발전하는 AI 기술의 요점도 함께 설명하고자 한다.

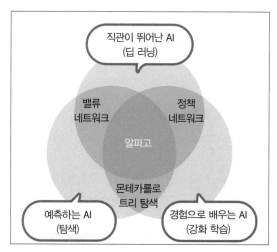

그림 0.1 알파고는 세 가지 AI로 구성된다

이 책에서는 다음의 세 가지 질문을 시작점으로 알파고의 구조를 설명한다.

- 바둑 AI는 직관을 실현할 수 있는가?
- 바둑 AI는 경험에서 배울 수 있는가?
- 바둑 AI는 어떻게 '예측'할까?

또한, 이 책의 초판 집필 시점(2017년 7월)에는 알파고에 대한 구글 딥 마인드의 기술적인 문헌이 2016년 1월에 게재된 《네이처》 논문 〈Mastering the game of Go with deep neural networks and tree search〉밖에 없었다. 그 후 2017년 10월에 《네이처》 알파고 제로의 논문 〈Mastering the game of Go without human knowledge〉에서 강화 학습을 중심으로 한 새로운 연구 결과가 발표되었다. 그래서 이번 증보판에서는 6장을 중심으로 내용을 대폭 추가하였다. 이 책은 이러한 논문을 바탕으로 한 설명이라는 점을 이해해 주었으면 한다.

 메모 │ 이 책에서 참고하는 《네이처》의 알파고 제로 논문

〈Mastering the game of Go without human knowledge〉

(David Silver, Julian Schrittwieser, Karen Simonyan, ioannis Antonoglou, Aja Huang, Arthur Guez, Thomas Hubert, Lucas baker, Matthew Lai, Adrian bolton, Yutian chen, Timothy Lillicrap, Fan Hui, Laurent Sifre, George van den Driessche, Thore Graepel, Demis Hassabis, nature, 2017)

URL https://deepmind.com/documents/119/agz_unformatted_nature.pdf

일반적으로 논문은 간결성과 신규성이 중시되므로 기존의 주요 개념에 대한 설명이 생략될 수도 있다. 그래서 이 책에서는 중요한 개념은 가능한 한 간단한 사례를 들어 살펴보고, 사례와 비유를 활용하는 것에 유념하여 가능한 한 알기 쉽게 설명했다. 한편으로는 내용을 너무 보충한 나머지 오히려 과한 부분도 있겠지만, 그런 부분은 양해해 주길 바란다.

이 책의 대상 독자는 주로 이공계 및 정보처리 계통의 학생이나 엔지니어를 가정하고 있지만, 가능한 한 수식에 의지하지 않는 설명을 하므로 알파고에 관심 있는 전문 분야 외의 사람들도 꼭 읽어 주기 바란다.

오츠키 토모시

대상 독자와 다운로드 파일 안내

대상 독자

- 인공지능 관련 개발에 종사하는 개발자 및 연구자
- 게임 AI 개발자

다운로드 파일에 대해서

이 책의 Appendix 2에서 소개하는 DeltaGo, GoGui는 다음 사이트에서 다운로드할 수 있다(2019년 7월 기준).

DeltaGo의 다운로드 페이지

URL http://home.q00.itscom.net/otsuki/delta.html

GoGui의 다운로드 페이지

URL https://sourceforge.net/projects/gogui/files/gogui/1.4.9/

감수의 글

혹자는 인류를 초월하는 힘을 가졌다고 말하는 '알파고'. 이제 인공지능의 대명사라고
도 불리는, 이 시대를 대표하는 바둑 AI인 알파고는 현대 인공지능의 발전에 기여한 딥
러닝의 산물이기도 하다. 구글 딥 마인드로 만들어진 이 인공지능은 지금까지의 바둑
AI의 연구 성과에 보다 혁신적인 아이디어들을 조합해서 창조된, 현대에서 가장 웅장
한 인공지능의 아키텍처 중 하나다. 이것은 외부에서 보는 것만으로도 매우 엄숙한 위
엄이 있으며, 또한 그 안을 살펴보면 더욱 웅장한 구조물의 집합임을 알 수 있다. 여러
겹의 계층 구조를 이루면서 세심한 주의와 대담한 착상으로 설계되어 있다. 이 책은 그
런 현대 인공지능의 기본적인 설계를 하나하나 착실하게 해설하고 있다.

이 책 초판의 밑바탕이 된《네이처》논문은 20페이지 정도로 이루어져 있으며, 다양한
인공지능의 기술이 조합되어 있다. 논문이라는 것은 연구자들의 공동 작업을 통해 만
들어지고, 지금까지 연구된 성과를 바탕으로 한 논문을 토대로 다시 그것을 참고하는
형태의 새로운 논문이 계속 쌓여 간다. 그리고 때때로 그 분야의 성과를 집대성하고 새
로운 국면을 개척하는 기념비적인 논문이 나타난다.

이 책 초판의 밑바탕이 된 〈Mastering the game of Go with deep neural networks and
tree search〉는 바로 바둑 AI의 오랜 성과를 집대성하는 동시에 새로운 바둑 AI의 세계
를 개척한, 말하자면 하나의 산의 정점에 위치하는 중요한 논문이다. 그래서 인공지능
전문가는 말할 것도 없고, 연구자와 기술자를 불문하고 누구나가 '내용을 이해하고 싶
어하는' 보기 드문 논문이다. 이 책은 그런 논문을 이해하고자 하는 모든 분들의 요구

에 부응하고자 집필된 책이다.

다만, 이 논문에 포함된 기술은 어디서부터 설명해야 할지 망설이게 되는 내용이 대부분이다. 그래서 먼저 교묘하게 결정화된 기술을 하나씩 풀어서 해설한 후, 다시 그것들을 조합하는 어려운 작업이 필요했다. 그러나 저자인 오츠키 님은 그것을 수행할 수 있는 연구자로서의 성실함과 저술가로서의 친절함을 모두 지닌 보기 드문 재능의 소유자이며, 하나하나의 기술을 정중하게 해설하는 동시에 독자가 헤매지 않도록 올바른 곳으로 인도하는 이정표를 곳곳에 마련해 놓았다.

그것은 알파고라는 깊은 숲을 산책하기 위한 대국적인 지도에 해당하는 것이며, 하나하나의 설명은 그 위치에서 다시 세세하게 설명하고 있다. 세부 사항에 모르는 것이 있어도 일단은 읽어 나가 보자. 처음 보기에는 미로처럼 보이는 풍경도 이 책을 읽어 나가다 보면 보다 큰 풍경이 펼쳐질 것이고, 순식간에 이해할 수 있는 순간이 찾아올 것이다. 이리저리 왔다 갔다 하는 사이에 자신이 고민하던 것들을 이해하게 되고 그것이 커다란 길이 되어 갈 것이다.

또한, 이 책은 알파고를 이해하는 책인 동시에 바둑 AI 전반을 이해하는 책이기도 하다. 게다가 인공지능 전반에 대한 지식을 얻는 책이기도 하다. 알파고에는 현대 인공지능의 기초를 이루는 기술이 많이 포함되어 있으며, 이 책을 이해하는 것은 좀처럼 다뤄볼 기회가 없던 인공지능이라는 분야의 전모를 파악한다는 점에서 의미가 있다. 이 책 자체도 알파고를 밑바탕으로 하면서 인공지능 기술을 조합한 장대한 건축물이다. 이 건축물의 내부를 지나 꼭대기에 이르렀을 때는 지금까지 볼 수 없었던 거대한 인공지능의 풍경을 목격할 수 있을 것이다.

이 책의 초판은 대단한 호평을 얻었는데, 이번에 증보된 개정판에서는 새로운 알파고의 진화 버전인 '알파고 제로(AlphaGoZero)'의 해설이 추가되었다. 이것은 구글 딥 마인드가 2017년 10월에 《네이처》에 발표한 논문 〈Mastering the game of Go without human knowledge〉를 밑바탕으로 하고 있으며, 인간의 기보에 의존하지 않고 자가 학습에 의해 알파고의 능력을 완전히 넘어서게 된 배경에 관해 설명하고 있다.

독자들은 새롭게 추가된 알파고 제로의 내용이 수록된 이 책을 읽음으로써 한층 더 높은 패러다임, 즉 인공지능이 자율적인 학습을 통해 인간을 넘어서는 장면과 맞닥뜨리게 될 것이다.

일본 디지털 게임 학회 이사이자 게임 AI 연구자
미야케 요이치로

^{바둑}AI의 역사

바둑 AI의 역사에 대해 간단히 다뤄 보겠다.

그림 0.2와 같이 2006년경까지 바둑 AI의 실력은 아마추어 초단 정도의 수준에 머물고 있었다. 여기에 몬테카를로 트리 탐색(MCTS, Monte-Carlo Tree Search)이라는 획기적인 방법이 등장한다. 이 방법에 의해 바둑의 '탐색'이 가능해졌고, 바둑 AI의 기력(棋力)은 단번에 아마추어 고단자 수준까지 높아졌다. 프로와의 4점 접바둑(AI 측이 먼저 바둑돌 4개를 둔 상태에서 시작)을 이길 수 있게 된 것도 이 무렵이다.

그러나 2010년 무렵부터 다시 진화의 속도가 둔화되었다가 최근 들어 딥 러닝 붐이 거세게 일어났다. 2015년경부터 바둑에 딥 러닝을 적용하는 연구가 나타났고, 알파고는 컨볼루션 신경망(CNN, Convolutional Neural Network)이라는 기술에 의한 학습에 성공하였다. 또한, 알파고를 만든 구글 딥 마인드는 강화 학습 분야의 선구자이기도 하다. 이 책의 5장까지 소개하는 알파고 논문에서도 강화 학습에 대해 다루고 있는데, 최고의 프로 기사를 훨씬 뛰어넘은 비결은 6장에서 소개할 알파고 제로 논문의 새로운 강화 학습 기술에 있다.

이렇듯 알파고의 기술은 탐색, 딥 러닝, 강화 학습이라는 기술의 총체적인 집약 속에서 만들어져 온 것임을 알 수 있다. 딥 러닝과 강화 학습의 급속한 발전이 디데이를 10년 앞당긴 원동력이라고 말할 수 있다.

이 책에서는 이러한 기술의 계보에 대해서도 주목하면서 알파고 및 알파고 제로 기술을 설명한다.

몬테카를로 트리 탐색, 딥 러닝, 강화 학습 기술의 계보와 바둑 AI의 기력 향상

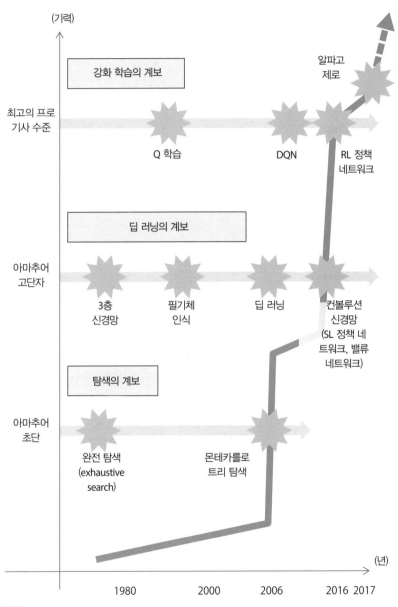

그림 0.2 바둑 AI의 역사

베타리더 후기

🦋 강찬석(LG전자)

'알파고는 바둑을 잘 두는 프로그램'이란 정도를 벗어나 알파고의 실제 내부 구조와 동작 원리를 잘 설명한 책입니다. 직접 구현하거나 확인하기에는 내용이 부족할 수 있지만, 알파고를 구성하는 강화 학습이나 지도 학습에 대한 설명을 통해 딥 러닝을 배우는 꽤 흥미로운 책입니다.

🦋 권성환(라인플러스)

딥 러닝이 실제 사용된 제품에 대한 상세한 사례 연구를 찾아보기 쉽지 않은데, 이 책은 알파고에서 딥 러닝이 어떻게 쓰였는지 단계별로 자세하게 분석했습니다. 따라서 딥 러닝 입문자와 관심 있는 분들에게 큰 도움이 될 것으로 생각합니다. 또한, 설명이 필요한 용어에는 메모가 잘 기재되어 있어 별도로 찾아보는 번거로움을 줄일 수 있는 장점도 있습니다.

🦋 김용현(Microsoft MVP)

저자는 알파고 논문을 참고하여 지도학습 기능 일부를 재현해 델타고(DeltaGo)를 만들었으며, 이를 기반으로 알파고와 관련된 딥 러닝 이야기를 풀어나가고 있습니다. 이 책을 통해 프로그래밍의 지식이나 수학적인 깊이 없이도 알파고의 구조에 대한 지식을 배울 수 있으며, 마치 의사 코드(pseudo code)를 보는 듯한 글과 그림을 통해 여러 언어에서 구현할 수 있는 아이디어를 얻을 수 있습니다.

🕊️ 박기훈(한국생산성본부)

저자의 꼼꼼함이 느껴지는 책으로, 그림과 순서도까지 있어 쉽게 이해할 수 있었습니다. 주요 키워드의 설명과 이와 관련한 내용까지 상세히 싣고 있어 알파고에서 시작된 인공지능을 구체적으로 이해하는 데 많은 도움이 되었습니다. 또한, 저자가 만든 AI 바둑 프로그램의 설치와 사용법까지 설명되어 있어 바둑을 좋아하는 사람에게 또 다른 재미를 주는 책입니다.

🕊️ 박태현(삼성전자)

내용이 간결하며, 이해하기 쉽습니다. 인공지능을 잘 알지 못하는 분도 편하고 재밌게 읽을 수 있다고 생각합니다. 개발 서적이라고 하면 흔히 딱딱한 책들이 대부분이지만, 이렇게 재밌는 책을 집필한 저자와 먼저 읽어볼 기회를 준 제이펍에 감사드립니다.

🕊️ 이종우(uvaper)

알파고에 사용된 인공지능을 설명한 글은 많이 보았습니다. 하지만 이렇게 사용된 기법을 체계적으로 정리한 책을 보니 참 좋았습니다. 평소 알파고에 사용된 기법을 알고 싶은 분에게 추천합니다.

특별 대국 보고서: 알파고와 커제 9단의 대결

글: 바둑 관전 기자이자 바둑 작가인 나이토 유키코
사진 제공: 구글

2017년 5월 23~27일에 열린 알파고와 세계 최고의 바둑 기사 커제 9단(그림 0.3)의 대국을 보고한다.

그림 0.3 (왼쪽) 데미스 하사비스, (중앙) 커제 9단, (오른쪽) 에릭 슈미트 _ 사진 제공: 구글

⠸ '바둑의 미래 서밋'의 개최

알파고와 세계 최고의 바둑 기사인 커제 9단(중국)이 세 번 승부를 겨루는 '바둑의 미래 서밋(The Future of Go Summit)'이 2017년 5월 23~27일에 중국 저장성 우전 '인터넷 컨벤션 센터'에서 개최되었다(그림 0.4).

그림 0.4 단상 위의 에릭 슈미트 _ 사진 제공: 구글

2016년 3월에 전 세계 챔피언인 이세돌 9단과의 다섯 번 승부에서 4승 1패로 승리한 이후 알파고는 과연 얼마나 강해졌을까?

반년 전(2017년 6월 이 책 초판 작성 시점)에 인터넷에 나타나 세계 최고의 바둑 기사들을 상대로 60연승을 거둔 수수께끼의 기사 '마스터(Master)'는 바로 알파고의 진화 버전이라는 공식 발표가 구글 딥 마인드로부터 있었다.

인터넷 대국은 한 수를 30초 안에 두는 속기(빠른 바둑)다. 주어진 시간이 적은 것은 인간에게 불리하게 작용한다. 이번 대회의 제한 시간은 1인 3시간. 모두 사용해 버리면 한 수에 1분의 카운트다운이 이뤄진다. 이것은 국제 바둑 대회의 표준 제한 시간이다.

이 대전에 걸린 상금은 150만 달러, 대국료는 30만 달러다. 모든 것이 매우 파격적이다.

커제 9단은 모든 조치를 취한 상태에서 임한다고 이야기했지만, 대부분의 바둑 기사들은 인간 측이 불리할 것으로 예측했다. 알파고가 반년간 더 발전했음을 쉽게 예상할 수 있었기 때문이었다. 조치훈 명예 명인은 "알파고의 반년은 인간의 600년에 해당한다"고 말했다.

많은 바둑 기사는 승패보다도 알파고가 어떤 식의 바둑을 둘 것인가에 관심의 초점을 두었다.

⠶ 제1국(5월 23일): 능숙한 폐물 이용

전 중국 기원 원장이자 중국 바둑 협회 부주석인 오우 여난(王汝南)의 신호로 대국이 시작되었다(그림 0.5).

그림 0.5 제1국: 알파고와 커제 9단의 대국 _ 사진 제공: 구글

먼저 관람객을 놀라게 한 것은 인간 쪽으로 흑돌의 커제 9단이었다.

그림 0.6 의 흑돌 1은 7수째에 놓였다. '삼삼'(구석부터 세어서 가로세로 세 번째)이라는 수다. △의 약점에 해당하는 좋은 점이지만, 지금까지는 A와 B 부근에 모두 백돌이 이미 있

는 상황에서 놓였다.

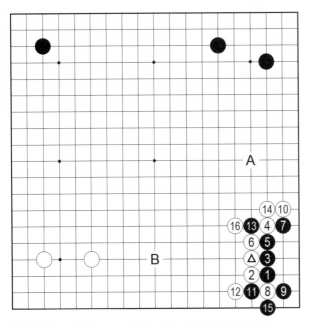

그림 0.6 제1국(흑돌 1 = 7수째) _ 기보 작성: 나이토 유키코

A와 B 주변이 비어 있는 국면에서 바로 흑돌 1로 삼삼을 놓는 것은 악수라는 것이 정설이었다. 이 '악수'를 먼저 선보인 것은 마스터(알파고)였다. 그리고 이후에 능숙한 솜씨를 보이며 상대를 괴롭혔다. 지금까지의 상식을 뒤집는 한 수로 바둑계에서도 수많은 화제가 되었다.

그럼, 이 흑돌 1은 좋은 수였을까? 알파고의 특기를 커제 9단이 빼앗아 그 대책을 물었다. 하지만 알파고의 대답은 명쾌했다. 백돌 4가 좋은 수로, 16까지 흑돌을 구석에 몰아 두고 바깥쪽에 백돌의 벽을 구축하는 유리한 상황이 된 것이다. 여기서부터 벌써 백돌은 리드를 빼앗았다.

그러니 인간 쪽에서 실수를 하게 되었다. '전혀 실수가 없는 바둑은 애초부터 없다'라고 해도 좋을 것이다. 한편, 알파고는 (특히) 형세가 좋아지면 실수를 하지 않는다. 그렇게 되면 인간이 역전하는 것이 극히 어려워진다.

그 후의 절차가 진행된 것이 그림 0.7이다. 왼쪽 위의 싸움에서 백은 왼쪽의 4패를 버리고 왼쪽 위의 흑 2패를 취하는 유연한 전략을 취했다.

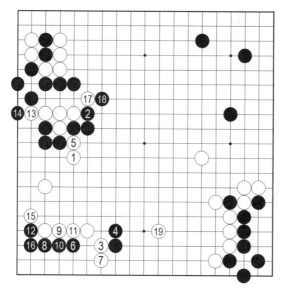

그림 0.7 백 1 = 50수째 _ 기보 작성: 나이토 유키코

주목할 점은 버린 백 4패의 '폐물 이용'이다. 백 1로 살펴보고('살펴보기'는 바둑 용어로 상대의 돌을 끊을 목적으로 한 수) 상대의 응수를 받아보는 것은 능숙한 수였다.

커제 9단의 입장에서는 흑 2와 흑 5의 두 가지 선택이 있었다. 이 응수에 따라 그 후의 전개를 정하자는 고도의 수다. 커제 9단은 흑 2를 선택했다. 알파고가 백 5로 끊은 것에 프로 기사들은 감탄했다. 백 5로 두어도 흑은 왼쪽에 응할 필요가 없다. 그래서 흑 6으로 왼쪽 아래에서 영역을 확보했지만, 백 19로 아래쪽의 흑 2패가 공격받는 태세가 되었다. 이 흑을 도망치게 하고 싶었지만, 백 5가 있어서 좀처럼 도망칠 수 없었다. 결과적으로, 백 5가 아래쪽의 세력을 강화하고 흑을 취할 수 있었다. 백의 멋진 치고 돌리기가 빛난 제1국이었다.

⠿ 제2국(5월 25일): 알파고의 대국관

제2국(그림 0.8)에서 흑 순서의 알파고가 첫 수를 오른쪽 하단에 놓았다.

그림 0.8 제2국(5월 25일) _ 사진 제공: 구글

규칙은 아니지만, 오른쪽 상단부터 두기 시작하는 것이 바둑계의 에티켓이다. 첫 수를 오른쪽 상단 이외에 두는 것은 극히 이례적이지만 있긴 있다. 인간이라면 상대를 심리적으로 흔들려는 의도(비판을 받을 각오도 필요하다)가 역력하지만, 알파고는 어떤 목적이 있었던 것일까? 이것에 대해 데미스 하사비스는 "알파고는 상하좌우를 이해하지 못한다"고 설명했다.

처음의 4수까지는 흑백이 바뀐 것뿐으로 제1국과 똑같이 진행되었다. 백 50수까지가 그림 0.9 의 국면으로, 데미스 하사비스는 "알파고의 평갓값에 의하면, 지금까지 커제 9단은 완벽했다"고 말했다. 그러나 백 6에서 백의 평갓값이 떨어졌다고 한다.

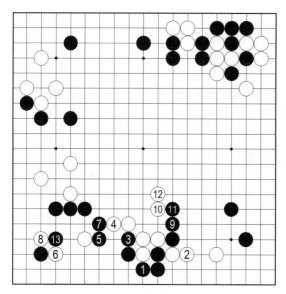

그림 0.9 흑 1 = 51수째 _ 기보 작성: 나이토 유키코

무엇보다 바둑 기사들을 놀라게 한 것이 그림 0.10 의 국면이다.

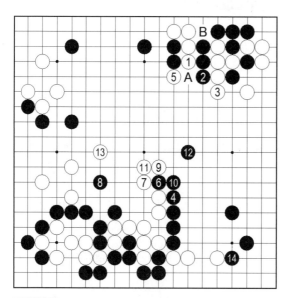

그림 0.10 백 1 = 76수째 _ 기보 작성: 나이토 유키코

백 1은 왼쪽 아래의 싸움을 고려한 준비인데, 흑 2, 백 3 이후에 흑 A가 놓이면 위쪽은 거의 빼앗겨 큰 손해를 입는다(그 손해를 왼쪽 아래에서 회수하자는 작전).

백 1에서 B로 끊으면 오른쪽 상단의 흑 4패를 취할 수 있게 되므로, 흑이 4에서 A를 두는 가치는 50집(바둑의 승패를 결정하는 단위) 정도다. 따라서 흑 A는 인간의 입장에서 승패를 결정해도 이상하지 않다고 판단하는 수다.

알파고는 먼저 흑 4를 두어 오른쪽 상단으로부터 벗어났다. 백 5로 오른쪽 상단의 흑은 끔찍한 국면이 되었다. 그러나 흑은 6에서 12까지 아래쪽의 백과 오른쪽 하단의 백을 모두 살피면서 주도권을 쥐었다. 백이 13으로 방어하였으므로 흑은 14로 오른쪽 하단을 취하여 우위에 섰다. 인간의 대국관보다도 AI가 뛰어남을 보여준 것이다.

이후 왼쪽 하단에 '패'라고 하는 형태가 만들어졌다. 패는 AI에는 취약한 형태로 알려져 왔지만, 이번 대국에서는 아주 자연스럽게 진행하여 그 풍문을 뒤집었다.

⁑ 페어 바둑 대국(5월 26일 오전)과 변칙 단체전(5월 26일 오후)

제3국의 전날인 5월 26일 아침에는 구리 9단과 알파고 페어(그림 0.11), 렌샤오 9단과
알파고 페어(그림 0.12) 등 페어 바둑 대국이 열렸다.

그림 0.11 구리 9단(오른쪽)과 알파고의 페어 _ 사진 제공: 구글

그림 0.12 렌샤오 9단(왼쪽)과 알파고의 페어 _ 사진 제공: 구글

팀메이트인 사람이 둔 수를 알파고가 어떻게 평가하는지 많은 바둑 기사가 그 대국의 내용에 관심을 나타냈다.

다섯 명의 바둑 기사가 알파고와 대전하는 변칙 단체전

또한, 오후에는 다섯 명의 바둑 기사인 스웨 9단, 천야오예 9단, 미위팅 9단, 탕웨이싱 9단, 저우루이양 9단이 상담하면서 알파고와 대전하는 변칙 단체전이 열렸다 (그림 0.13).

지혜를 모으기 때문에 단체전은 유리해 보였다. 단순한 실수는 막을 수 있지만, 마이너스인 부분도 있었다. 바둑 기사 각각의 개성이 있고 주장이 있기 때문에 혼자 둘 때보다 약해질 것이라는 전망도 있었다.

그림 0.13 왼쪽부터 스웨 9단, 미위팅 9단, 탕웨이싱 9단, 천야오예 9단, 저우루이양 9단 _ 사진 제공: 구글

:: 제3국(5월 27일): 참신한 발상으로 완승

제3국(그림 0.14)은 커제 9단이 백의 순서를 희망하였고, 이에 대해 데미스 하사비스가
쾌히 승낙했기 때문에 돌가리기(흑백을 결정하는 의식)는 열리지 않았다.

그림 0.14 제3국(5월 27일) _ 사진 제공: 구글

대국을 시작하는 시점에 아무 것도 바둑판에 없는 상태에서 '알파고의 평가치는 백의
승률 55%다'라는 믿을 만한 정보가 있었다고 한다. 그것을 증명하듯, 대회 후 공개된
'알파고 대 알파고'의 50국에서는 백(후수)이 38승 12패였다.

바둑에서는 먼저 두는 사람의 유리함을 해소하기 위해 '덤'이라는 제도가 있다. 백에 핸
디캡을 주는 것으로, 중국과 본 대회는 '7집 반'('반'은 편의상 무승부를 없애는 것)을 규칙
으로 두고 있다. 참고로, 한국과 일본의 덤은 6집 반이다. 이 덤은 현대의 산물로, 처음
에는 4집 반부터 시작하여 지금까지의 대국에 이르기까지 승률이 50%에 가깝도록 시
행착오를 거쳐 설정을 변화시켜 온 것이다. 알파고의 데이터에 따르면, 6집 반 쪽이 정
답에 가까울지도 모른다.

흑인 알파고는 초반에 일찌감치 참신한 발상을 보여주었다. 그림 0.15 의 ▲로 백에 다가

온 것은 프로 바둑 기사의 발상에는 없는 수였다.

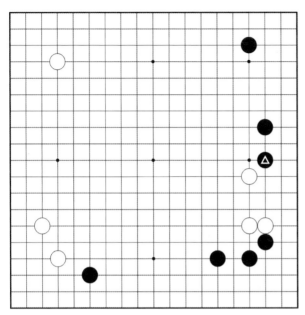

그림 0.15 ▲ = 13수째 _ 기보 작성: 나이토 유키코

오른쪽부터 아래쪽은 흑의 세력권이다. 오른쪽에 들어온 백을 공격하는 것이 일반적인데, 인간이 보았을 때 ▲는 공격보다 백을 결속시키는 이적 행위로 보인다.

백이 뭔가 부응하면 안전하지만, 백은 시간이 걸리는 것에 비해 모양이 나빠 땅이 적은 '뭉친 모양'의 나쁜 모양이 될 수 있다. 알파고는 그것을 노린 것일지도 모른다.

오른쪽 아래쪽의 백이 약한 국면에서 커제 9단은 그림 0.16 의 백 1을 두며, 오른쪽 하단의 흑 안쪽부터 국면을 살폈다. 흑이 어떻게 응할지 어려울 것이라 생각했다.

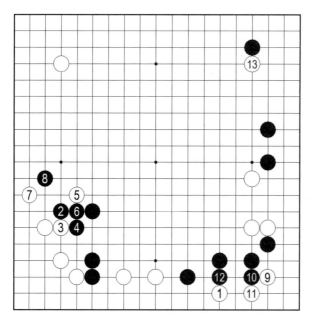

그림 0.16 백 1 = 20수째 _ 기보 작성: 나이토 유키코

알파고가 흑 2를 두어 다른 곳으로 돌아선 것은 '유연하고 머리가 좋다'고 높이 평가되었다. 백 1에 어떻게 응해도 흑의 모양은 좋아지지 않는다. 반대로, '백이 계속해서 그 부근에 뭔가 두게 되면 흑의 모양이 나아질 것'이라는 묘한 국면도 알파고는 오판하지 않았다.

계속해서 지켜본 결과, 커제 9단이 전의를 상실해도 이상하지 않다고 생각했다. 커제 9단이 먼저 백 9를 두었고, 흑은 우위에 섰다. 우세로 돌아서게 되면 알파고는 나빠지지 않는다. 이번 대국은 커제 9단의 수도 나빠서 흑이 큰 차이로 밀어붙였다.

커제 9단은 대국 후에 '알파고는 바둑의 신'이라고까지 치켜세웠다. 상대의 약점이 눈에 띄지 않아 완패했다고 인정한 것이다.

알파고 개발의 주임 연구원인 데이비드 실버는 "어디까지나 컴퓨터 자신과의 대전에 의한 평가이지만, 알파고는 지난해 이세돌과의 대전보다도 3패(아마추어라면 3단계 위. 단, 프로 기사의 단위로 봤을 때는 반드시 그렇지만은 않다) 강해졌다"고 발표했다.

커제 9단은 당시 19세(1997년 8월생)였는데, 그간 비슷한 기력을 가진 사람과 싸운 적은 있어도, 자신보다 확실히 강한 사람과 싸운 적은 없었을 것이다. 대국 중에 커제 9단은 안경을 벗고 눈물을 닦는 등 답답함을 표출했다. 인간을 대표하는 입장에서 바둑을 두는 압박감은 상당했을 것이다(**그림 0.17**).

지금까지 커제 9단은 빅마우스로도 유명하였다. 2016년 이세돌 9단과 알파고의 대전 때에도 "나라면 이길 수 있다"라며 호언장담하기도 했다. 그런 커제 9단이 사람들이 보는 앞에서 눈물을 보인 것은 인상적이었다.

때로는 지는 것을 통해 인간은 성장한다. 알파고는 인류 최강의 바둑 기사를 더욱 강하게 만드는 계기가 되었을지도 모른다.

그림 0.17 대국 중에 고민하는 커제 9단 _ 사진 제공: 구글

❖ 일본 바둑 기사들의 평

알파고의 3연승에 대해서는 이미 예상된 것이어서 놀라움을 표하는 사람은 그다지 보이지 않았다. 커제 9단은 알파고를 '바둑의 신'이라고 표현했다.

한편, 일본 프로 바둑 기사의 인식은 조금 달랐다. 바둑의 신이 100을 알고 있다면 인간은 얼마나 알고 있는지란 질문에 대해 고(故) 후지사와 히데유키 명예 기성은 '6'이라고 말한 일화가 있다(후일 "6이라고 말한 것은 자만이었다. 2나 3이다"라는 말을 남겼다).

그 평가를 바탕으로 일인자인 이야마 유타 6관왕에게 묻자 이렇게 답했다. "인간은 당시와 크게 달라지지 않았다고 생각한다. 알파고는 확실히 우위에 있지만, 바둑이라는 것에 대해 완벽하다고는 생각하지 않는다. 비록 100 중 50을 알고 있다고 해도 아직은 50%다. 또한, AI가 대두했다고 해서 바둑 기사와 기전의 가치가 떨어진다고는 생각하지 않는다. 인간의 경우 심리적인 부분이 승부에 영향을 미친다. 극한의 상황에서 인간의 판단, 성능이 사람들을 감동시킨다고 생각한다"

세계 경기에서 우승 경험이 있는 조우 9단은 "AI의 최선은 승률이므로 신과는 다르다"라고 잘라 말했다. 또한, "알파고의 기보는 지금의 상태로는 적다. 좀 더 기보가 발표되고 대전이 많아지면, 연구가 진행되어 확실히 분석할 수 있다고 생각한다"라고 말했다.

∷ 알파고의 미래

인간 세계 챔피언을 이긴 알파고는 그 임무를 마쳤다며 은퇴를 선언하였다.

구글 딥 마인드의 데미스 하사비스는 이번 서밋에 관련된 바둑 기사와 바둑 관계자에게 감사를 표하고, 세계 바둑 팬들에게 특별한 선물을 하고 싶다며 다음의 두 가지를 약속하였다(그림 0.18).

하나는 과거 알파고끼리의 대국 데이터를 10일마다 10국씩 총 50국을 공개한다고 말하였다. 다른 하나는 알파고의 '사고'를 연구에 활용할 수 있는 도구를 개발하는 것이다.

알파고끼리의 대국을 본 바둑 기사는 그 참신함에 "전혀 본 적이 없다. 먼 미래에서조차 상상할 수 없다"며 놀라워하였다. 그 놀라움은 아사히 신문 등 일반 신문에서도 다루어질 정도였다.

앞으로 연구가 진행되면 또한 바둑의 새로운 발상, 나아가 미래도 보일 것임에 틀림없다.

그림 0.18 질문을 받는 데미스 하사비스 _ 사진 제공: 구글

 칼럼 | AlphaGO Teach

AlphaGO Teach(그림 0.19)는 바둑 기사의 대국 231,000국과 AlphaGo와 바둑 기사에 의한 대국 75국의 기보 데이터에서 만들어진 포석의 패턴을 분석할 수 있는 웹 서비스다. 무려 6,000종류나 되는 패턴을 재현해서 분석할 수 있다.

관심 있는 사람은 다음의 사이트에서 작성해 분석해 보길 바란다.

– AlphaGo Teach

URL https://alphagoteach.deepmind.com/ko

그림 0.19 AlphaGO Teach

CHAPTER 1

알파고의 등장

게임 AI의 역사는 인공지능의 아버지라고도 불리는 앨런 튜링의 시대부터 연구되어 왔다. 체스나 장기는 이미 인간의 챔피언 수준에 도달하였지만, 바둑에 관해서는 "앞으로 10년은 걸린다"고들 말하고 있었다. 그런 상황에서 천재 데미스 하사비스가 이끄는 구글 딥 마인드가 알파고를 들고나와 순식간에 세계 최고의 프로 바둑 기사의 실력을 능가하고 말았다.

이 장의 마지막 부분에서는 바둑 AI란 무엇인지, 그리고 AI에게 있어 바둑이 얼마나 힘든지에 대해 설명한다. 또한, 기존의 머신 러닝에 의해 '다음의 한 수'를 도출하는 방법에 관해서도 설명하겠다.

1.1 게임 AI의 역사와 발전

 여기에서는 알파고 이전에 있었던 게임 AI의 역사와 발전에 관해 설명한다.

1.1.1 앨런 튜링과 AI

게임은 '규칙이 명확'하고, 또한 '실력이 뛰어난 인간 플레이어와 비교하기 쉽다'라는 이유로 AI 연구의 소재로 적합해 초창기 컴퓨터에서 연구의 대상이 되었다. 그중 체스에 관한 연구는 특히 오래되어 인공지능의 아버지라고도 불리는 앨런 튜링의 시대까지 거슬러 올라간다. 당시는 컴퓨터를 부담 없이 사용할 수 있던 시대가 아니었기에 튜링은 종이에 쓴 프로그램을 바탕으로 체스의 수를 진행한 것으로 알려져 있다. 1950년대에는 최초의 체스 프로그램이 세상에 나왔다.

> 📝 메모 | **앨런 튜링(Alan Turing, 1912~1954)**
> 영국의 컴퓨터 과학자. '튜링 머신(Turing Machine)'이라고 불리는 컴퓨터 모델을 제창하는 등 컴퓨터의 탄생에 중요한 역할을 했다. 제2차 세계대전 중에 독일군의 암호 해독에 참여하여 '에니그마(Enigma, 수수께끼)'라는 난해한 암호를 해독한 것으로 알려져 있다.

체스에서는 1997년에 IBM이 개발한 AI인 '딥 블루'가 세계 챔피언인 가리 카스파로프에 역전승하였다. 또한, 장기에서는 2013년 4월에 GPS 장기가 A급 장기 기사인 미우라 히로유키 8단(당시)에 승리하였고, 2017년 4월에는 사토 아마히코 명인에 승리하였다.

메모 | **딥 블루(Deep Blue)**

딥 블루는 IBM이 1989년부터 개발을 시작한 체스 전용 슈퍼컴퓨터. 1996년과 1997년에는 당시 세계 챔피언인 가리 카스파로프(Garry Kasparov)와 대결하였는데, 1997년에는 2승 1패 3무로 딥 블루가 역전하였다.

참고로, 당시의 딥 블루는 슈퍼컴퓨터 수준의 하드웨어 성능이 필요했지만, 하드웨어와 소프트웨어의 발전에 따라 이제는 PC에서 동작하는 체스 프로그램에서도 세계 챔피언 수준 이상의 실력이 되었다고 전해진다.

 메모 | **가리 카스파로프(1963~)**

러시아 출신의 체스 전 세계 챔피언. 22세에 사상 최연소 세계 챔피언이 된 후, 15년 동안 타이틀을 유지한 기록을 가지고 있다.

 메모 | **미우라 히로유키(1974~)**

프로 일본 장기 기사(2013년 GPS 장기와 대전할 때는 8단). 타이틀 '기성'의 수상 경험이 있으며, 일본 장기계 최고 순위인 순위전 A급에 2001년부터 17년간 재적 중인 최고 기사 중 한 명이다.

 메모 | **사토 아마히코(1988~)**

프로 일본 장기 기사. 2016년부터 '명인' 타이틀을 유지하는 최고 기사 중 한 명이다.

한편, 바둑에서는 일본의 바둑 프로그램인 'Zen'이 프로 바둑 기사에게 4점 접바둑(처음 4개의 돌을 둔 상태에서 시작하는 핸디캡 경기)에서 승리하는 성과를 거두어 이미 아마추어 고수 수준으로 평가되고 있다(**표 1.1**). 그러나 인간 챔피언의 수준이 되기 위해서는 '적어도 앞으로 10년은 걸린다'고 전해진다.

이상의 사실을 **표 1.1**의 탐색 공간의 크기(칼럼 참고)와 비교해 보면, 게임 AI는 검색 공간이 작은 순서로 마스터해 왔다고 말할 수 있다.

메모 | **Zen**

알파고가 등장하기 전에는 최강이라고 주목받던 바둑 AI다. 알파고 논문에서는 알파고의 엘로(Elo) 평점이 3,140점인 반면, 상용 버전 Zen의 엘로 평점은 1,888점이라고 평가되었다. 단, 그후 딥 러닝을 이용한 업그레이드에 의해 2017년 3월에는 이마이 유타 9단에 승리하는 등 Zen의 실력은 이미 최고의 프로 바둑 기사의 수준에 도달한 듯하다.

📰 칼럼 | **탐색 공간의 크기(state-space complexity: 상태 공간 복잡도)**

여기에서는 자주 인용되는 탐색 공간의 크기를 계산하는 방법에 대해 조금 보충 설명하겠다. 사실, 이 값은 정확한 계산 값이라기보다는 경험적인 값이다.

구체적으로는, 먼저 게임 규칙상 가능한 수의 평균 N과 종료까지의 수의 평균 M을 추정한다. 그런 다음, N과 M을 사용하여 탐색 공간의 크기를 N개의 M제곱으로 추정한다.

바둑의 경우, 게임 규칙상의 평균 가짓수(average branching factor)가 250, 종료까지 수의 평균 (average game length)이 150이라고 가정하여 $250^{150}(\sim 10^{360})$을 탐색 공간의 크기라고 생각한다. 또한, 장기에서는 게임 규칙상의 평균 가짓수가 80수, 종료까지의 수의 평균이 115수로 가정하여 $80^{115}(\sim 10^{220})$과 같이 계산한다.

이 개념은 아래의 박사 논문의 6.3절에 나와 있다.

⟨Searching for Solutions in Games and Artificial Intelligence⟩
(Louis Victor Allis, 1994)

URL https://project.dke.maastrichtuniversity.nl/games/files/phd/SearchingForSolutions.pdf

---

표 1.1 게임 AI의 발전

	탐색 공간의 크기	최고 수준의 인간과 AI의 대결 결과
오셀로	10^{60}	1997년: 로지스테로가 세계 챔피언 무라카미 켄에 승리
체스	10^{120}	1997년: IBM의 컴퓨터인 딥 블루가 세계 챔피언 가리 카스파로프에 역전승
장기	10^{220}	• 2013년 4월: GPS 장기가 A급 장기 기사인 미우라 히로유키 8단에 승리 • 2017년 4월: Ponanza가 사토 아마히코 명인에 승리
바둑	10^{360}	2016년 3월: 알파고가 이세돌 9단에 승리

※ 출처: ⟨정보 처리 학회지 Vol. 54 No.3⟩의 '컴퓨터 바둑의 최전선 - 게임 정보학에서 바라본 구로반 바둑'의 P.234~237에서 인용

1.2 천재 데미스 하사비스의 등장

알파고를 개발한 사람은 구글 딥 마인드의 창시자 중의 한 명인 데미스 하사비스였다. 여기서는 데미스 하사비스의 지금까지의 활동에 대해 소개한다.

1.2.1 신동 데미스 하사비스

구글 딥 마인드의 창시자 중의 한 사람인 데미스 하사비스는 1976년 영국 런던에서 태어났다. 그 자신이 체스 신동이며, 13세에 이미 체스의 강도를 나타내는 지표인 엘로 평점이 2,300점으로 최상급의 경지에 도달했다.

 메모 | **엘로 평점(Elo rating)**

여러 플레이어의 승패를 바탕으로 각 플레이어의 실력을 점수로 나타내는 방법이다. 체스의 세계에서 표준으로 사용되고 있으며, 100점 차의 경우에 강한 쪽이 64% 이긴다는 식이다.

체스에서는 1,200~1,400점이 초급자, 1,400~1,800점이 중급자, 1,800~2,000점이 상급자의 기준이다. 2017년 5월 시점에서 세계 1인자인 마그누스 카루센의 평점은 2,800~2,900점 정도이며, 일본의 체스 플레이어인 하부 요시하루는 체스 평점이 2,400점 정도다. 하부 요시하루는 일본 장기에서는 널리 알려진 최고 수준의 장기 기사 중 한 명인데, 사실 체스에서도 일본 제일의 플레이어다.

데미스 하사비스는 체스뿐만 아니라 장기, 포커 등의 게임에서도 뛰어난 플레이어로 알려져 있으며, 세계 게임 선수권 대회인 마인드 스포츠 올림피아드에서 5회나 챔피언이 된 적이 있다.

 메모 | **마인드 스포츠 올림피아드(Mind Sports Olympiad)**

매년 8월 경에 영국에서 개최되는 마인드 스포츠 종합 경기 대회로, 1997년에 런던에서 제1회 대회가 개최된 것이 시초다. 참고로, 높은 사고 능력을 사용하여 경쟁하는 게임을 (일종의 스포츠로 간주하여) 마인드 스포츠라고 한다. 바둑, 장기, 체스 등 보드 게임 외에 기억력을 필요로 하는 카드 게임 등도 마인드 스포츠에 포함된다.

8세의 나이에 체스 대회 상금으로 구입한 컴퓨터로 체스와 오델로 AI를 개발한 것이 최초의 실용적인 AI의 개발 경험인 것으로 알려져 있다.

이렇듯 데미스 하사비스는 젊은 나이에 컴퓨터 게임 크리에이터로서 성공하였고, '인간의 뇌를 연구하는 것이 인공지능 해명의 열쇠가 될 것'이라고 생각한 데미스 하사비스는 대학원 박사 과정에서 인지 신경 과학을 전공했다. 이 신경 과학의 연구 성과는 2007년 《사이언스(Science)》에 10대 혁신 중의 하나로 선정되었다.

 메모 | '인간의 뇌를 연구하는 것이 인공지능 해명의 열쇠가 될 것'

MIT Technology Review에 실린 데미스 하사비스 관련 취재 기사

URL http://www.technologyreview.com/news/532876/googles-intelligencedesigner/

2010년에는 머신 러닝 전문 벤처 기업인 딥 마인드 테크놀로지를 공동으로 세워 CEO를 역임하였다. 구글 딥 마인드의 웹사이트에는 '더 나은 세상을 만들기 위해 지능을 해명한다'라는 목표를 내걸었다.

데미스 하사비스의 두뇌를 목적으로 구글과 페이스북이 격전을 벌이고 싸운 결과, 2014년 1월에 드디어 구글이 딥 마인드를 4억 달러 이상으로 인수했다는 소식이 화제가 되었다.

하는 일마다 모두 세계적인 성과를 만들어 내는 데미스 하사비스는 2016년에 알파고에 공헌함으로써 《네이처(Nature)》에서 뽑은 세계에 중요한 영향을 끼친 10인의 과학자 중 한 명으로 선정되었다. 진정한 천재다.

 메모 | **구글 딥 마인드의 웹사이트**

구글 딥 마인드

URL https://deepmind.com/

1.3 알파고의 활약

여기에서는 알파고의 등장부터 현재까지의 프로 바둑 기사와의 대전 결과를 중심으로 지금까지의 활약에 대해 간략하게 설명한다.

1.3.1 알파고의 활약

알파고는 이 데미스 하사비스가 이끄는 구글 딥 마인드에 의해 만들어진 바둑 AI다.

2016년 1월에 발표된 알파고 논문 〈Mastering the game of Go with deep neural networks and tree search〉(이후 이 책에서 언급하는 '알파고 논문'은 특별히 언급하지 않는 한 이 논문을 가리킨다)에 따르면, 알파고는 2015년 10월에 유럽 챔피언인 판 후이(樊麾) 2단과 다섯 번 맞붙어 맞바둑(핸디캡 없는 바둑, 즉 동등하게 시작하는 바둑)에서 5전 전승을 거뒀다.

대국 조건은 제한 시간 1시간으로, 그 시간이 지나면 3회의 30초 추가 시간이 주어진다. 참고로, 시간이 짧은 비공식 경기에서는 알파고의 3승 2패 승리였다(표 1.2). 또한, 당시 최강의 바둑 AI라고 했던 'Zen'을 포함해 기존의 바둑 AI에 494승 1패의 성적을 거두었다.

 메모 | **판 후이 2단(1981~)**

중국 출신의 바둑 유럽 챔피언이다.

표 1.2 알파고 논문 발표 시점에서의 알파고와 프로 바둑 기사(판 후이 2단)와의 대전 결과

	대국일	흑	백	결과
공식전	2015/10/5	판 후이 2단	알파고	알파고의 2집반 승[1]
비공식전	2015/10/5	판 후이 2단	알파고	판 후이 2단의 불계승[2]
공식전	2015/10/6	알파고	판 후이 2단	알파고의 불계승
비공식전	2015/10/6	알파고	판 후이 2단	알파고의 불계승
공식전	2015/10/7	판 후이 2단	알파고	알파고의 불계승
비공식전	2015/10/7	판 후이 2단	알파고	알파고의 불계승
공식전	2015/10/8	알파고	판 후이 2단	알파고의 불계승
비공식전	2015/10/8	알파고	판 후이 2단	알파고의 불계승
공식전	2015/10/9	판 후이 2단	알파고	알파고의 불계승
비공식전	2015/10/9	판 후이 2단	알파고	판 후이의 불계승

※ 출처: 〈Mastering the game of Go with deep neural networks and tree search〉(David Silver, Aja Huang, Chris J. Maddison, Arthur Guez, Laurent Sifre, George van den Driessche, Julian Schrittwieser, Ioannis Antonoglou, Veda Panneershelvam, Marc Lanctot, Sander Dieleman, Dominik Grewe, John Nham, Nal Kalchbrenner, Ilya Sutskever, Timothy Lillicrap, Madeleine Leach, Koray Kavukcuoglu, Thore Graepel, Demis Hassabis, nature, 2016)에서 인용

[1] 바둑의 경우는 먼저 두는 편이 유리하므로 집 계산을 할 때 주어지는 핸디캡이 있다. 핸디캡은 중국에서는 7집 반(7.5집)으로 하고 있다. 반집을 붙이는 것은 무승부가 발생하지 않도록 하기 위해서다.

[2] 중반에 차이가 크게 났을 때, 그 시점에서 지고 있는 쪽이 투료(진 것을 선언)하는 것을 말한다.

이어서 2016년 3월에 열린 것이 앞부분에서 소개한 이세돌 9단과 구글 딥 마인드 챌린지 매치다(**표 1.3**).

 메모 | **이세돌 9단(1983~)**

한국 바둑계의 최고 프로 기사 중 한 명. 2000년대 후반부터 2010년 전반에 걸쳐 세계 최강의 바둑 기사였다.

 메모 | **구글 딥 마인드 챌린지 매치(Google Deep Mind challenge match)**

URL https://deepmind.com/research/alphago/alphago-korea/

인간으로서는 좋은 것인지 나쁜 것인지 이해할 수 없는 수를 거듭하면서 알파고는 결국 인간을 압도하였다. 바둑의 최고 수준의 프로 기사 중 한 명에게 4승 1패를 거두었다. 알파고 논문 시점의 엘로 평점은 3,000점 정도였지만, 이세돌 9단과 대전한 2016년 3월 시점에는 이미 4,000점에 육박했다고 한다(그림 6.12 참고).

 메모 | **바둑에서의 엘로 평점**

바둑에서도 강함에 대한 평가로 엘로 평점이 사용되곤 한다. 이 책에서 참고하는 알파고 논문에서는 일관되게 판 후이 2단을 2,908점으로 고정하고, 판 후이 2단을 기준으로 등급을 결정하는 방법이 사용되고 있다. 알파고 논문의 평가로 단순 비교할 수는 없지만, 세계 랭킹 1위 커제 9단의 평점은 3,600~3,700점 정도다.

표 1.3 **알파고와 이세돌 9단의 구글 딥 마인드 챌린지 매치의 결과**

일정	2016년 3월 9일(수), 10일(목), 12일(토), 13일(일), 15일(화)
대회장	한국 서울시 포시즌 호텔 서울
상금	100만 달러(약 11억 원)
제한 시간	제한 시간 2시간/60초의 초읽기 3회

	대국일	흑	백	결과
제1국	2016/3/9	이세돌 9단	알파고	186수 끝에 알파고 불계승
제2국	2016/3/10	알파고	이세돌 9단	211수 끝에 알파고 불계승
제3국	2016/3/12	이세돌 9단	알파고	176수 끝에 알파고 불계승
제4국	2016/3/13	알파고	이세돌 9단	180수 끝에 이세돌 9단 불계승
제5국	2016/3/15	이세돌 9단	알파고	280수 끝에 알파고 불계승

※ 출처: 팬더 넷: Google DeepMind Challenge Match로부터 인용
URL https://www.pandanet.co.jp/event/dmcm/

참고로, 1980년대까지는 일본의 독무대였던 바둑계였지만, 1990년대 이후는 한국과 중국이 약진하였다. 2017년 5월 시점의 바둑 세계 랭킹 10위권에 들어간 일본인 바둑 기사는 이야마 유타 9단뿐이다. 나머지 9명은 모두 한국이나 중국의 프로 바둑 기사로 꽤 차이가 벌어졌다.

또한, 2016년 말부터 2017년 정초에 걸쳐 업그레이드된 알파고는 한국의 인터넷 대국 사이트 '타이젬'과 중국의 웹사이트 '야코 바둑'에 'Magister'라는 닉네임으로 나타났다.

 메모 | 이야마 유타 9단(1989~)
일본 바둑계의 톱 기사 중 한 명이다. 2016년에는 일본의 7개 타이틀을 모두 독점하는 7관왕을 달성했다. 타이틀 획득에 관한 수많은 최연소 기록을 가지고 있다

 메모 | 타이젬
한국의 인터넷 대국 사이트 '타이젬'
URL http://www.tygem.com

 메모 | 야코 바둑
중국의 인터넷 대국 사이트 '야코 바둑'
URL http://webigojp.com/

이 사이트에서 30번씩 맞붙어 최고의 프로 바둑 기사를 상대로 60연승 무패라는 기록을 남겼다(**표 1.4**). 이 중에는 세계 랭킹 1위의 커제 9단, 한국의 1인자인 박정환 9단, 일본 바둑의 1인자인 이야마 유타 9단을 상대로 한 승리도 포함되어 있다.

 메모 | 커제 9단(1997~)
중국 바둑계의 최고 기사 중 한 명이다. 세계 최강의 바둑 기사이지만, 2017년 5월에 'The Future of Go Summit'에서 열린 알파고와의 3연전에서 3연패를 당했다.

 메모 | 박정환 9단(1993~)
한국 바둑계의 최고 기사 중 한 명이다. 2013~2016년에 한국 바둑 기사 랭킹 1위를 차지하였다.

1　**역주** 인터넷 대국 사이트에 처음 등장했을 때는 Magister 혹은 Magist라는 아이디로 출현했는데 이후 Master로 바뀌었다.

표 1.4 2016년 연말부터 2017년 정초에 걸쳐 열린 알파고와 최고의 프로 기사와의 인터넷 대국 결과로 60국 모두 알파고의 승리였다. 대국 상대는 기본적으로 닉네임으로 나타냈지만, 추정되는 프로 바둑 기사의 이름을 괄호 안에 함께 표시했다

타이젬(2016/12/28~)			야코 바둑(2017/1/1~)		
	대국 상대	결과		대국 상대	결과
제1국	滿漢	백 Magist의 승리	제31국	black12012(이근성)	흑 Magist의 승리
제2국	燕歸來	백 Magist의 승리	제32국	星宿老仙(古力/구리)	백 Magist의 승리
제3국	聖人	백 Magist의 승리	제33국	星宿老仙(古力/구리)	흑 Magist의 승리
제4국	卧虎(謝爾豪)	흑 Magist의 승리	제34국	我想静静了(党毅飛)	흑 Magist의 승리
제5국	无痕(於之瑩/우지오하)	흑 Magist의 승리	제35국	若水云寒(江維傑/코우 이케츠)	백 Magist의 승리
제6국	翔翔(李翔宇/이신우)	흑 Magist의 승리	제36국	印城之霸(辜梓豪)	흑 Magist의 승리
제7국	重逢時(喬智健)	흑 Magist의 승리	제37국	pyh(박영환)	흑 Magist의 승리
제8국	三齐王(韓一洲/한일주)	백 Magist의 승리	제38국	天选(柁嘉熹)	흑 Magist의 승리
제9국	愿我能(孟泰齡/맹태령)	흑 Magist의 승리	제39국	jpgo01(井山裕太)	흑 Magist의 승리
제10국	愿我能(孟泰齡/맹태령)	흑 Magist의 승리	제40국	愿我能(孟泰齡/맹태령)	백 Magist의 승리
제11국	風雨(陳浩)	백 Magist의 승리	제41국	airforce9(김지석)	백 Magist의 승리
제12국	atomy	백 Magist의 승리	제42국	时间之虫(楊鼎新/테이신)	흑 Magist의 승리
제13국	遠山君(王昊洋)	백 Magist의 승리	제43국	piaojie(姜東潤/강동윤)	흑 Magist의 승리
제14국	斬立決(嚴在明)	흑 Magist의 승리	제44국	spinmove(安成浚/안성준)	백 Magist의 승리
제15국	XIUZHI(朴廷桓/박정환)	백 Magist의 승리	제45국	炼心(時越/지에츠)	흑 Magist의 승리
제16국	劍術(連笑)	백 Magist의 승리	제46국	剑过无声(連笑)	백 Magist의 승리
제17국	劍術(連笑)	백 Magist의 승리	제47국	段誉(檀嘯/탄샤오)	흑 Magist의 승리
제18국	吻別(柯潔/커제)	흑 Magist의 승리	제48국	maker(박정환)	백 Magist의 승리
제19국	吻別(柯潔/커제)	백 Magist의 승리	제49국	wonfun(원성진)	백 Magist의 승리
제20국	XIUZHI(朴廷桓/박정환)	흑 Magist의 승리	제50국	潜伏(柯潔/커제)	흑 Magist의 승리
제21국	龙胆(陳耀燁)	백 Magist의 승리	제51국	周俊勳	백 Magist의 승리
제22국	龙胆(陳耀燁)	백 Magist의 승리	제52국	ykpcx(范廷鈺/판팅유)	백 Magist의 승리
제23국	abc2080(김연현)	흑 Magist의 승리	제53국	孔明(황운송)	흑 Magist의 승리
제24국	XIUZHI(朴廷桓/박정환)	흑 Magist의 승리	제54국	聶衛平(니에웨핑)	흑 Magist의 승리
제25국	XIUZHI(朴廷桓/박정환)	백 Magist의 승리	제55국	陳耀燁(젠야오예)	백 Magist의 승리
제26국	daunling	흑 Magist의 승리	제56국	shadowpow(조한승)	흑 Magist의 승리
제27국	ddcg(판딩유)	흑 Magist의 승리	제57국	nparadigm(신진서)	흑 Magist의 승리
제28국	愿我能(孟泰齡/맹태령)	흑 Magist의 승리	제58국	小香馋猫(常昊/창하오)	백 Magist의 승리
제29국	拼搏(半昆廷/반규연)	백 Magist의 승리	제59국	Eason(周睿羊/주오루이양)	흑 Magist의 승리
제30국	930115(唐韋星/탕웨이신)	백 Magist의 승리	제60국	古力(구리)	백 Magist의 승리

※ 출처 1: 유튜브: AlphaGo | Magist 기보(60전 무패)에서 인용
　URL https://www.youtube.com/playlist?list=PLKG0vTcFf4tmLJ9QFxfNbh76Wu7l2piA1
※ 출처 2: 위키피디아: Master(software)에서 인용
　URL https://en.wikipedia.org/wiki/Master_(software)

엘로 평점에 의한 평가에 따르면, 60연승은 700점 이상의 차이에 해당하며, '알파고의 진화 버전은 이미 인류를 능가하고 있는 것은 아닌가?'라고 말하는 사람도 있다(**그림 6.12**에 나타낸 바와 같이 이 시점에서의 엘로 평점은 5,000점 근처에 도달했다고 한다).

지금까지 알파고가 보여 준 몇 가지 수는 프로 바둑 기사의 상식을 뒤집는 수였다. 그러나 대국 후에는 알파고를 흉내 내는 프로 기사가 많이 나타나는 등 바둑계에 큰 영향을 주었다. 이처럼 'AI의 수가 프로 기사의 상식을 깨고 새로운 방법을 만들어 낸다'라는 현상은 먼저 프로의 수준을 넘어선 체스나 장기의 세계에서도 많이 볼 수 있었다.

그리고 여담이지만, 이 책에서 참고하는 알파고 논문의 저자 중 아더 팬은 유명 바둑 소프트웨어의 하나인 'Erica'의 개발자이며, 그 자신도 바둑 고수로 알려져 있다. 또한, 역시 저자 중 한 사람인 데이비드 실버도 이전부터 바둑 소프트웨어 개발에 참여하고 있었다. 그들은 이번 알파고 프로젝트에 앞서서 구글 딥 마인드에도 참여한 것으로 알려져 있다.

그렇기에 구글 딥 마인드는 그들이 축적한 컴퓨터 바둑의 지식을 활용하여 불과 2년 남짓한 사이에 알파고를 만들어 낼 수 있었다고 생각한다.

1.4 바둑 AI의 기초

여기에서는 이 책의 이해에 필요한 바둑 AI의 기초 및 머신 러닝의 활용에 대해 설명한다.

1.4.1 바둑의 규칙

먼저, 바둑의 규칙을 간단히 확인해 두자. 바둑의 규칙은 다음의 네 가지를 파악해 두면 될 것이다.

바둑의 패 등 다소 복잡한 규칙은 이 책에서는 거의 필요가 없으므로 생략한다. 또한, 본래의 바둑판은 19줄(가로세로에 각각 19개의 선이 있다)이지만, 이 책에서는 혼란을 피하기 위해 9줄 바둑판을 사용하는 경우도 있다.

- 바둑판의 가로세로의 노선이 겹치는 교차점(이하 '포인트'라 한다) 위에 흑돌, 백돌의 순서로 돌을 둔다.
- 상대의 돌을 둘러싸면 잡을 수 있다.
- 상대의 돌에 둘러싸인 점은 둘 수 없다.
- 최종적으로 땅이 큰 쪽이 이긴다.

 메모 | 패

바둑은 양쪽 돌이 한 점씩 서로 취하여 같은 형태를 반복하는 상황이 있을 수 있는데, 이를 패라고 한다. 서로 돌을 계속 잡으려고 하면 영원히 끝나지 않기 때문에 이렇게 패를 두는 수는 규칙으로 금지 수로 되어 있다. 즉, 패가 발생했을 경우 상대방은 수를 바꾸지 않으면 안 된다. 이런 패의 규칙은 바둑 AI 개발자 쪽에서 보면 사실 어려운 문제를 포함하고 있다. 왜냐하면 패 싸움을 하고 있을 때만은 보통 가장 좋은 수가 되기 쉬운 상대의 돌을 취하는 수인데, 이것이 금지 수가 되어 그 이외의 수를 두어야 하기 때문이다. AI는 규칙이 갑자기 바뀌는 상황에 약하기 때문에 패가 관련된 상황이 바둑 AI의 약한 영역 중 하나라고들 말한다.

예를 들어 '상대의 돌을 둘러싸서 그 돌을 취하는' 예를 나타내자면, 그림 1.1 (a)의 국면에서 ★의 위치에 흑을 두면, 인접한 백을 취할 수 있다. 반대로 '상대의 돌에 둘러싸인 점에는 둘 수 없는' 예를 나타내자면, 그림 1.1 (b)의 상황에서 백은 ★의 위치에 둘 수 없다.

- **바둑의 규칙**
  (1) 바둑판의 점에 흑, 백이 차례로 돌을 둔다.
  (2) 상대의 돌을 둘러싸면 잡을 수 있다.
  (3) 상대의 집(P.16의 메모 참고)에는 못 둔다.
  (4) 최종적으로 땅이 큰 쪽이 이긴다.
  ⋮

(a) 흑을 두면 백을 잡을 수 있는 위치

(b) 백을 둘 수 없는 위치

그림 1.1 바둑의 규칙

마지막으로, '땅이 큰 쪽이 이긴다'에 대해 살펴보겠다. 땅의 계산법은 일본 규칙, 중국 규칙 등 몇 가지 방식이 있다. 다소 어폐가 있지만, 일본 규칙은 다소 복잡해서 컴퓨터에서 취급하기 어렵다고 한다.

이 부분의 어려움이 바둑 AI를 만들 때에 문제가 된다. 따라서 바둑 AI는 중국 규칙을 채택하는 경우가 많다.

중국 규칙에 의한 땅의 계산법

중국 규칙에서는 기본적으로 '흑 혹은 백의 수' + '둘러싸인 집의 수'를 땅의 크기로 하고, 나중에 두는 백을 잡은 사람에게 덤 7.5집을 더한 후, 흑의 땅과 백의 땅을 비교하여 많은 쪽이 승리하게 된다.

예를 들어, 의 경우라면 흑의 땅은 돌 수가 33, 둘러싸인 집의 수가 12로 총 45다. 백의 땅은 돌 수가 27, 둘러싸인 집의 수가 9로 총 36, 그리고 덤 7.5로 계산할 경우 45 > 36 + 7.5가 되므로 흑이 이긴다.

📋 메모 | **덤**

바둑에서는 먼저 두는 흑이 유리하므로 백에 핸디캡을 주어 최종적인 땅의 크기에 추가할 수 있다. 이것을 덤[2]이라고 한다. 당초 덤은 4.5집으로 되어 있었지만, 흑의 승률이 높으므로 점차 커져 왔다.

현재 일본 규칙은 덤을 6.5집으로 하고 있지만, 중국 규칙은 7.5집이다.

- **승리의 판정 조건(땅의 계산법)**
  - 일본 규칙
    - 다소 복잡해서 컴퓨터에서 다루기 어렵다.
  - 중국 규칙
    - 돌 수 + 둘러싼 집의 수를 계산
    - 덤 7.5집

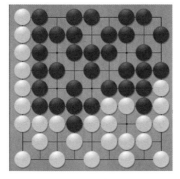

- 흑돌은 33개
- 흑이 둘러싼 집의 수는 12집
- 흑의 땅은 합계 45집

- 백돌은 27개
- 백이 둘러싼 집의 수는 9집
- 백의 땅은 합계 36집

- 흑의 땅은 45집
- 백의 땅은 36집
- 45 > 36 + 7.5 ⇒ 흑의 승리

그림 1.2 중국 규칙에 의한 승부의 판정 조건

이처럼 바둑의 규칙은 단지 몇 줄로 설명할 수 있는 간단한 것이지만, 규칙이 간단하다고 해서 게임 자체도 간단하다고 말할 수 없는 점이 재미있는 부분이다.

---

2 역주 덤은 집을 계산할 때 백돌을 잡은 사람에게 더해 주는 집, 또는 그러한 규칙을 말한다. 바둑은 먼저 두기 시작한 사람이 유리하므로 나중에 둔 사람에게 그 불리함을 보상해 주기 위한 규칙이 있다. 현대 바둑에서는 무승부를 막기 위해 덤에 반집의 개념을 도입하고 있다. 단, 덤의 경우 한국과 일본은 6집반을 6.5집, 중국은 7집반을 7.5집으로 대체하여 사용하고 있다.

메모 | **집**

100% 취할 수 없는 돌은 '살아 있다'고 말한다. 집이 살기 위해서는 '착수 금지 구역'이 두 개 이상 필요하다. 각각의 착수 금지 구역을 '집'이라고 한다. 집이 하나밖에 없으면, 돌은 '죽음'이고, 상대에게 빼앗긴다.

1.4.2 바둑 AI를 구현한다는 것은 무엇인가?

바둑 AI의 행동이 아무리 인간처럼 보인다고 해도 그것은 컴퓨터 프로그램에 지나지 않는다. 그럼 바둑 AI를 어떻게 프로그래밍하면 좋을까? 그 일부분을 다루기 위하여 바둑 AI 구현의 예를 살펴보자. 참고로, 프로그래밍에 관심이 없는 독자는 이 절을 읽지 않아도 괜찮다.

의사 코드로부터 해석하기

리스트 1.1은 인간과 대전시키는 게임 프로그램인데 파이썬(P.95 참고) 풍의 의사 코드로 되어 있다. 먼저, 게임의 첫 번째 국면을 만들 초기화 처리(initialize)를 실행한다. 그 후에는 while 루프 안에 들어가 인간과 바둑 AI가 번갈아 가며 수 m을 선택한다.

둘 중 하나가 투료(패배 인정 선언의 것)하면 게임이 끝나는데, 그렇지 않은 경우에는 '수 m을 1수 진행하고, 그다음에는 상대 쪽 인간 또는 바둑 AI가 수를 선택한다'라는 처리를 어느 쪽이든 투료할 때까지 반복한다.

리스트 1.1 인간과 대전시키는 프로그램의 의사 코드

```
initialize(s)  # 바둑판 s의 초기화
while True:
    if (is_human_turn(s)):      # 사람이 둘 차례라면
        m = WaitHumanMove(s)    # 사람에게 놓을 수를 요구
    else:                       # 컴퓨터가 둘 차례라면
        m = GetComputerMove(s)  # '다음의 수' 선택 태스크
    if (is_toryo(m)):           # 어느 쪽이 투료하면 종료
        return 0
    move(s, m)                  # 바둑판 s에서 수 m에 의해 다음의 한 수를 진행한다.
```

이 프로그램은 바둑뿐만 아니라 장기와 오델로 등의 다른 게임에서도 동일하게 사용할 수 있다. 다른 점은 용어에 대한 표현이나 수(手)의 성질뿐이다.

게임 AI 개발자는 먼저 바둑 AI의 다음 한 수의 선택 처리를 임의 선택으로 해 두고, 일단 이 코드를 움직이게 하는 것이 첫 번째 목표다.

리스트 1.1 의 프로그램을 실행하기 위해서는 AI의 다음 한 수의 선택 처리(GetComputerMove), 인간에게 다음 수를 입력시키는 처리(WaitHumanMove) 부분을 제외하면, 기본적인 처리로서 첫 번째 국면을 만드는 초기화 처리(initialize), 바둑판 위에 한 수를 진행하는 처리(move)가 필요하다.

또한, AI의 다음 한 수의 선택이나 사람에게 수를 입력시키는 처리 중에는 move의 반대로 한 수 앞으로 되돌리는 처리(unmove)나 합법적인 수(어떤 상황에서 규칙을 충족하는 후보 수)를 모두 열거하는 처리(GetLegalMoveList) 등도 대체로 필요하므로 기본 처리에 포함하고 싶은 부분이다.

표 1.5 에 오델로, 장기, 바둑에 대한 기본 처리 내용을 기재해 두었다. 장기 및 오델로와 비교하면 바둑의 기본 처리는 컴퓨터에게 있어 취급하기 쉽다. 예를 들어, 바둑에서 합법적인 수의 위치는 돌이 없는 위치이면서 상대 돌에 둘러싸이지 않은 위치라면 쉽게 생성할 수 있기 때문이다. 또한, move 처리도 기본적으로는 둔 돌을 추가하기만 하면 된다.

비교를 위해 오델로의 합법적인 수를 모두 열거하는 것을 생각해 보자. 이 경우 빈 칸마다 가로, 세로, 대각선의 8방향으로 돌을 놓아 보면서 상대방 돌을 뒤집을 수 있는 방법을 순서대로 알아 내야 한다. 장기의 경우는 보다 더 힘들다. 예를 들어, 장군을 불렀을 때 도망가는 수를 모두 열거하는 처리는 프로그래밍 초보자는 매우 어렵다.

표 1.5 각 게임에 대한 기본 처리 내용

	오델로	장기	바둑
initialize (판 위의 초기화)	백 2개, 흑 2개를 두어서 초기 배치	선수/후수의 말을 20개씩 배치	특별히 없음
move (한 수 진행하기)	돌을 놓고 사이에 낀 돌을 뒤집는다.	말을 움직이기, 잡기, 승격, 두기	돌을 놓고, 둘러싼 돌을 취한다.
unmove (한 수 되돌리기)	• 낀 돌을 원래대로 되돌린다. • 둔 돌을 제거한다.	• 움직이거나 둔 말을 원래대로 되돌린다. • 둔 말을 원래대로 되돌린다.	• 취한 돌을 원래대로 되돌린다. • 둔 돌을 제거한다.
GetLegalMoveList (합법적인 수의 생성)	빈 칸에 둔 수 중에서 상대 돌을 뒤집는 수	• 장군이라면 벗어나는 수 • 반상의 말을 움직이는 수 • 갖고 있는 말을 두는 수	빈점(돌이 없는 점)에 두는 수 중 규칙 위반이 아닌 수

바둑의 move 처리의 구현에 관해서는 취하는 수의 처리만이 다소 어렵다. 하나로 연결된 여러 개의 상대 돌을 취할 경우 상대 돌의 묶음을 인식할 필요가 있다. 또한, 취한 돌은 반드시 한 묶음이라고 할 수 없으며, 최대 4개의 돌의 묶음으로 나뉘어 있는 경우도 있다. 여러 개로 나뉘어 있었다고 해도 중복 없이 그리고 빠짐없이 돌을 취해야 한다.

여담이지만, 개발하기 시작한 지 얼마 안된 바둑 프로그램에서는 취한 돌이 바둑판에 남아 있거나 되돌렸던 돌의 위치가 비어 있는 상태가 되는 경우가 종종 있다. 또한, 장기 프로그램에서는 왕장(王將)이 어느새 사라져 버리는 일도 자주 발생한다. 많은 경우 이러한 원인은 move 처리 및 unmove 처리의 버그다. 모든 경우를 다 분석하여 어떠한 경우에도 제대로 동작하도록 처리를 구현하는 것은 의외로 어렵다.

그럼, 원래의 이야기로 돌아가 보자.

어떤 돌이 잡힐지에 대한 판정은 그때마다 실시하는 것이 아니라 **그림 1.3** (b)와 같이 미리 '연'이라 불리는 '돌의 묶음' 정보를 갖고 있으면 된다. 이 연에 대해 '호흡 점'이라고 불리는 '각 연이 앞으로 몇 수에서 잡힐지?'라는 정보를 갖게 하면, '호흡 점'이 0이 되는 여부에 따라 잡힐지를 판정할 수 있다.

예를 들어, 그림 1.3 (b)의 c인 흑과 e인 백은 잡힐 것 같은데, 그림 1.3 (c)와 같이 연 c와
연 e의 호흡점은 1이 되어 잡힐 것을 판정할 수 있다.

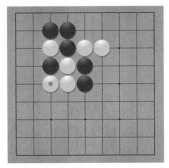

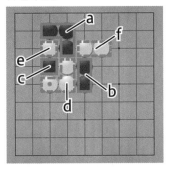

(a) 국면의 그림 / (b) 연의 분할

(c) 각 연의 지표

연	a	b	c	d	e	f
소속	흑	흑	흑	백	백	백
돌의 수	3	2	1	3	1	2
호흡점의 수	4	3	1	3	1	4

그림 1.3 연 정보의 예

단, 연의 정보를 계산할 경우 매번 모든 정보를 0부터 만들면 처리 시간이 소요된다.
그래서 가능하면 한 수 진행하는 처리(move 처리) 안에서 이번에 둔 돌에 관련된 연 정
보의 차이만을 잘 업데이트함으로써 고속화하는 것이 좋다.

이러한 복잡한 처리를 자신이 직접 모두 고려하는 것은 힘들다. 다행히 앞서 연구한 사
람들이 그 노하우를 축적하고 있다. 예를 들어, 메모의 참고문헌을 살펴보면 도움이 될
것이다(어떤 분야에서 뭔가를 시작할 때 먼저 기존의 연구를 철저하게 조사하는 것은 매우 중요
하다).

 메모 | **참고문헌**

《コンピュータ囲碁—モンテカルロ法の理論と実践—(컴퓨터 바둑 – 몬테카를로 법칙의 이론과 실천)》
(요시조에 카즈키, 야마시타 히로시 저, 마쓰바라 진 편집, 공립출판, 2012년)

✦ 1.4.3 '다음의 한 수' 태스크

앞서 해설한 의사 코드에서 바둑 AI의 강함에 기여한 것은 바둑 AI가 수를 선택하는 GetComputerMove 부분이다. 이 처리에서 국면을 입력으로 하고, 그 국면에 대해서 어디에 돌을 둘 것인지가 출력이 된다. 즉, 바둑 AI가 생각한 최선의 수를 반환하면 되는 셈이다. 이 태스크를 이 책에서는 '다음의 한 수' 태스크라고 부른다.

그림 1.4 는 '다음의 한 수' 태스크에 대한 입출력의 예다. 현재 백이 12수째를 둔 국면인데, 이 국면(그림 1.4 (a))을 입력으로 하고, 다음의 13수째인 흑의 수를 출력한다.

이 경우 흑이 둘 수 있는 장소는 69개가 있는데, 그중에서 어디에 둘 것인가를 선택하는 문제라고 바꿔 말할 수 있다. 그림 1.4 (b)는 출력의 예다.

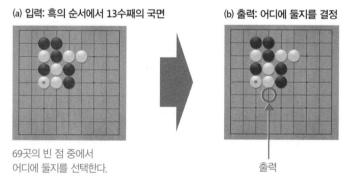

바둑의 '다음의 한 수' 태스크란
입력 상황에 대해 어디에 둘지를 결정하는 태스크를 말한다.

(a) 입력: 흑의 순서에서 13수째의 국면　　　(b) 출력: 어디에 둘지를 결정

69곳의 빈 점 중에서
어디에 둘지를 선택한다.

출력

그림 1.4 '다음의 한 수' 태스크의 예. 12수째까지 진행된 국면을 입력으로 하고, 13수째의 흑돌을 어디에 둘지를 출력한다

⠿ 1.4.4 '다음의 한 수' 태스크의 어려운 점

바둑의 '다음의 한 수' 태스크의 어려움에 대해서 기존 장기와 비교해 보자(표 1.6).

표 1.6 장기와 바둑의 어려움 비교

	장기	바둑
평가 항목	말의 가치, 말의 위치	돌의 연결(모양, 두께)
평가 함수 설계의 어려움	• 말의 가치: 평가하기 쉽다. • 말의 위치: 왕과의 상대 위치로 대략 OK	약간의 모양의 변화에도 '연결'과 사활이 변화하기 때문에 곤란
후보 수의 수	초기 상황: 30	초기 상황: 361
검색 알고리즘	완전 탐색(exhaustive search) 기반	몬테카를로 트리 탐색 기반

먼저, 기존의 장기 등 게임 AI는 d수 앞까지의 수를 전개하여 d수 앞의 국면을 평가해 가장 좋은 방법을 선택하는 '완전 탐색'의 개념이 주류를 이룬다.

장기의 경우

그 이유로 장기 등의 게임에서는 합법 수의 수가 적은 것을 예로 들 수 있다.

또한, 장기에서는 말의 가치를 점수화하여 그 합계로 평가하는 것만으로도 나름대로 괜찮은 국면 판단를 할 수 있다. 따라서 이 평가 함수와 깊이 탐색을 조합함으로써 강한 AI를 만들 수 있다.

 메모 ┃ **합법 수**

합법 수는 바둑, 장기 등의 게임에서 규칙상 허용하는 수를 말한다.

바둑의 경우

한편, 바둑의 경우 합법 수의 수가 많아(예를 들어, 초기 상태에서 361수의 후보가 있다) 깊이 탐색하는 것이 어렵다는 문제가 있다. 또한, 바둑에는 '정확도가 높은 평가 함수를 만드는 것이 어렵다'는 문제도 있다. 최종적인 평가는 땅의 넓이로 결정되지만, '흑의 땅이 될지' 아니면 '백의 땅이 될지'는 마지막까지 경쟁하는 것이 일반적이다. 왜냐하면 초반 단계에서 어느 땅이 될지는 확률을 구하는 것조차 쉽지 않기 때문이다. 인간의 경우도 '모양'이나 '두께' 등으로 표현되는 돌의 연결이나 강함, 사활 등을 바탕으로 국면의 좋고 나쁨을 결정한다.

 메모 | **사활**

바둑에서는 돌을 빼앗기는 형태를 '사(죽음)', 빼앗기지 않는 형태를 '활(삶)'이라 말하며, 이것들을 아울러 '사활'이라고 부른다.

단, '모양'과 '두께'의 평가는 감각적인 요소가 강하여 돌의 위치가 하나의 변화하는 것만으로도 평가가 역전되거나, 또한 전체 배치가 국소적인 배치에 영향을 주는 등 컴퓨터에게는 판정하기 어려운 요소가 많다. 따라서 바둑은 고전적인 게임 중에서도 AI에게 가장 어려운 태스크 중 하나로 간주되고 있었다.

❖ 1.4.5 머신 러닝을 이용한 '다음의 한 수' 태스크

바둑의 '다음의 한 수' 태스크를 실현하기 위해서는 모든 국면의 수를 기억하게 해두면 좋다고 생각하는 사람도 있을지 모르겠다. 단, 1.1.1에서 언급한 대로 바둑의 검색 공간의 크기는 매우 커서 모든 전개를 기억할 수 없다.

바둑의 '다음의 한 수' 태스크에 대해서는 검색 기반의 접근 방법과 머신 러닝 기반의 접근 방식 두 가지가 있다. 먼저, 검색 기반의 방법은 예측을 바탕으로 앞으로의 전개를 가능한 한 열거하여 그중에서 가장 좋은 전개를 알아내는 방법이다. 검색 기반의 방법에 대해서는 제4장에서 자세히 살펴볼 것이므로 여기에서는 머신 러닝 기반의 방법에 대해서 살펴보자.

머신 러닝이란 컴퓨터에 '학습'을 시켜서 어떤 태스크에 대한 컴퓨터의 '예측 능력'과 '판별 능력'을 향상시켜 나가는 방법이다. 컴퓨터는 모든 국면을 기억할 수 없지만, '비슷한 국면에서 유사한 수가 좋은 수가 될 것이다'라는 것을 가정하여 배후에 있는 규칙성을 구하는 것이 목표다.

'다음의 한 수' 태스크를 실현하기 위해 여기에서는 강한 인간 플레이어의 수를 가능한 한 흉내낸다는 방침을 세우고 있다. 학습 데이터로 강한 인간 플레이어의 수와 같은 수의 표본(정답 레이블)을 이용하는 경우 이 학습법을 지도 학습(Supervised Learning, 교사가 있는 학습)이라고 부른다.

이 책에서는 다음의 2장까지 이 지도 학습의 메커니즘을 알아본다. 구체적으로는 어떤 국면의 후보 수 각각에 대하여 그 수의 좋고 나쁨을 점수로 매기는 예측 모델을 생각한다. 이러한 모델이 있으면 최고 득점을 얻은 수를 출력함으로써 '다음의 한 수' 태스크를 수행할 수 있다.

기존의 지도 학습에서는 사람의 손에 의해 전처리, 특징 추출, 모델링을 수행한 후 모델의 파라미터를 학습 데이터를 바탕으로 튜닝하는 절차로 예측 모델을 만든다 (**그림 1.5**). 각각의 처리는 다음과 같이 나타낸다.

- 전처리: 원시 데이터에서 노이즈를 제거하여(입력, 정답 레이블) 쌍을 만든다.
- 특징 추출: 분류에 필요한 입력의 특성(특징)을 선택한다.
- 모델화: 특징에서 정답 라벨을 예측하는 데 필요한 수학적 모델을 만든다.
- 머신 러닝: 위의 수학적 모델의 정답률을 최대한 높이기 위해 튜닝한다.

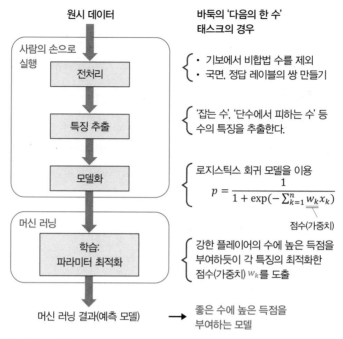

그림 1.5 지도 학습의 절차

바둑의 '다음의 한 수' 태스크를 예로 들어 생각해 보자.

전처리

전처리는 다수의 학습 데이터 중에서 강한 플레이어의 기보만을 추출하거나, 기보에서 비합법 수 등의 입력 오류를 제외하는 등의 처리다.

특징 추출

다음으로, 특징 추출은 '잡는 수', '단수(다음 수로 돌을 잡는 상태)에서 피하는 수', '직전 수의 8 근방의 수(가로세로 대각선으로 인접하는 수)' 등 좋아 보이는 수의 특징을 사람의 손으로 설계해 둔다.

모델화와 학습

이후로 지도 학습을 통해 강한 플레이어의 수의 득점이 가장 높아지도록 각 특징의 점수(가중치)를 최적화하면 좋을 것이다. 이러한 모델로는 '로지스틱 회귀'라는 모델이 알려져 있다. 이 모델을 사용하면 '잡는 수', '단수에서 피하는 수' 등은 좋은 수가 되는 경우가 많으므로 큰 득점이 붙는다.

단, '잡는 수'보다 더 좋은 수가 있는 국면에서는 '잡는 수'가 선택되지 않는 경우도 있다. 로지스틱 회귀에서는 학습 데이터 중 다수의 국면 변화 중에서 '잡는 수'가 놓이기 쉬운 정도와 '잡는 수'보다 더 좋은 수가 있는 비율의 균형을 취해 최적의 점수가 결정된다. 결과적으로, 후보 수에 득점을 부여하는 균형이 좋은 예측 모델이 만들어진다.

 메모 | **로지스틱 회귀**

입력 특징의 선형 합을 확률로 변환하는 통계적 회귀 모델의 일종이다. 신용 리스크 모델(예를 들어, 기업의 파산 확률을 추정하는 모델) 등으로 응용할 수 있어 두 클래스로의 분류(신용 리스크 모델의 경우 예를 들면 파산 여부)에 대한 가장 기본적인 모델이 되고 있다.

예를 들어, '잡는 수', '단수에서 피하는 수', '직전 수의 8 근방의 수'의 세 가지 특징을 생각한 후에 그림 1.6 (a)의 a, b, c의 세 후보 수와 비교하여 생각해 보자.

학습의 결과, 만일 그림 1.6 (b)와 같이 '잡는 수'에 3점, '단수에서 피하는 수'에 2점, '직전 수의 8 근방의 수'에 1점이라는 점수를 매겼다면 다음과 같은 점수가 부여된다.

- a: '잡는 수' 그리고 '단수에서 피하는 수'이기 때문에 (3 + 2 =) 5점
- b: '단수에서 피하는 수' 그리고 '직전 수의 8 근방의 수'이므로 (2 + 1 =) 3점
- c: '직전 수의 8 근방의 수'이므로 1점

이 a, b, c의 비교라면 a가 제일 좋은 수라고 예측된다.

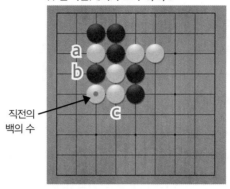

(a) 현 국면(흑)과 후보 수 a, b, c

직전의
백의 수

(b) 각 특징의 가중치 예와 각 후보 수의 득점 계산 예

특징(득점)	잡는 수(3점)	단수에서 피하는 수 (2점)	직전 수의 8 근방의 수 (1점)	합계 득점
수 a	3	2	0	5
수 b	0	2	1	3
수 c	0	0	1	1

그림 1.6 각 특징의 점수(가중치)를 이용한 후보 수 a, b, c의 득점

이런 식으로도 수작업으로 특징을 잘 추출해 두면 어느 정도 괜찮은 예측 모델을 만들
수 있다. 그러나 수작업에 의한 특징 추출에 의존하게 되면 c와 같은 '이도저도 아닌 수'
를 상위에 올려 버리는 특징을 수작업으로 생각하는 것이 어렵게 된다. 결과적으로, 직
접적인 수가 많아지는 경향이 있다.

:: 1.4.6 알파고의 롤 아웃 정책 학습

실은 알파고에서도 이 로지스틱 회귀 모델을 기반으로 특징을 보다 상세하게 설계함으
로써 '다음의 한 수' 태스크를 실시하는 '롤 아웃 정책' 모델을 만들고 있다. 이것에 대
해 좀 더 자세히 살펴보자.

메모 | 롤아웃 정책

알파고에서 수의 표면적인 특징을 바탕으로 그 수가 놓일 예측 확률을 출력하는 수학적 모델 중 하나다. 빠르게 평가할 수 있는 특징만을 이용하므로 평가 속도는 빠르지만, 수의 예측 확률은 다소 떨어져 24% 정도에 머문다.

이용하는 학습 데이터

먼저, 학습 데이터로는 인터넷 대국 사이트 '동양 바둑'의 기보 중 강한 플레이어에 의한 총 800만 국의 국면을 이용하였다.

특징 추출 단계

다음으로, 특징 추출 단계에서는 그림 1.7 (a)에 나타낸 바와 같은 총 109,747(=k) 항목의 특징을 이용한다. 예를 들면, (1)의 상대의 수에 대응하는 수는 바둑에서 자주 나타나는 '상대가 A라고 두었을 때 그것에 응답하여 B라고 대응하는 수'를 나타낸다.

또한, (3)과 (6)의 '8 근방'이란 어떤 점을 중심으로 정사각형의 영역을 말하고, (5)의 '12 근방'이란 8 근방에 추가로 하나 더 바깥쪽 네 개의 점을 추가한 것을 말한다.

또한, '패턴'이란 돌의 색(흑/백/돌 없음)과 호흡점의 수(1, 2, 3 이상)의 조합이다.

그림 1.7 (b)에서는 특정 국면에서 점 a의 8 근방과 점 b의 12 근방의 백과 흑으로 이루어진 패턴의 예를 나타내고 있다.

8 근방이나 12 근방의 패턴에는 엄청난 조합이 있지만, 자주 나타나는 것만을 특징으로 채용하고 있다. 이러한 패턴 데이터를 이용함으로써 앞의 예제에서는 어렵고 어렴풋했던 수의 추출이 어느 정도 가능해졌다.

여기서 예로 든 109,747 항목이나 되는 특징을 수작업으로 찾아내는 것은 일반적인 사람은 할 수 없는 장인의 기술처럼 보일 수 있다. 그러나 이것들은 대체로 참고문헌에서 다룬 것과 동일한 것으로 수작업이며, 기존의 노하우를 활용한 것이다.

모델화 단계

다음으로 모델화 단계에서는 [그림 1.7] (c)에 나타낸 로지스틱 회귀 모델을 사용하고 있다. 여기에서 각 특성에 대한 점수(가중치) w_k는 학습에 의해 결정하는 파라미터다. x_k는 입력 국면이 특정의 특징 k를 갖는지의 여부에 대한 0-1변수(0 또는 1의 값을 갖는 변수)다.

이때 가중치 합 $\sum_{k=1}^{n} w_k x_k$는 어떤 수의 득점, 즉 좋은 성질을 만족하는 정도를 나타낸다. 이 점수를 시그모이드 함수라는 함수에 대입하여 0 이상 1 이하의 확률값 p로 변환한다. 그 결과, 롤 아웃 정책에 의해 강한 플레이어 수와의 일치율은 24%가 되었다.

이 결과는 종래형의 머신 러닝의 결과로서 이 책의 기준이 되는 값인데, 롤 아웃 정책의 수는 직접적인 수가 중심이 되어, 사람의 감각에서 보면 위화감이 있는 수가 많다. 이 모델을 어떻게 개량해 나갈 것인가에 대해서는 2장에서 설명하겠다.

참고로, 여기에서 언급한 (1)~(6)의 특징 항목은 고속으로 계산할 수 있는 것이 주의 깊게 선택되어 있다. 알파고에서는 이 밖에 다소 계산에 시간이 걸리는 것이 특징인 32,242 항목을 추가한 로지스틱 회귀 모델로 인식의 정확도를 높인 '트리 정책' 모델도 만들고 있다.

메모 | **트리 정책**

알파고에서 수의 표면적인 특징을 바탕으로 그 수가 놓인 예측 확률을 출력하는 수학적 모델 중 하나다. 롤 아웃 정책보다 많은 특징을 이용하므로 평가 속도는 떨어지지만, 예측 성능은 올라간다.

(a) 바둑의 수의 특징

내용	종류
(1) 직전의 상대 수에 대응하는 수인가?	1
(2) 단수에서 피하는 수인가?	1
(3) 직전의 상대 돌의 8 근방에 두는 수인가?	8
(4) 직전의 상대에게 치중수[*1]의 형태로 놓여진 경우에 급소에 반격하는 수인가?	8,192
(5) 직전의 상대 돌의 12 근방에 둘 경우, 12 근방의 패턴이 특정 패턴과 일치하는가?	32,207
(6) 두고 싶은 위치의 8 근방 패턴이 특정 패턴과 일치하는가?	69,338
합계	109,747

[*1] 상대의 지역 안에 돌을 둠으로써 상대에게 2집을 만들지 못하게 해 상대의 돌을 죽이는 것을 말한다.

(b) 근방 패턴의 특징의 예

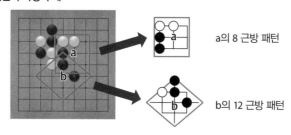

a의 8 근방 패턴

b의 12 근방 패턴

(c) 특정 수 a를 둘 확률을 도출하는 모델
(로지스틱 회귀)

어떤 수 a가 상대의 수에 대응하는 수인가?

어떤 수 a가 단수를 피할 수 있는 수인가?

가중치 합(득점)

$$u = \sum_{k=1}^{109747} w_k x_k$$

$$p = \frac{1}{1 + e^{-u}}$$

수 a를 둘 확률 p

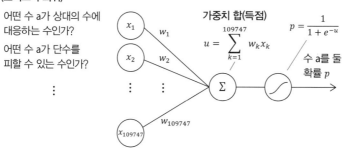

그림 1.7 알파고의 롤 아웃 정책에 사용하는 특징과 학습 방법

1.5 정리

 여기에서는 이 장의 내용을 정리한다.

이 장에서는 게임 AI의 역사를 되돌아 보고, 알파고 등장의 경위와 활약에 대해 자세히 설명하였다. 또한, 게임 AI의 기본인 '다음의 한 수' 태스크를 정의하고, 바둑에서의 '다음의 한 수' 태스크의 어려움에 대해 설명하였다. 그리고 이 태스크를 실현하는 하나의 방법으로 기존의 머신 러닝을 활용하는 생각에 대해 언급하였다.

기존의 머신 러닝에서는 전처리 이외에 특징 선택 및 모델화도 수작업으로 할 필요가 있어 정확한 예측 모델을 만드는 것이 힘들다.

이에 대해 알파고의 롤 아웃 정책은 지금까지의 연구 결과를 활용한 특징 설계 및 로지스틱 회귀 모델을 이용한 파라미터 튜닝에 의해 강한 인간 플레이어와의 일치율이 24% 정도 되는 '다음의 한 수' 태스크를 실현하고 있다.

CHAPTER

딥 러닝-바둑 AI는
순간적으로 수를 떠올린다

알파고의 직관력을 지탱하는 것이 딥 러닝이다. 딥 러닝이란, 수학적 모델로 4층 이상의 신경 망을 이용하는 머신 러닝법을 말한다. 여기에서는 '필기체 숫자 인식'을 사례로 들어 딥 러닝 방법의 하나인 컨볼루션 신경망을 설명한다.

또한, 알파고에서 두 개의 컨볼루션 신경망인 SL 정책 네트워크와 밸류 네트워크의 구조와 학 습 방법에 대해 자세히 설명한다.

SL 정책 네트워크는 바둑의 국면을 마치 그림처럼 바라봄으로써 인간의 직관에 필적하는 '다 음의 한 수' 태스크를 수행한다.

또한, 밸류 네트워크는 지금까지 불가능하다고 생각되었던 바둑의 평가 함수를 실현했다는 의 미에서 알파고의 가장 큰 성과라고 할 수 있다.

이 장에서 설명할 내용

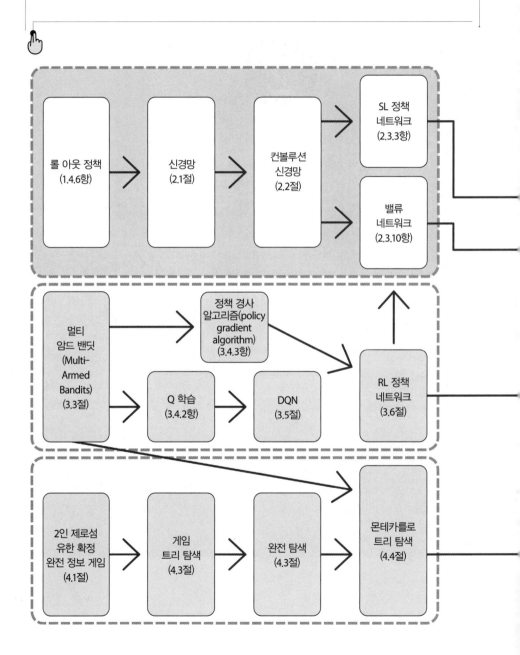

제2장에서는 알파고의 SL(Supervised Learning, 지도 학습) 정책 네트워크(2.3.3항)와 밸류 네트워크(2.3.10항)를 이해하는 것이 목표다. 이를 위해 먼저 1.4.6항에서 설명한 롤 아웃 정책(로지스틱 회귀 모델)부터 컨볼루션 신경망(2.2절)까지 발전해 나가는 과정을 필기체 인식의 사례를 바탕으로 설명한다.

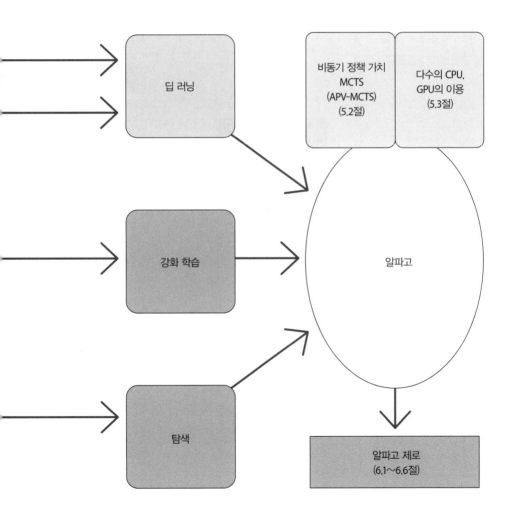

2.1 딥 러닝이란?

✋ 여기에서는 알파고의 직관력을 지탱하는 딥 러닝의 구조와 최근의 기술 발전에 대해 설명한다.

2.1.1 AI는 사람의 직관을 실현할 수 있을까?

'AI는 사람의 직관을 실현할 수 있을까?' 알파고를 해명하기에 앞서 먼저, 이 질문부터 설명하겠다(그림 2.1).

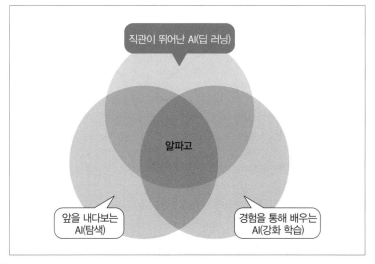

그림 2.1 직관에 뛰어난 AI: 딥 러닝

강한 바둑 플레이어는 오랜 훈련의 결과로 바둑판을 보자마자 나름의 수를 번쩍 떠올리는 것으로 알려져 있다. 또한, 종종 살짝 살펴보고 흑과 백 중 어느 쪽이 우세한지를 판단할 수 있는 것으로 알려져 있다. 게다가 대부분의 경우에서 이들은 올바른 판단을 하고 있으며, 적어도 큰 실수를 하는 경우가 드물다. 이것은 오랜 경험을 바탕으로 한 직관이 뛰어나기 때문이다.

한편으로, 예를 들어 장기에서는 무작위로 말이 배치된 국면을 기억하는 능력에 대해 '최고의 프로 장기 기사나 초보자나 큰 차이가 없다'는 실험 결과도 알려져 있다. 경험이 없는 상황에서는 직관이 통하지 않을 것이다.

사람의 오랜 경험을 축적하는 것은 뇌다. 사람의 뇌는 100억 개 이상의 신경세포(뉴런)를 가지고 있으며, 이 신경세포는 다른 신경세포와 상호 결합하고 있다. 상호 결합된 신경세포는 입력 자극에 따라 활동 전위를 발생시켜 다시 다른 여러 세포에 출력하여 정보를 전달하는 기능을 가지고 있다.

사람의 뇌는 이 신경세포를 이용하여 기억이나 학습 등의 고차 기능을 실현하고 있는데, 이 메커니즘을 본뜬 지도 학습 모델로 신경망이 알려져 있다(그림 2.2).

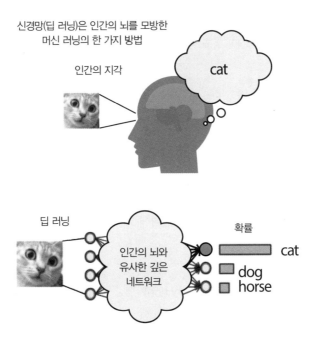

그림 2.2 신경망이란?

※ 출처: 〈Deep Learning 및 이미지 인식 – 역사·이론·실천 – 〉(도쿄 대학 대학원 정보 공학계 연구과 창조 정보학 전공 나카야마 연구실 나카야마 히데키), P.5에서 인용, 작성

URL http://www.slideshare.net/nlab_utokyo/deep-learning-40959442

그림 2.3 (a)와 같이 신경세포는 크게는 '수상돌기'와 '축삭'이라는 두 부분으로 구성되어 있다.

수상돌기는 다른 신경세포의 전기 신호를 받는다. 신경세포는 이 전기 신호의 내용에 따라 특정 전기 신호의 패턴에 발화(세포막 내외의 전위차가 역전되어 활동 전위에 도달하는 것)하고, 그렇지 않으면 발화하지 않는 동작을 한다.

발화에 의해 얻어진 전위 변화는 축삭을 따라 전달되어 축삭말단에 있는 시냅스 결합을 통해 다음 신경세포에 신호를 전달한다.

그림 2.3 (b)는 이 신경세포의 동작을 모방한 신경망 소자(노드)의 예다. 이 소자는 이전 소자에서의 신호(x)에 가중치(w)를 곱하여 가중치 합을 계산한다. 이것은 신경세포가 정보를 통합하는 과정을 모방하고 있다.

 메모 | **소자(노드, node)**

사람 뇌의 신경세포에 해당하는 신경망의 구성 요소를 말한다. 표준적인 소자는 이전 계층의 신호를 입력으로 가중치 합을 계산한 후 활성화 함수를 통해 출력을 계산한다.

 메모 | **가중치 합**

여러 입력($x_1, x_2, \cdots, x_n$)에 대응하는 가중치($w_1, w_2, \cdots, w_n$)를 곱한 후, $w_1 \cdot x_1 + w_2 \cdot x_2 + \cdots + w_n \cdot x_n$ 처럼 그 곱을 모두 합하여 계산하는 것을 말한다.

또한, 이 소자의 반응성을 결정하는 부분은 활성화 함수라고 한다. 활성화 함수는 큰 입력에 대해서는 발화하지만, 작은 입력에 대해서는 발화하지 않는다는 신경세포의 기능을 모방하고 있다.

 메모 | **활성화 함수(activation function)**

소자의 입력 가중치 합에 대해 비선형 변환을 실시하고, 출력을 계산하는 함수다. 시그모이드 함수와 ReLU 함수 등이 알려져 있다. 자세한 내용은 2.2.5항에서 다시 설명한다.

신경세포는 시냅스 결합의 힘과 접속 관계를 바꿈으로써 거대한 신경망을 형성하고 있으며, 이 신경 회로망에 의해 인간은 고도의 정보 처리를 하고 있다. 신경망도 여러 소자를 다층으로 조합하며 가중치 값을 학습에 의해 최적화함으로써 다양한 기능을 제공할 수 있다.

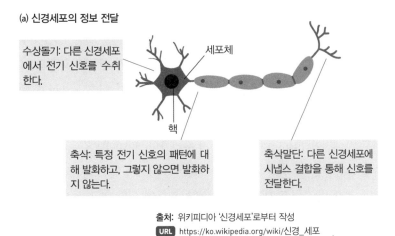

(a) 신경세포의 정보 전달

수상돌기: 다른 신경세포에서 전기 신호를 수취한다.

세포체

핵

축삭: 특정 전기 신호의 패턴에 대해 발화하고, 그렇지 않으면 발화하지 않는다.

축삭말단: 다른 신경세포에 시냅스 결합을 통해 신호를 전달한다.

출처: 위키피디아 '신경세포'로부터 작성
URL https://ko.wikipedia.org/wiki/신경_세포

(b) 신경망 소자(노드) 이전 계층의 입력을 통합하여 다음 계층으로의 출력을 만든다

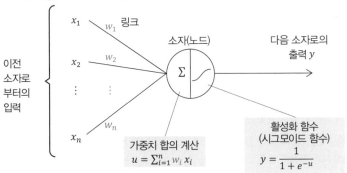

x_1 w_1 링크

소자(노드)

다음 소자로의 출력 y

이전 소자로부터의 입력

x_2 w_2

Σ

x_n w_n

가중치 합의 계산
$u = \sum_{i=1}^{n} w_i\, x_i$

활성화 함수
(시그모이드 함수)
$y = \dfrac{1}{1 + e^{-u}}$

w_i: 각 링크의 중요도를 나타내는 파라미터
(학습에 의해 결정)

그림 2.3 신경세포와 신경망. 모두 이전 소자에서의 여러 정보를 통합하고 다음 소자에 결과를 출력한다는 점이 닮았다

메모 | **시냅스 결합**

시냅스 결합은 신경세포끼리 정보를 전달하기 위한 세포 간의 접합 구조를 말한다. 예를 들어, 신경
세포에서 신경 전달 물질이 방출되어 그것이 다음 신경세포의 수용체에 결합함으로써 세포 간의 정
보 전달이 이루어진다.

참고로, 그림 2.3 (b)의 신경망 소자를 한 개만 사용하는 모델은 실은 1.4.5항에서 소개
한 로지스틱 회귀 모델 자체임을 지적해 두겠다. 즉, 이 소자 한 개만으로도 어느 정도
의 인식 모델을 만들 수 있다는 것이다. 신경망은 이 소자를 여럿 사용하고, 다층화함
으로써 인식 능력을 높인 모델로 되어 있다.

신경망 연구는 예전인 1940년대까지 거슬러 올라가며, 1980년대에는 신경망의 학습의
기본 기술인 오류 역전파 방법이 개발되어 있었다. 잠시 동안 빙하기의 시대가 계속되
고 있었지만, 2006년 토론토 대학의 힌튼 교수 그룹에 의한 연구를 시작으로 딥 러닝
으로 진화한 신경망은 학회 및 산업계를 끌어 들여 대단한 붐을 이루었다. 딥 러닝이
란, 기존보다 깊은 다계층(일반적으로는 4계층 이상) 신경망에 의한 머신 러닝의 기법을
말한다.

 메모 | **오류 역전파 방법(Back Propagation)**

신경망의 가중치 파라미터의 학습 기법 중의 하나다. 오류 역전파 방법이라고도 한다. 자세한 내용
은 2.2.6항에서 다시 설명하겠다.

 메모 | **토론토 대학의 힌튼 교수 그룹에 의한 연구**

다음 논문에는 자동 인코더(자기 부호화기)라 불리는 모델을 이용한 다계층 신경망의 파라미터를 학
습하는 기법에 대한 설명이 있다.

⟨A fast learning algorithm for deep belief nets⟩
(Geoffrey E. Hinton, Simon Osindero, Yee-Whye Teh, Neural Computation, Vol. 18, P.1527–1554, 2006)
URL https://www.mitpressjournals.org/doi/abs/10.1162/neco.2006.18.7.1527

자동 인코더는 입력층, 중간층, 출력층을 가진 3계층 신경망의 일종인데, 적은 중간층의 유닛에 의
해 출력층이 입력 정보를 복원하도록 학습시킨 신경망을 말한다.

힌튼 교수와 연구진은 이 자동 인코더를 2계층마다 적용하여 다계층의 가중치 파라미터의 초깃값을
구하는 처리(사전 학습)에 이용하였다.

딥 러닝이 발전하게 된 원동력으로는 나중에 살펴보면 알 수 있듯이 다계층의 신경망을 잘 학습할 수 있는 방법론이 확립된 것과 최근의 컴퓨팅 환경 진전에 따라 학습을 고속으로 실행할 수 있게 된 것을 들 수 있다.

딥 러닝 시대의 머신 러닝과 기존의 머신 러닝의 프레임워크를 비교해 보자. 그림 2.4 와 같이 앞서 언급한 기존의 머신 러닝에서는 전처리는 물론이고, 특징 추출 및 모델화도 사람의 일이었다.

그러나 1.4.6절에 나타난 롤 아웃 정책 학습의 예를 봐도 알 수 있듯이 특징 추출 및 모델화는 새로운 문제에 직면할 때마다 새로운 특징을 고안하고, 상황에 따라 취사 선택해야 하는 등 개발자의 노하우가 중요하다.

딥 러닝의 공헌은 이 특징 추출 및 모델화 작업의 대부분을 자동화한 것이다. 이 결과, 이미지 인식 분야에서는 기존의 특징 설계 노하우가 없는 사람이라도 쉽게 고정밀 이미지 인식 기술을 개발할 수 있게 되었다.

또한, 인간이 특징을 설계할 수 없는 복잡한 테스크라도 머신 러닝에 의해 대응할 수 있는 경우가 나왔다. 최근에는 딥 러닝이 이미지 인식 이외에 음성 인식 및 기계 번역 등의 분야에서도 유효하다는 것을 알게 되어 현재 수많은 혁신적인 연구 성과가 발표되고 있다.

 메모 | **음성 인식**

음성 인식은 사람의 음성을 컴퓨터에게 자동 인식시키는 것을 말한다.

예를 들어, 음성 단어를 문자열로 변환하는 작업이 있다. 음성 인식 분야는 딥 러닝 이전에도 활발히 연구되고 있었으며, 은닉 마코프 모델(HMM, Hidden Markov Model)이라는 통계 모델의 이용에 의해 이미 실용 수준에 도달했다.

최근 딥 러닝을 이용함으로써 더욱 성능이 향상되고 있다.

 메모 | **기계 번역**

기계 번역은 한국어나 영어 등의 자연 언어를 컴퓨터를 이용하여 다른 언어로 번역하는 것이다.

기계 번역은 1950년대부터 연구되어 왔지만, 애매한 표현, 생략, 동의어의 표현 등 자연 언어 특유의 벽에 부딪혀 큰 진전은 없었다. 이에 대해 최근 딥 러닝을 이용한 기계 번역 기술이 급진전을 이루고 있다. 2016년에는 딥 러닝을 이용한 구글 번역의 일본어 버전이 등장해, '종래보다 훨씬 자연스러운 번역이 가능해졌다'는 점이 화제가 되었다.

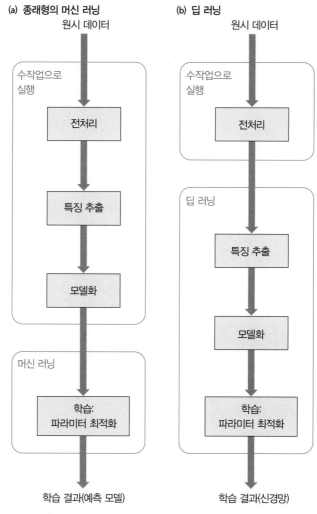

그림 2.4 기존의 머신 러닝과 딥 러닝과의 비교. 딥 러닝에서는 특징 추출 및 모델화의 처리도 자동으로 수행할 수 있다

여담이지만, 필자는 바둑의 규칙은 알고 있으나, 플레이어로는 거의 초보 수준이다. 그러나 바둑이 약하다고 해서 강한 AI를 만들 수 없는 것은 아니다. 물론 종래형의 개발자가 특징을 만들어 넣는 방식의 경우 개발자의 바둑 실력은 필수다.

그러나 딥 러닝을 사용하면 바둑이 약해 지식이 부족한 필자도 강한 프로그램을 만들수 있다. 실제로 필자가 만든 바둑 AI인 DeltaGo는 초심자인 필자보다 훨씬 강하다.

 메모 | **DeltaGo**

DeltaGo의 웹페이지

URL http://home.q00.itscom.net/otsuki/delta.html

칼럼 | 머신 러닝 이전의 게임 AI 개발 방법

필자는 지금까지 장기와 바둑의 AI를 개발하여 왔지만, 그림 2.4 를 보면 확실히 격세지감이 있다.

필자가 장기 AI의 개발을 시작한 2001년 무렵은 머신 러닝을 사용하는 것조차 드물었다. '머신 러닝을 사용해도 제대로 되지 않는다'라고 모두가 믿고 있었다. 당시는 그림 2.4 (a)보다 더 원시적인 방법을 채택하고 있었으며, 그림 2.4 (a)의 머신 러닝 부분은 개발자의 핸드 튜닝으로 실시하고 있었다. 단, 이 튜닝 작업에는 자연히 한계가 있었다. 거기에 머신 러닝을 활용하는 'Gekisasi(激指)'나 'Bonanza' 등의 소프트웨어가 등장하여 핸드 튜닝 소프트웨어가 사라지게 되었다.

2.2 필기체 숫자 인식의 예

🖐 알파고의 딥 러닝에 대한 설명을 진행하기 전에 여기에서는 딥 러닝의 전형적인 적용 사례인 필기체 숫자 인식에 대해 설명하겠다. 이 사례를 통해 분류 문제를 해결하기 위한 컨볼루션 신경망의 구조와 활성화 함수, 학습 방법 등을 설명할 것이다. 컨볼루션 신경망을 대략적으로 이해하고 있는 독자는 이 절을 읽지 않아도 괜찮다.

❖ 2.2.1 필기체 숫자 인식이란?

여기에서는 신경망과 딥 러닝을 적용하는 예로 이미지 인식의 기본적인 태스크인 '필기체 숫자 인식'을 생각해 보자. 필기체 숫자 인식이란, 필기된 '0'에서 '9'까지의 문자 이미지를 '0'에서 '9'까지의 범주로 정확하게 판별하는 태스크다. 이 태스크는 '기본'이라고는 하지만, 필적에 의한 차이, 회전, 어긋남, 흐릿함 등 그 입력에 상당한 변화의 폭(variation)이 있어 이에 유연하게 대응할 수 있는 인식 모델을 학습하는 것이 쉽지 않다.

필기체 숫자 인식은 우편번호 인식에서 큰 수요가 있어 1960년대부터 활발하게 연구되어 왔다. 당시는 딥 러닝이라고 불리지 않았지만, 1990년경에는 나중에 언급할 컨볼루션 신경망의 유효성이 확인되어 딥 러닝의 선도 분야가 되었다.

❖ 2.2.2 필기체 숫자 인식의 데이터 세트 'MNIST'

필기체 숫자 인식에는 MNIST라는 유명한 데이터 세트가 알려져 있으며, 다양한 머신 러닝 기법의 벤치 마크에 사용되고 있다.

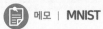 메모 | **MNIST**

MNIST는 Mixed National Institute of Standards and Technology database의 약자로, 필기체 숫자 '0~9'에 정답 레이블이 부여된 데이터 세트다. 다음 사이트에서 입수할 수 있다.

THE MNIST DATABASE

URL http://yann.lecun.com/exdb/mnist/

그림 2.5 에 MNIST 데이터 세트의 일부를 나타내었다. 각 데이터는 필기체 문자의 28 × 28픽셀의 이미지와 정답 레이블의 쌍으로 구성되어 있다.

이미지의 각 픽셀의 값은 실제로는 0~255 사이의 값이지만, 여기에서는 보기 쉽게 하기 위해 128 이상을 검정으로, 128 미만을 흰색으로 표시하였다. MNIST에는 이 같은 이미지와 정답 레이블을 쌍으로 한 데이터가 7만 개 있다.

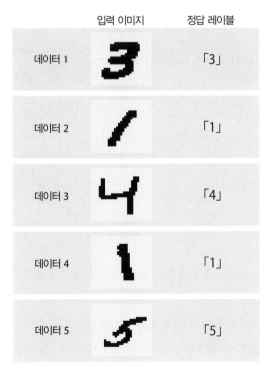

그림 2.5 필기체 숫자 인식의 데이터 세트 MNIST의 예

✦ 2.2.3 신경망을 사용한 필기체 숫자 인식

먼저, 기존에 자주 이용되어 왔던 3계층의 신경망에서 필기체 숫자 인식을 하는 것을 생각해 보자(그림 2.6).

지금까지 설명한 머신 러닝의 틀에서 말하자면 (로지스틱 회귀 모델을 대체하는) 수학적 모델로 3계층의 신경망을 사용함을 의미하며, 정답률을 높이기 위해 파라미터를 학습하여 결정한다는 방침은 동일하다.

이 경우 3계층은 입력층, 출력층 사이에 중간층이 한 층 더 있는 구성이다. 필기체 숫자 인식의 예에서, 입력층은 28 × 28의 각 픽셀에 해당하는 28 × 28(= 784)개의 노드(node)로 구성된다. 중간층과 출력층은 앞서 소개한 그림 2.3 (b)의 여러 신경망 소자(노드)로 이루어져 중간층에는 100개의 노드가 있다. 또한, 출력층은 '0'에서 '9' 중 어느 하나의 '숫자'에 해당하는 10개의 노드로 구성된다.

 메모 | **입력층**
신경망 소자(노드) 중 처음으로 어떤 입력을 받아들이는 노드의 계층이다.

 메모 | **중간층**
신경망 소자(노드) 중 입력과 출력 사이에 위치하는 노드의 계층이다.

 메모 | **출력층**
신경망 소자(노드) 중 마지막에 출력을 계산하는 노드의 계층이다.

중간층과 출력층의 노드는 이전 계층의 모든 노드와 링크로 연결되어 있다. 각 링크에는 가중치가 붙어 있어 학습 시에는 가중치를 최적화하여 분류 능력을 향상시킨다. 모든 노드가 링크로 이어져 있기에 전체 결합 네트워크라고도 한다. 전체 결합 네트워크에서는 링크의 수, 즉 학습해야 할 가중치(파라미터)의 수가 1계층당(784 × 100의) 약 8만 개로 매우 많다.

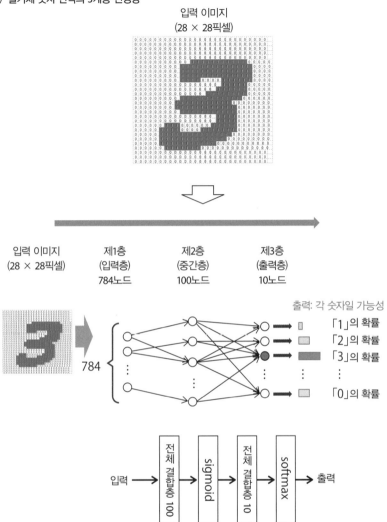

(a) 필기체 숫자 인식의 3계층 신경망

입력 이미지
(28 × 28픽셀)

입력 이미지
(28 × 28픽셀)

제1층
(입력층)
784노드

제2층
(중간층)
100노드

제3층
(출력층)
10노드

출력: 각 숫자일 가능성

784

「1」의 확률
「2」의 확률
「3」의 확률
⋮
「0」의 확률

입력 → 전체 결합층 100 → sigmoid → 전체 결합층 10 → softmax → 출력

(b) 3계층 신경망의 구성

제1층: 입력 이미지 28 × 28(= 784)의 픽셀에 대응
제2층: 신경망의 소자 100개
제3층: 신경망의 소자 10개. 출력이 각각 '숫자'인 확률

- 제1층과 제2층 사이, 제2층과 제3층 사이는 링크로 연결되어 가중치 파라미터가 붙어 있다.
- 이 가중치 파라미터는 학습에 의해 결정된다.

그림 2.6 3계층 신경망을 이용한 필기체 숫자 인식. 노드와 노드를 연결하는 링크의 가중치를 학습하여 결정하고, 인식률을 높인다

학습이 완료된 신경망에서는 이 입력층에서 다음 방향으로(입력층에서 출력층으로 향하는 방향으로) 각 계층을 차례대로 신호 전파시켜 출력층의 10개 노드의 출력값을 계산한다. 마지막 계층의 출력값은 입력 이미지가 '0'에서 '9'까지의 숫자 중에서 해당 '숫자'일 확률값을 나타낸다. 이 확률이 가장 큰 '숫자'가 이 신경망의 분류 결과다.

 메모 | **가중치**
신경망의 소자와 소자의 결합 강도를 나타내는 파라미터다. 학습에 의해 최적의 값을 결정한다.

그림 2.6 (a)의 경우 입력 이미지에 대해 출력층 10 노드 중 '3'일 확률이 가장 높아 정확하게 분류했다는 예를 나타낸다.

:: 2.2.4 필기체 숫자 인식에 대한 컨볼루션 신경망

딥 러닝에는 여러 종류가 있지만, 이미지 인식 분야에서는 컨볼루션 신경망(CNN, Convolutional Neural Network)을 가리키는 경우가 많다. 그래서 다음은 필기체 숫자 인식 모델로 CNN을 이용하는 경우를 생각해 보자.

CNN에서는 사람 뇌의 수용체들에 해당하는 '필터'라고 불리는 부분 구조의 검출기를 사용한다. 필터란 예를 들어, 그림 2.7 에서와 같이 원래 이미지보다 작은 11 × 11 정사 각의 검출기이며, 이 필터의 내용과 비슷한 '부분 형상'을 입력층에서 찾아 다음 층에 검출된 위치 정보를 출력한다. 이 '부분 형상'의 위치 정보의 조합('특징 맵'이라고 한다)을 제2계층 이후에 통과시켜 최종적으로 10개의 '숫자' 중 하나로 분류한다는 방침이다.

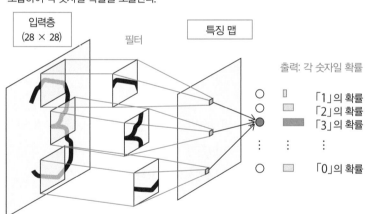

그림 2.7 '숫자'의 부분 형상을 나타내는 필터에 의해 '숫자'의 특징 패턴을 파악한다

CNN의 각 계층에서는 이 필터를 여러 종류(예를 들면, 16종류) 준비하여, 필터에 의 해 검출한 위치 정보를 단계적으로 다음 계층에 전달하고 있다(그림 2.8 (a)). 구체적 으로 말하면, 각 필터는 입력 이미지에 대해 평행 이동하면서 해당 부분의 부분합 (sumproduct)을 계산하는 컨볼루션 처리(convolution)를 실시한다(그림 2.8 (b)).

여기서 말하는 부분합(sumproduct)이란, 여기에서 주목하는 입력 이미지의 범위 및 필터와 대응하는 부분의 곱을 취하여 그것들을 더하는 처리다. 입력 이미지 안에서 필터 패턴과 일치하는 부분이 있으면 그 부분에 해당하는 출력을 크게 하는 처리로 되어 있다(바둑의 경우 부분합 처리의 예를 **그림 2.20** 에 나타내었다).

이 컨볼루션 처리를 한 후 일반적으로는 ReLU라고 불리는 활성화 함수를 통해 다음 계층으로의 출력을 한다.

 메모 | **ReLU**

Rectifier Linear Unit의 약자. CNN에서 자주 사용되는 활성화 함수 중 하나다. 자세한 내용은 2.2.5 항에서 다시 설명하겠다.

이 필터를 이용하여 수행하는

- 수용 영역(receptive field)들의 국소성: 한 개의 필터가 포착하는 것은 11 × 11이라는 좁은 범위의 국소적인 특징 패턴일 것
- 가중치 공유: 출력의 계산에서 일반적인 11 × 11의 필터를 평행 이동하면서 적용하는 것

의 두 가지는, 국소적인 패턴과 일치하면 뉴런이 발화하는 식으로 사람 뇌의 기능을 모방한 것이 특징이다. 이 기술은 이미지가 평행 이동해도 특징이 되는 패턴을 파악할 수 있으므로 약간의 '왜곡'과 '차이'에 대해서도 견고하다.

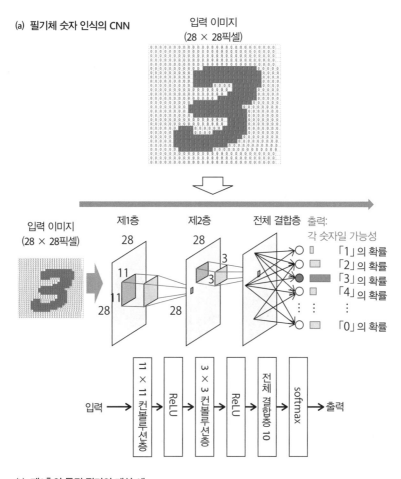

(a) 필기체 숫자 인식의 CNN

입력 이미지
(28 × 28픽셀)

입력 이미지
(28 × 28픽셀)

제1층　제2층　전체 결합층　출력:
각 숫자일 가능성

「1」의 확률
「2」의 확률
「3」의 확률
「4」의 확률
⋮
「0」의 확률

입력 → 11 × 11 컨볼루션층 → ReLU → 3 × 3 컨볼루션층 → ReLU → 전체 결합층 10 → softmax → 출력

(b) 제1층의 특정 필터의 계산 예

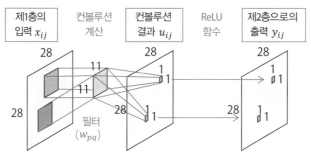

제1층의 입력 x_{ij}　　컨볼루션 계산　　컨볼루션 결과 u_{ij}　　ReLU 함수　　제2층으로의 출력 y_{ij}

필터 (w_{pq})

- 컨볼루션 계산 $u_{ij} = \left\{ \sum_{p=1}^{11} \sum_{q=1}^{11} w_{p,q} \cdot x_{i+p,j+q} \right\} + b$
- ReLU 함수 $y_{ij} = \max(0, u_{ij})$

그림 2.8 필기체 숫자 인식에서의 컨볼루션 신경망(CNN). 필터의 가중치를 학습에 의해 결정하여 인식률을 높인다

예를 들어, 그림 2.9 는 1층째에 11 × 11의 16개의 필터가 있는 경우 CNN 제1층 필터의 학습 결과를 보여 주고 있다. 여기에서는 필터 가중치 각 위치의 값을 그레이스케일로 나타내고 있다. 즉, 큰 값의 부분에는 진한 색을, 작은 값의 부분에는 연한 색을 지정하고 있다. 이 그림을 보면 각 필터는 대각선이나 숫자 '3'의 일부에 상당하는 둥근 부분 등 숫자의 '부분 형상'을 사용하여 대략적으로 파악하고 있음을 알 수 있다.

제1층의 16개의 필터 가중치 예

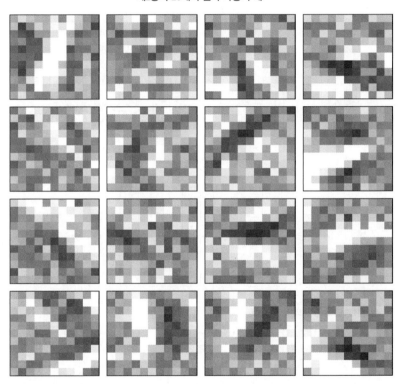

그림 2.9 MNIST의 CNN 모델을 학습시킨 결과. 제1층에 적용되는 총 16개의 11 × 11의 필터 가중치를 그레이스케일로 나타냈다

 메모 ┃ **필터 가중치**

CNN에서 필터 부분의 가중치 파라미터. 기존의 신경망의 가중치와 마찬가지로 학습에 의해 최적의 값을 결정한다.

CNN에서는 필터 가중치가 공유되므로 모든 링크에 독립적인 가중치(파라미터)를 주는 전체 결합 네트워크와 비교하면 학습해야 할 파라미터의 수가 적다. 예를 들어, 만일 3 × 3의 필터가 16개인 경우, 파라미터의 수는 입력 16개, 출력이 16장인 경우(16 × 16 × 3 × 3) 약 2,300개가 되며, 이는 1계층당 약 8만 개나 되는 전체 결합 네트워크보다 압도적으로 적다.

그럼에도 불구하고 이 필기체 숫자 인식 태스크에 관해서는 전체 결합 네트워크의 성능보다도 CNN의 성능이 더 높은 것으로 알려져 있다. 전체 결합 네트워크처럼 전체의 특징을 한번에 내려다 보고 파악하는 것보다 CNN처럼 국소적인 특징의 조합으로 이미지를 포착하는 편이 분류가 잘 된다는 것이 재미있는 부분이다.

🔆 2.2.5 다단계의 신경망에서도 유효한 활성화 함수

여기에서는 신경망의 인식률 향상에 중요한 역할을 하는 활성화 함수에 대해 보충 설명하고자 한다.

먼저, 3계층 신경망에서 활성화 함수 없이 출력을 단순하게 입력의 가중치 합으로 나타내는 경우를 생각해 보자.

이 경우 출력 y는 앞 계층의 각 노드의 값 x에 대한 가중치 합이므로 1차식이 된다. 그러나 1차식의 표현 능력은 낮아 이대로는 '숫자'를 제대로 식별할 수 없다.

예를 들어 그림 2.10 과 같이 2차원 평면상에서 ○와 ×를 1차식(직선)으로 분리하는 것을 생각해 보자. (a)의 경우는 직선으로 ○와 ×를 분리할 수 있지만, (b)의 경우는 아무리 직선을 그어도 분리할 수 없다.

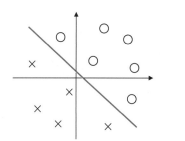
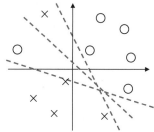

(a) 1차식에 의해 분리 가능한 예

(b) 1차식으로는 분리 불가능한 예

그림 2.10 ○과 ×를 1차식(직선)으로 분류할 수 있는 예와 분류할 수 없는 예. (a)는 직선에 의해 ○와 ×를 분리할 수 있지만, (b)에서는 아무리 직선을 그어도 분리할 수 없다

이와 같이 1차식만으로는 분류 능력에 한계가 있으므로 활성화 함수를 이용하여 값을 변환한다. 활성화 함수로는 비선형적인 함수(1차식이 아닌 함수)를 사용할 필요가 있는데, 예를 들면 시그모이드 함수(**그림 2.11** (a))가 사용될 수 있다.

컨볼루션 신경망(CNN)의 경우에도 컨볼루션 계산 후에 활성화 함수를 통과시킴으로써 1계층분의 처리가 완료된다. 이 활성화 함수로서 기존에는 **그림 2.11** (a)의 시그모이드 함수가 사용되는 경우가 많았지만, 최근에 (b)와 같은 ReLU 활성화 함수가 사용되는 경우가 많아졌다. 왜냐하면 **그림 2.11** (a)의 시그모이드 함수의 경사(기울기나 미분이라 불러도 좋다)는 **그림 2.11** (c)가 되어 x가 큰 부분에서의 경사가 작아지기 때문이다.

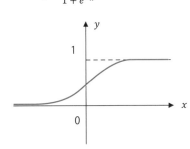

(a) 시그모이드 함수

$$y = \frac{1}{1 + e^{-x}}$$

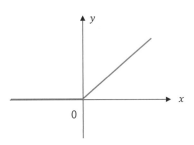

(b) ReLU 함수

$$y = \max(0, x)$$

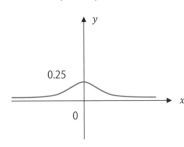

(c) 시그모이드 함수의 경사

$$y = \frac{e^{-x}}{(1 + e^{-x})^2}$$

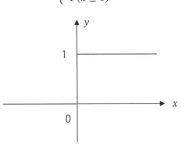

(d) ReLU 함수의 경사

$$y = \begin{cases} 0 \ (x < 0) \\ 1 \ (x \geqq 0) \end{cases}$$

그림 2.11 두 개의 활성화 함수, 시그모이드 함수와 ReLU 함수의 비교. 시그모이드 함수에서는 x가 큰 부분의 경사가 작아져 버리는 한편, ReLU 함수의 경사는 항상 1이어서 손실되지 않는다

계층 수가 많은 신경망에서는 학습 과정 중에 이 작은 값의 경사를 여러 번 곱하기 때문에 깊은 층에서는 경사가 0에 가까워져 버리는 문제(경사 손실 문제: 메모 참고)가 있었다. 이에 대해 **그림 2.11** (b) ReLU 함수의 경사는 **그림 2.11** (d)이며, x가 0 이상인 부분의 경사는 1이 된다.

📝 메모 | **경사 손실 문제**

경사 손실 문제는 깊은 신경망의 오류 역전파 방법에 의한 학습에서 작은 경사를 여러 번 곱함으로써 입력층 부근의 경사가 제로에 가까워지는(유실) 문제를 말한다. 깊은 신경망의 본질적인 과제로 되어 있었지만, ReLU 함수의 등장으로 지금은 해결되었다고 말할 수 있다.

1은 몇 번을 곱해도 1이며, 깊은 층에서도 경사가 손실되기 어려운 장점이 있다. 실제로 ReLU 함수에 의해 경사 손실 문제를 해결한 것이 돌파구가 되어 최근의 100층 이상을 넘는 화상 처리 CNN의 성공에 연결되었다고 생각된다.

또한, ReLU 함수는 함수 자신과 경사(기울기) 모두 간단한 연산에 의해 계산할 수 있어 빠르게 처리할 수 있다는 장점도 있다.

2.2.6 오류 역전파 방법에 기초한 CNN의 필터 가중치 학습

지금까지 CNN의 필터 가중치 w는 이미 주어진 전제로 생각해 왔지만, w는 파라미터이며, 학습에 의해 결정해야 한다.

CNN에서는 입력 이미지가 같아도 필터 가중치(w)가 바뀌면 CNN의 출력값이 바뀌어 분류 결과도 달라진다.

CNN에서 학습이란, CNN의 분류 결과를 가능한 한 정답 레이블에 접근할 수 있도록 파라미터 w를 최적화하는 처리를 말한다. 구체적으로는 CNN의 출력과 정답 레이블 사이의 오차를 손실 함수의 $L(w)$로 나타내며, 이 $L(w)$를 최소화하는 파라미터 w를 얻는 방침을 채택하는 경우가 많다.

예를 들어, 가로 축을 파라미터 w, 세로축 $L(w)$로 한 경우, 함수 $L(w)$가 그림 2.12 와 같이 표현되었다고 하자. 이때가 $L(w)$가 작아지는 w를 잘 찾아내는 것을 목표로 한다.

 메모 | **손실 함수(loss function)**
신경망 학습에서 예측치와 학습 데이터의 정답 레이블 괴리 정도를 평가하기 위한 함수다. '다음의 한 수' 태스크 같은 분류 모델의 경우는 크로스 엔트로피 함수가 사용되고, '승률 예측' 같은 회귀(값의 추정)의 경우는 제곱 오차 함수가 많이 사용된다.

경사 하강법
이에 대해 경사 하강법이라는 기술은 어떤 w에서 내리막 경사의 방향으로 조금 진행해, $L(w)$가 다소 작아지는 w를 작성하는 식의 w 갱신 처리를 반복한다. 참고로, 이 내리막 경사는 $L(w)$가 커지는 방향을 나타내는 경사 Δw에 마이너스를 매긴 값이다. 또한, 매회의 갱신 폭은 학습률 α라고 불리고 있다.

📋 메모 | **경사 하강법**

최적화 계산에서 경사를 이용하여 조금씩 답을 개선해 나가는 방법을 말한다.

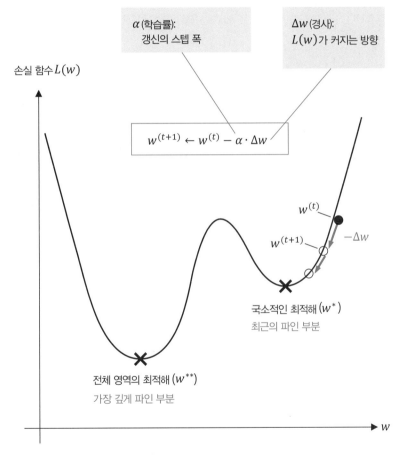

이 갱신 처리를 반복함으로써 최근의 파인 부분(<mark>그림 2.12</mark>의 w^*과 같은 점)을 발견할 수 있다. 이 파인 부분(w^*)에서는 w를 어느 쪽으로 움직여도 $L(w)$의 값이 커지므로 <mark>국소적인 최적해</mark>라고 부른다. 그러나 이 방법으로는 최근의 파인 부분에 집중한 나머지, 멀리에 있는 가장 깊게 파인 부분(전체 영역의 최적해라고 불린다. 여기서는 <mark>그림 2.12</mark>의 w^{**}과 같은 점)이 있어도 찾을 수 없다는 점에 주의해야 한다.

 메모 | **국소적인 최적해(local optimal solution)**
최적화 문제에서 어떤 규칙을 사용하여 해답을 조금씩 개선해 나가는 경우 그 이상 개선할 수 없는 해답을 말한다. 국소적으로는 가장 좋은 해답이 되므로 이렇게 부른다.

 메모 | **전체 영역의 최적해(global optimal solution)**
최적화 문제에서 진정한 최적의 해답을 전체 영역의 최적해라고 한다. 국소적으로 가장 좋은 해답을 나타내는 국소적인 최적해에 반해 '전체 영역'이라는 말처럼 전체를 본 가장 좋은 해답이므로 이렇게 부른다.

일반적으로 학습의 문제는 어떤 손실 함수의 최소화라는 형태로 공식화할 수 있는 것이 많지만, 이 문제를 해석적으로 풀 수 없는 경우에는 여기에서 언급한 경사를 이용하여 파라미터를 조금씩 갱신함으로써 해를 구하는 경우가 많다.

실제로 이 책 안에서 이후에 설명하는 머신 러닝, 강화 학습의 기법은 모두 파라미터 갱신에 의해 최적화하는 정책을 채택하고 있다.

CNN 학습의 경우

지금까지 손실 함수 $L(w)$는 w만의 함수로 논의해 왔지만, CNN의 학습의 경우는 파라미터가 여러 개 있고, 출력을 계산하는 프로세스가 다단계로 되어 있다. 그래서 다음과 같은 Step 1~4단계를 학습 결과가 수렴할 때까지 반복한다.

- **Step 1: 출력의 계산**
  먼저, 각 학습 데이터에 대한 CNN의 전방향 계산으로 출력을 계산한다.

- **Step 2: 손실 함수의 계산**

  다음으로, CNN의 출력과 정답 레이블과의 비교를 통해 손실 함수를 계산한다.

- **Step 3: 경사 Δw의 취득**

  덧붙여 출력 계산 시와는 반대의 후방향(출력층에서 입력층으로 향하는 방향)으로 오차의 크기를 전파해서 경사 Δw를 얻는다.

- **Step 4: 파라미터의 갱신**

  마지막으로, $w^{(t+1)} \leftarrow w^{(t)} - \alpha \cdot \Delta w$에 의해 파라미터를 갱신한다.

Step 3의 후방향 처리에 착안한 일련의 처리는 오류 역전파 방법(backpropagation)이라고 불리는 것도 있다. 오류 역전파 방법의 자세한 내용은 아래 **참고문헌** 등을 참고하길 바란다.

 메모 | **오류 역전파 방법의 참고문헌**

오류 역전파 방법에 관한 보다 자세한 설명은 다음 서적을 참고하길 바란다.

《밑바닥부터 시작하는 딥러닝 - 파이썬으로 익히는 딥러닝 이론과 구현(ゼロから作るDeep Learning —Python で学ぶディープラーニングの理論と実装)》(한빛미디어)

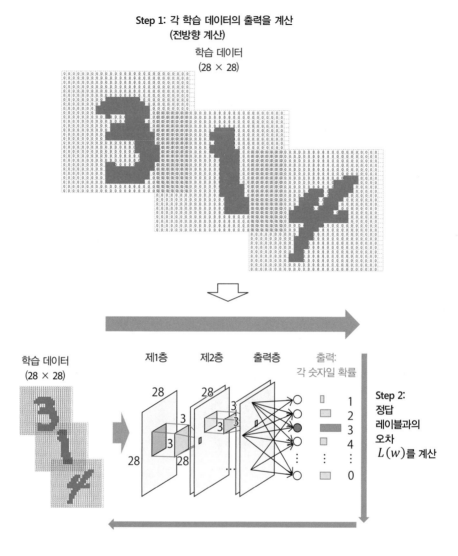

Step 1: 각 학습 데이터의 출력을 계산
(전방향 계산)

학습 데이터
(28 × 28)

학습 데이터
(28 × 28)

제1층   제2층   출력층   출력:
각 숫자일 확률

28   28   3
3
3   3
3
28   28

1
2
3
4
⋮
0

Step 2:
정답
레이블과의
오차
$L(w)$를 계산

Step 3: 오류 역전파 방법(후방향으로 계산)에
의해 경사 Δw를 계산

Step 4: 파라미터를 갱신

$$w^{(t+1)} \leftarrow w^{(t)} - \alpha \cdot \Delta w$$

그림 2.13 MNIST인 경우의 파라미터 학습의 흐름. 각 학습 데이터에 대한 출력을 계산한 후, 정답 레이블과의 오차를 계산하여 오류 역전파 방법을 바탕으로 파라미터를 갱신한다

또한, Step 1~4의 처리에 대해서는 매번 모든 학습 자료를 사용하는 방법도 있지만, 매번 무작위로 선택된 일부의 학습 데이터만을 사용하는 기법이 이용되는 경우도 많다. 이것은 미니 배치(Mini-Batch)법이라고 불리며, 경사법의 경우는 특히 확률적 경사 하강법이라고 불린다.

 메모 | **확률적 경사 하강법(SGD, Stochastic Gradient Decent)**
경사 하강법에서 매번 모든 학습 데이터를 사용하여 경사를 갱신하는 것이 아니라 무작위로 선택된 일부의 학습 데이터(미니 배치)를 이용하여 경사를 갱신하는 방법이다. 학습을 고속화하는 효과가 있을 뿐만 아니라 국소적인 최적해에서 벗어나기 쉬운 효과도 알려져 있다.

SGD는 매번 모든 학습 자료를 사용하는 경우와 비교하면 1회의 갱신에 필요한 시간이 짧고, 국소적인 최적해에서 벗어나기 쉬운 장점이 있다. 또한, 병렬화가 쉬우므로 대용량 데이터의 학습에 사용되는 경우가 많다.

그리고 SGD를 빨리 수렴시키기 위해 학습률을 동적으로 정하는 기법으로 최근에는 AdaGrad, Adam, RMSProp 등이 사용되는 경우도 많다.

다만, 실제 문제의 평가에 따르면 고속화의 효과는 문제에 따라 다르며, SGD의 학습률 α를 정기적으로 작게 하는 소박한 기법이 사용되는 경우도 있는 것 같다. 알파고의 학습에서도 SGD가 사용되고 있다.

 메모 | **AdaGrad, Adam, RMSProp**
자세한 설명은 다음의 사이트를 참고하길 바란다.

Qiita: AdaGrad, RMSProp, Adam, AMSGrad, Adam-HD
URL http://qiita.com/skitaoka/items/e6afbe238cd69c899b2a

 메모 | **학습률 α**
순차 파라미터를 갱신하는 최적화 알고리즘에서 1회당 갱신 폭을 말한다.

❖ 2.2.7 화상 처리 CNN의 발전

지금까지 설명한 것은 CNN의 기본형인데, 화상 인식의 CNN 기술은 2010년대 들어 급속하게 발전하고 있다. 다소 주제에서 벗어나 있지만, 화상 처리 CNN의 최근 발전 상황에 대해서도 살펴보자.

2012년에는 화상 인식의 경기 대회인 ILSVRC에서 토론토 대학의 힌튼 교수팀이 딥 러닝을 이용하여 2위를 압도하는 성적으로 우승하며 주목을 받았다.

 메모 | ILSVRC

ImageNet Large Scale Visual Recognition Challenge의 약자. 2010년부터 시작된 일반 화상 인식의 경기 대회다.

일반 이미지 인식은 특정 이미지 중에서 정해진 물체의 위치와 카테고리(클래스)를 검출하는 것을 가리킨다.

ImageNet Large Scale Visual Recognition Challenge(ILSVRC)
URL http://www.image-net.org/challenges/LSVRC/

힌튼 교수의 압승의 원동력이 된 CNN은 AlexNet이라고 불린다. 이후 2014년 ILSVRC는 구글이 개발한 GoogLeNet이 우승하였고, 2015년 ILSVRC는 마이크로소프트가 개발한 ResNet(잔차 네트워크)이 우승하는 등 잇달아 새로운 구조의 뛰어난 CNN이 등장하고 있다.

 메모 | AlexNet

AlexNet는 다음 논문에서 설명하고 있다.

〈ImageNet Classification with Deep Convolutional Neural Networks〉
(Alex Krizhevsky, Ilya Sutskever, Geoffrey E. Hinton, NIPS, 2012)
URL https://papers.nips.cc/paper/4824-imagenet-classification-with-deep-convolutional-neural-networks.pdf

메모 | **GoogLeNet**

GoogLeNet과 GoogLeNet의 포인트가 되는 인셉션 구조에 대한 자세한 내용은 다음의 논문에서 설명되고 있다.

〈**Going deeper with convolutions**〉

(Christian Szegedy, Wei Liu, Yangqing Jia, Pierre Sermanet, Scott Reed, Dragomir Anguelov, Dumitru Erhan, Vincent Vanhoucke, Andrew Rabinovich, Computer Vision and Pattern Recognition, 2015)

URL https://arxiv.org/pdf/1409.4842.pdf

 메모 | **ResNet**

ResNet과 ResNet의 포인트가 되는 숏컷(short cuts)을 나타내는 잔차 블록(residual units; 남아 있는/설명되지 않는 블록)에 대한 자세한 내용은 다음의 논문에서 설명하고 있다.

〈**Deep Residual Learning MSRA @ ILSVRC & COCO 2015 competitions**〉

(Kaiming He with Xiangyu Zhang, Shaoqing Ren, Jifeng Dai, & Jian Sun Microsoft Research Asia(MSRA), 2015)

URL http://image-net.org/challenges/talks/ilsvrc2015_deep_residual_learning_kaiminghe.pdf

백문이 불여일견이라고 했으니, 먼저 관련된 각 논문에서 CNN의 형상을 나타내는 그림을 인용해 보자(그림 2.14). 그림만 보면 무작정 층이 겹쳐 있는 것처럼 보이지만, 놀랍게도 이것들은 매우 정밀하게 조립된 인간의 이미지 인식 능력에 필적하거나 이를 능가하는 CNN이다.

ILSVRC의 일반 물체 인식 태스크에서는 top 5 오류율(모델이 예측한 다섯 개 범주 안에 들어가지 않는 확률)에 의해 인식 성능을 평가한다. 이것은 다섯 개의 후보를 답변할 수 있으며, 그중 하나가 정답과 같으면 성공하는 것을 의미한다. 인간의 경우 이 top 5 오류율은 5% 정도인 것으로 알려져 있다.

(a) AlexNet[*1]

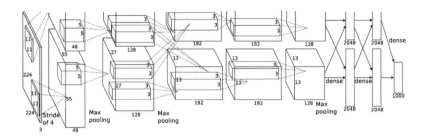

(b) GoogLeNet[*2]

인셉션 구조

(c) ResNet[*3]

숏컷 구조

*1. 출처: 〈ImageNet Classification with Deep Convolutional Neural Networks〉
(Alex Krizhevsky, Ilya Sutskever, Geoffrey E. Hinton, NIPS, 2012년)에서 인용
URL https://papers.nips.cc/paper/4824-imagenet-classification-with-deep-convolutional-neural-networks.pdf

*2. 출처: 〈Going Deeper with Convolutions〉
(Christian Szegedy, Wei Liu, Yangqing Jia, Pierre Sermanet, Scott Reed, Dragomir Anguelov, Dumitru Erhan, Vincent Vanhoucke, Andrew Rabinovich Google Inc. University of North Carolina, Chapel Hill University of Michigan, Ann Arbor, Magic Leap Inc. 2015년)에서 인용
URL http://www.cv-foundation.org/openaccess/content_cvpr_2015/papers/Szegedy_Going_Deeper_With_2015_CVPR_paper.pdf

*3. 출처: 〈Deep Residual Learning MSRA @ ILSVRC & COCO 2015 competitions〉
(Kaiming He with Xiangyu Zhang, Shaoqing Ren, Jifeng Dai, & Jian Sun Microsoft Research Asia (MSRA), 2015년)에서 인용
URL http://image-net.org/challenges/talks/ilsvrc2015_deep_residual_learning_kaiminghe.pdf

그림 2.14 CNN의 다양한 발전형

이들 세 개의 CNN의 특징과 성능을 간단히 비교한 것이 **그림 2.15**다. 각 CNN에 대해 발표 연도, 개발 조직, 오류율 등 CNN의 규모를 나타내는 층 수, 파라미터 수를 각각 나타내었다.

- 2012년에 등장한 AlexNet는 지금까지의 오류율을 10% 가까이 개선했다.
- 그 후의 개선에 의해 최근에는 사람의 오류율 5%를 넘어섰다.

	AlexNet	GoogLeNet	ResNet
발표 연도	2012년	2014년	2015년
개발 조직	토론토대	구글	마이크로소프트
오류율(%)	15.3	6.7	3.6
계층 수	8	22	152
파라미터 수	약 6,000만	약 700만	약 6,000만

그림 2.15 GoogLeNet, AlexNet, ResNet의 비교

2012년에 등장한 AlexNet은 ILSVRC에서 일반 물체 인식의 top 5 오류율이 15.3%로 기존보다 10% 정도 향상되었다. 구조로는 8계층으로 얕지만, 전체 결합층의 비율이 크므로 파라미터 수는 약 6,000만에 달한다.

이에 반해 2014년에 등장한 GoogleNet은 분기하여 여러 컨볼루션 처리를 병렬 실행하는 인셉션이라고 불리는 구조를 여러 번 거듭한 22계층의 CNN으로 되어 있다. 계층 수는 많지만, 전체 결합층의 비율이 줄어들었기에 파라미터 수가 700만 정도로 줄었다. 결과적으로 top 5 오류율은 6.7%가 되어 사람의 인식 성능에 육박하였다.

또한, 2015년에 등장한 ResNet은 잔차 블록(residual block)이라는 숏컷을 갖는 구조를 이용함으로써 더욱 다층화를 가능하게 한 CNN이다. 전체적으로는 152층이나 되며, top 5 오류율은 3.6%까지 향상되어 마침내 인간의 인식률을 초월했다.

이러한 CNN은 ILSVRC의 공모전 이후에도 계속 개량되어 성능이 향상되고 있다. 또한, 여기에서 소개한 것 이외에도 다양한 CNN이 등장하고 있어 매일 인터넷상을 요란하게 하고 있다.

2.3 알파고의 컨볼루션 신경망

여기에서는 바둑의 '다음의 한 수' 태스크를 실현하는 컨볼루션 신경망인 알파고의 SL 정책 네트워크의 구조와 학습에 대해 자세히 설명한다.

2.3.1 알파고의 컨볼루션 신경망

이제 드디어 알파고의 CNN이 등장한다(**그림 2.16**). 알파고의 가장 큰 혁신은 '다음의 한 수' 태스크에서 강한 인간 플레이어와의 일치율 57%라는 CNN의 압도적인 성능을 나타냈다는 점이다.

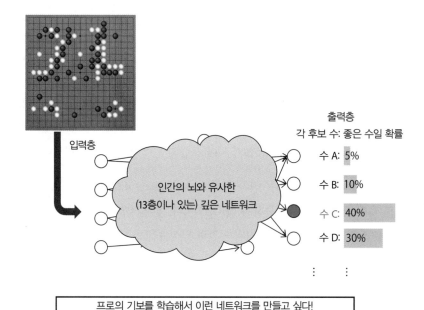

그림 2.16 바둑의 딥 러닝. 바둑의 국면을 2차원 이미지로 간주하여 입력하고, 각 후보 수가 좋은 수가 될 확률을 출력한다

❖❖ 2.3.2 '다음의 한 수' 태스크와 화상 인식의 유사성

'다음의 한 수' 태스크도 실은 필기체 숫자 인식과 비슷하다. '다음의 한 수' 태스크와 필기체 숫자 인식을 비교해 보자(표 2.1).

1.4.3항에서 언급한 바둑의 '다음의 한 수' 태스크는 입력으로 각 후보 수의 특징량을 취하고, 출력은 각 후보 수의 득점을 바탕으로 한 다음의 한 수였다.

여기서 특징량 대신 바둑의 국면(19 × 19의 19줄 바둑판) 자체를 입력하면 마치 2차원 이미지인 것처럼 취급할 수 있다. 또한, 출력에 관해서는 다음의 한 수를 바둑판의 어디에 둘 것인가로 해서 이 부분도 19줄 바둑판상에서 표현할 수 있다.

여기서 바둑의 19줄 바둑판 각각의 위치(교차점)에 '1' ~ '361'의 레이블을 붙인 다음, '다음의 한 수' 태스크는 이 레이블을 출력한다고 생각해 보자. 이렇게 생각을 바꾸면 '다음의 한 수' 태스크는 19줄 바둑판을 입력하고 '1' ~ '361'의 레이블 출력을 하는 분류 문제가 되므로 필기체 숫자 인식 태스크가 이미지를 입력으로 해서 '0'에서 '9'의 레이블을 출력하는 것과 유사한 구조를 가지는 것을 알 수 있다.

표 2.1 필기체 숫자 인식과 바둑 AI의 CNN과의 유사성

	이미지 인식(필기체 숫자 인식의 예)	바둑의 '다음의 한 수' 태스크
대상	필기체의 숫자	바둑판 위의 정보
기법	N층의 딥 러닝 (다양한 기법 존재)	13층의 CNN
입력층	• 28 × 28픽셀의 이미지 • 그레이스케일의 1채널 • 값은 0~255의 정수	• 19 × 19의 19줄 바둑판 • 48채널 • 값은 0~1 중 하나
출력	0~9 중 하나	19줄 바둑판의 361종류의 위치 중 하나
학습 데이터	사람이 필기한 대량의 숫자 (예: 우편번호)	강한 플레이어에 의한 바둑의 대량의 기보

1.4.3항에서 언급한 '다음의 한 수' 태스크에 대한 기존의 머신 러닝에 의한 접근법에서도 출력을 분류 레이블로 간주한 점은 동일하다.

그러나 기존의 머신 러닝과 CNN과의 큰 차이는, CNN에서는 입력(및 출력)을 19줄 바둑판 그 자체로 간주하고 있다는 점이다.

19줄 바둑판의 위치 정보를 그대로 입력하는 것은 특징을 세밀하게 만들어 가는 기존의 머신 러닝의 관점에서는 생각할 수 없는 것이었다.

2.3.3 바둑의 수를 선택하는 CNN - SL 정책 네트워크

알파고에서 (국면을 입력하여 각 위치에 둘 확률의 예측값을 출력하는) '다음의 한 수' 태스크를 실행하는 CNN은 SL 정책 네트워크라고 불린다.

 메모 | SL

Supervised Learning(교사가 있는 학습, 또는 지도 학습)의 약자다.

13층의 중간층을 갖는 SL 정책 네트워크의 구조는 다음과 같이 되어 있다(그림 2.17).

- 입력층: 48채널
- 제1층: 5 × 5의 192종류의 필터와 ReLU 함수
- 제2~12층: 3 × 3의 192종류의 필터와 ReLU 함수
- 제13층: 1 × 1의 1종류의 필터와 위치에 의존하는 바이어스 항, 그와 더불어 소프트맥스 함수

입력층은 다음의 2.3.4항에서 다루듯이 바둑판 정보로부터 계산할 수 있는 48채널(채널이란, 입력의 종류를 말한다. 컬러 이미지 데이터에 있어서 빨강, 초록, 파랑의 세 가지 색상 채널을 사용하는 경우에 준하여 채널이라고 함)로 구성된 특징량을 사용하고 있다.

- **SL 정책 네트워크의 구성**
  - 입력은 48채널(흑돌/백돌의 위치, 돌을 잡을 수 있는 위치, 축(단수와 피하는 수를 반복해서 돌을 취하는 변화), ...)
  - 전체가 13층
    - 1~12층의 필터는 각 층에 192종류씩 있고, 1층째만 5 × 5, 2~12층은 3 × 3

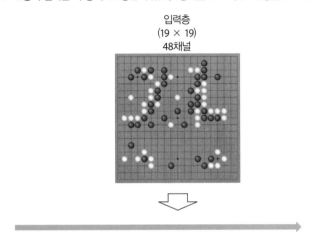

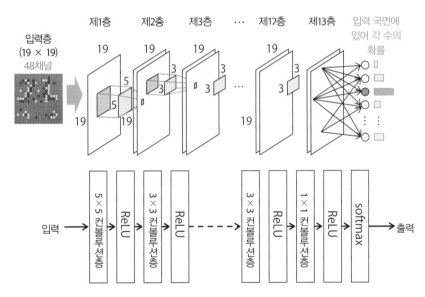

그림 2.17 알파고의 SL 정책 네트워크의 구성. 제1층은 5 × 5의 필터 192종류, 제2~12층은 3 × 3의 필터 192종류로 구성된다. 제13층은 1 × 1의 필터 1종류에 마지막으로 소프트맥스 함수를 통해 확률값을 변환한다

중간층의 필터

중간층의 필터는 각 층에 192종류씩 있으며, 제1층만 5 × 5이고, 제2~12층은 3 × 3, 출력층(제13층)은 1 × 1로 되어 있다.

각 층의 컨볼루션 처리는 제2~12층의 예로 말하자면 19 × 19의 192개의 입력에 대해 3 × 3의 192개의 필터 192종류를 합성곱(convolution)하여, 다시 19 × 19의 192개의 출력을 만드는 처리다. 이 컨볼루션 처리(합성곱 처리)를 13회 반복한다. 3 × 3이라는 좁은 범위의 필터를 이용한 컨볼루션이라도 여러 번 거듭하면 넓은 범위의 특징을 보는 것과 마찬가지의 효과를 얻을 수 있다. 결과적으로, 화상 처리의 경우와 동일하게 국소적인 특징을 전체에 조합해서 전역적인 특징을 검출한 후, 수의 예측에 활용할 수 있다. 바둑에서는 국소적인 돌의 형태 평가와 대국적인 관점을 균형 있게 평가할 필요가 있으므로 CNN의 관점과 잘 어울린다고 말할 수 있을지도 모르겠다.

13층째에 있는 1 × 1의 필터를 통과해 19 × 19의 출력으로 변환한 후, 소프트맥스 함수를 이용하여 19 × 19의 위치(교차점)에 대한 확률값으로 변환한다.

 메모 | **소프트맥스 함수**
분류 문제를 신경망으로 푸는 경우에 출력층의 활성화 함수로 자주 사용한다.

그림 2.18 에 각 집의 출력 확률의 예를 나타내었다. 입력이 그림 2.18 (a)의 흑의 차례인 국면인 경우 출력은 그림 2.18 (b)와 같은 19 × 19의 맵이 되고, 각 셀의 값은 그 위치의 수가 출력되는 확률로 되어 있다. 이 예는 왼쪽 가운데의 17%로 나타난 수가 확률 최대의 수이며, 이 경우 정답인 강한 플레이어의 수와 일치하는 예로 되어 있다.

(a) 현재의 국면(39수째 흑의 차례)

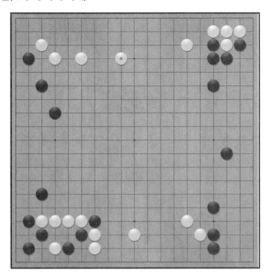

(b) SL 정책 네트워크의 출력

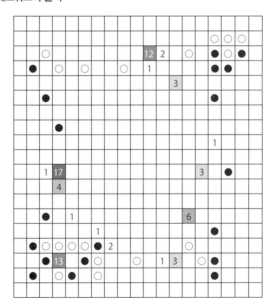

그림 2.18 SL 정책 네트워크의 출력 예. (b)는 (a) 국면인 경우의 출력 예이며, 각 칸의 값은 소수점 이하를 반올림한 출력 확률(%)을 나타낸다. 빈칸은 모두 1% 미만이다

참고로, 여기에 제시된 알파고의 SL 정책 네트워크는 컨볼루션 처리, ReLU 함수, 소프트맥스 함수라는 기본적인 소자만으로 구성되어 있다. 그외 풀링, 배치 정규화, 드롭아웃 등의 학습을 안정시키기 위한 기법은 사용되지 않아 최근 몇 년의 직감으로 보면 비교적 간단한 구조의 네트워크다. 네트워크 구조보다는 데이터의 질과 양으로 승부하고 있는 것 같다.

 메모 | **풀링**

CNN의 연산 학습 방법 중의 하나로, 입력되는 2차원 데이터에 대해 인접하는 2 × 2 등의 영역을 평균 및 최대 등의 연산에 의해 정리한(pooling한) 것을 계산해서 다음 층에 보내는 방식이다.

화상 처리에서는 각 층의 컨볼루션층 뒤에 풀링 층이 배치될 수 있다. 결과적으로, 입력의 평행 이동이나 차이 등에서 견고한 모델을 얻을 수 있다.

 메모 | **배치 정규화**

배치 정규화란, 신경망의 학습 시에 각 층의 입력을 평균 0, 분산 1이 되도록 변환하면서 앞쪽(전방향)으로 계산을 진행하는 방법이다. 학습 속도를 높일 수 있는 것으로 알려져 있다.

 메모 | **드롭아웃**

드롭아웃이란, 신경망의 학습 시에 매번 무작위로 일정 비율의 노드를 지운 상태에서 학습하는 기법이다. 지운 노드에서는 파라미터의 갱신을 하지 않으므로 그냥 보기에 학습의 정확도가 떨어질 것처럼 보이지만, 실은 과도한 학습을 막는 효과가 있다고 알려져 있다.

한편, 알파고 논문 이후의 연구 성과로서, ResNet의 숏컷 구조와 배치 정규화 처리를 사용하는 네트워크 구조의 개선이나 다음의 한 수뿐만 아니라 다음의 3수를 모아서 예측하는 등 여러 인식률을 개선하는 방법이 소개되었다. 또한, 6장에서 언급한 알파고 제로에는 ResNet 및 배치 정규화 기법도 도입되고 있다.

메모 | **ResNet의 숏컷 구조와 배치 정규화 처리를 사용하는 네트워크 구조의 개선**

다음 논문에서는 ResNet의 숏컷 구조와 배치 정규화 처리를 사용하는 네트워크 구조의 개선에 대해 언급하고 있다.

〈Improved architectures for computer Go〉

(Tristan Cazenave 2016)

`URL` https://openreview.net/pdf?id=Bk67W4Yxl

그 밖에도 입력 채널로 '100번 플레이 아웃했을 때, 흑과 백 어느 쪽의 땅이 되었는지의 횟수'처럼 플레이 아웃의 결과로 얻어진 정보를 입력에 사용하고 있는 점도 특징적이다. 이러한 연구의 결과로 강한 플레이어의 수와 일치율이 58.5%가 되었다고 언급한다(알파고의 경우 일치율은 최고라도 57%였다).

 메모 | **다음의 3수를 모아서 예측하는 개선**

다음 논문에서는 다음의 한 수뿐만 아니라 다음의 3수 모두를 예측하는 CNN의 이용에 대해 언급하고 있다.

〈Better computer Go player with neural network and long-term prediction〉

(Yuandong Tian, Yan Zhu, International Conference on Learning Representations (ICLR), 2016)

`URL` https://arxiv.org/pdf/1511.06410.pdf

이 밖에도 입력 채널로 '바둑판의 중앙에서의 거리', '학습 기보에 의한 상대 플레이어의 강함(9단계)', '최근 아군과 적군의 돌의 거리' 등을 입력으로 사용하는 점이 특징적이다. 이 신경망에서는 축의 평가나 한 수 앞의 호흡점(앞으로 몇 수에서 그 돌을 포함하는 연결을 잡을 수 있을지) 수의 평가 등 예측이 필요한 정보는 일절 사용하지 않음에도 불구하고 일치율이 57.3%나 되었다고 언급하고 있다.

✵ 2.3.4 SL 정책 네트워크의 입력 48채널의 특징

여기서 알파고의 SL 정책 네트워크의 입력 채널의 내용을 좀 더 자세히 살펴보자. 알파고에서는 모든 입력을 19 × 19의 점마다 0과 1의 데이터로 표현하고 있다.

이 책에서 참고하고 있는 알파고 논문에 따르면 흑의 위치, 백의 위치, 빈 곳 위치의 3

채널을 제공하는 것만으로도 48% 정도의 일치율은 얻을 수 있지만, 사전에 좀 더 세련된 특징 정보를 만들어 놓고 입력하는 것이 보다 더 잘되는 것 같다.

알파고에서는 바둑판의 총 48판면분의(48채널분)의 입력 정보를 미리 만들고 있다. 구체적으로는 표 2.2 와 같이 돌이나 빈 곳의 위치 이외에 이전 k(k=1~8)수 앞에 놓인 위치나 돌을 잡을 위치, 돌을 빼앗길 위치, 호흡점이 k개 있는 연(돌의 묶음)의 위치 여부(k = 1~8), 합법 수의 여부 등 수의 성질에 관계가 깊은 특징을 이용하고 있다.

또한, 바둑판의 정세로만 특징 정보를 결정한다면, 쟁탈 등의 탐색이 필요한 상황에서 좋은 수를 간과하기 쉽다. 그래서 이와 더불어 축(단수와 피하는 수를 반복해서 돌을 취하는 변화)이 성립하는지 아닌지에 대한 특징도 이용하고 있다.

표 2.2 SL 정책 네트워크의 48채널분의 입력. 모든 채널은 19 × 19의 19줄 바둑판에 대응한 0-1 데이터로 표현된다. 또한, k = 1~8로 되어 있는 항목에 대해서는 k = 1, 2, ..., 7 및 8 이상의 각각의 경우를 1채널로 나타내 총 8채널로 표현한다

입력 채널의 종류	채널 수
흑의 위치	1
백의 위치	1
빈 곳의 위치	1
k수 앞에 둔 위치(k = 1~8)	8
돌이 있는 경우 해당 연의 호흡점 수(k = 1~8)	8
거기에 둔 후, 돌을 취할 수 있는가?(취하는 수: k = 1~8)	8
거기에 둔 후에 해당 연을 빼앗길 경우, 몇 개의 돌을 빼앗기는가?(돌의 수: k = 1~8)	8
거기에 둔 후, 해당 연의 호흡점의 수(호흡점의 수: k = 1~8)	8
거기에 둔 후, 인접하는 상대의 연을 축으로 취할 수 있는가?	1
거기에 놓인 후, 인접하는 아군의 연을 축으로 빼앗기는가?	1
합법 수인가?	1
모두 1로 채운다.	1
모두 0으로 채운다.	1
합계	48

각 채널의 특징량 계산 예를 그림 2.19 에 나타내었다.

(a)가 현 국면(흑의 차례)이며, (b)~(g)에 이 국면에 대한 특징량의 계산 결과를 보여준다.

(b), (c), (d)는 백, 흑, 빈 곳에 대한 각각의 위치를 나타낸다.

(e)는 직전의 한 수 앞~8수 앞까지 놓인 돌의 기록을 히트 맵으로 나타내어 짙을수록 최근의 수을 나타낸다.

(f)는 연의 호흡점의 수를 나타내어 연을 구성하는 돌의 모든 위치에 해당 연의 호흡점 수를 기입하고, 수의 크기를 그레이스케일로 나타낸다. 즉, 큰 숫자에 짙은 색, 작은 숫자에 옅은 색상을 할당해서 나타낸다. 여기에서는 짙을수록 호흡점의 수가 적어 절박한 상황을 나타낸다.

(g)는 거기 두었을 때에 잡히는 돌의 수를 나타낸다.

독자들의 경우 이 히트 맵을 보고 어디 쯤에 두고 싶어졌는가?

먼저, (g)가 나타내는 점이 실리 면에서 가장 유력한 것 같다. 또한, (f)의 연의 호흡점에 근거하는 긴급도의 정보는 왼쪽 상단의 중요성을 보여준다.

한편, (e)의 최근 두어진 위치에서 판단하면 오른쪽 하단의 중요도가 높은 것 같다. 이에 (b)~(d)의 각 위치의 돌의 조합 정보를 가미하여 다음의 한 수를 결정한다. 이러한 복잡한 요소의 조합을 수작업으로 튜닝하는 것은 어려울 것 같지만, 절묘한 밸런스로 가중치 파라미터를 학습한 SL 정책 네트워크라면 가능하다. SL 정책 네트워크가 되었다는 기분으로 정세를 재검토하여 보면 아마 독자의 기력 향상에도 도움이 될 것이다.

이처럼 48채널의 특징으로 나누어 입력하는 경우 여러 특징을 조합한 필터를 사용함으로써 돌의 위치와 각종 특징을 조합한 특징을 제1층의 필터로 포착할 수 있다.

또한, 입력 정보를 직접 파악할 수 있는 제1층에서는 필터 크기를 5 × 5로 하고, 제2층 이후의 필터 크기인 3 × 3보다 크게 함으로써 어느 정도 넓은 범위의 특징을 정확하게 파악할 수 있는 이점이 있을 것이다.

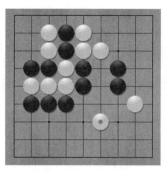

(a) 현재의 국면
(흑의 차례)

(b) 흑의 위치

0	0	0	0	0	0	0	0	0
0	0	0	1	0	0	0	0	0
0	0	0	1	0	0	0	0	0
0	1	1	0	1	0	1	0	0
0	0	0	0	1	0	1	0	0
0	1	1	1	0	0	0	0	0
0	0	0	0	0	0	0	0	0
0	0	0	0	0	0	0	0	0
0	0	0	0	0	0	0	0	0

(c) 백의 위치

0	0	0	0	0	0	0	0	0
0	0	1	0	1	0	0	0	0
0	0	1	0	1	1	0	0	0
0	0	0	1	0	0	0	0	0
0	1	1	1	0	0	0	0	0
0	0	0	0	0	0	1	0	0
0	0	0	0	0	1	0	0	0
0	0	0	0	0	0	0	0	0
0	0	0	0	0	0	0	0	0

(d) 빈 자리의 위치

1	1	1	1	1	1	1	1	1
1	1	0	0	0	1	1	1	1
1	1	0	0	0	0	1	1	1
1	0	0	0	0	1	0	1	1
1	0	0	0	0	1	0	1	1
1	0	0	0	1	1	0	1	1
1	1	1	1	0	1	1	1	1
1	1	1	1	1	1	1	1	1
1	1	1	1	1	1	1	1	1

(e) n수 앞의 위치

0	0	0	0	0	0	0	0	0
0	0	0	0	5	0	0	0	0
0	0	0	0	0	0	0	0	0
0	0	0	0	0	0	4	0	0
0	7	0	0	0	0	2	0	0
0	0	8	6	0	0	0	3	0
0	0	0	0	0	1	0	0	0
0	0	0	0	0	0	0	0	0
0	0	0	0	0	0	0	0	0

(f) 연 호흡점의 수

0	0	0	0	0	0	0	0	0
0	0	3	1	4	0	0	0	0
0	0	3	1	4	4	0	0	0
0	2	2	2	3	0	6	0	0
0	2	2	2	3	0	6	0	0
0	5	5	5	0	0	0	4	0
0	0	0	0	0	4	0	0	0
0	0	0	0	0	0	0	0	0
0	0	0	0	0	0	0	0	0

(g) 잡을 수 있는 돌의 수

0	0	0	0	0	0	0	0	0
0	0	0	0	0	0	0	0	0
0	0	0	0	0	0	0	0	0
0	0	0	0	0	0	0	0	0
4	0	0	0	0	0	0	0	0
0	0	0	0	0	0	0	0	0
0	0	0	0	0	0	0	0	0
0	0	0	0	0	0	0	0	0
0	0	0	0	0	0	0	0	0

그림 2.19 SL 정책 네트워크의 입력 특징량의 예(일부). 여기에서는 (a)의 9 × 9 바둑판 위에서의 6가지 특징을 나타내었다. (b)(c)(d)의 위치 정보는 9 × 9의 0-1 데이터로 표현된다. (e)(f)(g)에 대해서는 원래 9 × 9의 0-1 데이터로 구성된 8채널로 나타내지만, 지면을 절약하기 위해 각각 1~8의 숫자를 기입한 9 × 9의 파란색 음영으로 표시하고 있다

✦ 2.3.5 SL 정책 네트워크의 컨볼루션 계산 예

여기서 SL 정책 네트워크의 컨볼루션 계산(합성곱 계산)을 좀 더 구체적으로 추적해 보자. 여기에서는 입력이 흑의 위치, 백의 위치의 2채널만 있다고 가정하고, 제1층의 컨볼루션 연산을 생각해 보자. 이 경우 필터는 5 × 5 크기 두 장의 패턴으로 구성된다.

예를 들어, 그림 2.20 (a)의 한가운데인 '필터로 포착하고 싶은 돌의 조합'의 위치를 검출하고 싶다고 하자. 이 경우 예를 들어, 이 '돌의 조합'의 흑 부분에 1로 설정한 흑돌 채널에 대한 필터를, 백의 부분에 1로 설정한 백돌 채널에 대한 필터를 생각하면 좋을 것이다(그림 2.20 (b)와 (c)의 한가운데 그림).

★ 위치의 출력값을 계산

먼저, 그림 2.20 (a)의 ★ 위치의 출력값을 계산하려면 그림 2.20 (b)처럼 흑돌 채널의 ★을 중심으로 하는 5 × 5 부분과 필터 해당 부분의 부분합(여기에서는 모두 1인 부분의 개수를 세는 것과 같다)을 취한 다음, 또 다시 백돌 채널의 ★을 중심으로 하는 5 × 5 부분과 필터 해당 부분의 부분합을 더한다. 이 경우라면 6 + 4 = 10이 된다.

▲ 위치의 출력값을 계산

한편, ▲ 위치의 출력값 계산은 각 채널에 대응하는 5 × 5의 영역이 한 칸 아래로 어긋나는 경우를 제외하면 마찬가지이며, 출력값은 2 + 1 = 3이 된다(그림 2.20 (c)).

이렇듯 필터의 배치 패턴과 유사한 경우(★의 경우)에는 출력값은 커지고, 유사하지 않은 경우(▲의 경우)는 출력값이 작아진다. 따라서 필터에는 패턴 검출 효과가 있음을 알 수 있다.

참고로, 컨볼루션 계산은 이 필터를 평행 이동시키면서 입력 채널에 적용하므로 이 패턴이 바둑판 위의 어디에 나타나도 검출할 수 있다.

(a) 흑을 두면 백을 잡을 수 있는 위치

지금 국면

필터로 파악하고
싶은 돌의 조합

컨볼루션 계산 결과
(★: 10, ▲: 3)

(b) ★ 위치의 컨볼루션 계산의 예

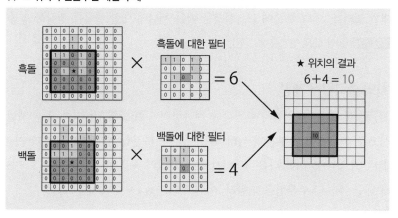

흑돌

흑돌에 대한 필터

= 6

★ 위치의 결과
6+4 = 10

백돌

백돌에 대한 필터

= 4

(c) ▲ 위치의 컨볼루션 계산의 예

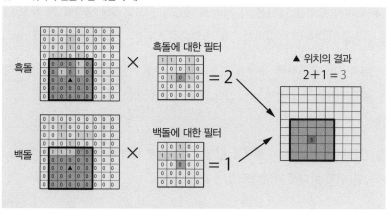

흑돌

흑돌에 대한 필터

= 2

▲ 위치의 결과
2+1 = 3

백돌

백돌에 대한 필터

= 1

그림 2.20 SL 정책 네트워크에 있어서 제1층의 컨볼루션 계산 예
(b) 필터로 파악하고 싶은 돌의 조합의 중심 위치에 있는 ★의 컨볼루션 계산 결과는 10으로 커진다
(c) ★의 한 개 아래인 ▲의 컨볼루션 계산 결과는 3으로 작아진다

SL 정책 네트워크의 제1층

SL 정책 네트워크의 제1층에는 필터가 192종류나 있으므로 192종류 이상의 (한 개의 필터에서 여러 특징을 검출할 수 있으므로 실제로는 훨씬 더 많은) 특징을 검출할 수 있다.

또한, 여기에서는 흑, 백의 위치의 2채널만을 생각했지만, 실제로는 48채널이나 있으므로 돌의 위치, 과거의 이력, 연의 돌 수, 호흡점 수 등을 조합한 복잡한 특징을 파악할 수 있다.

단, 향후에 언급할 **그림 2.25** 의 제1층의 필터 학습 결과를 살펴보는 한, 해석하는 것이 쉽지 않다. 이 해석의 곤란성 문제는 이미지 인식의 경우도 마찬가지이며, '학습 결과를 어떻게 시각화하여 해석하는가'라는 것이 딥 러닝 공통의 과제로 되어 있다. 성능이 올라간다고 해서 그것이 좋다는 것은 아니다. 왜 그렇게 되는지 모르는 도구는 사용자를 불안하게 한다. 애플리케이션에 따라 때로는 무서워서 사용할 수 없는 일도 있다.

> 📝 메모 | **해석의 곤란성 문제**
>
> 딥 러닝의 학습에 의해 얻어진 모델은 종종 파라미터의 수가 너무 많아서 아무리 성능이 높더라도 그 모델을 해석하는 것이 어렵다고 알려져 있다. 이것은 어떤 경우에 잘 될지 아니면 잘 되지 않을지에 대한 결과를 실행할 때까지 모르게 되어 실제 산업에 응용하는 경우에 큰 장벽이 되고 있다.

⚬⚬ 2.3.6 SL 정책 네트워크의 계산량

SL 정책 네트워크에서 각 층의 컨볼루션 계산은 19 × 19의 192장의 입력 정보에 대해 3 × 3 크기의 필터(제1층은 5 × 5 크기, 13층은 1 × 1 크기) 192장에 의해 컨볼루션 계산을 수행한 다음, ReLU 함수를 통과시킨다. 이로써 출력 1장분이 계산된다. 또한, 이 출력을 192장분 계산하므로 이 계산 전체를 192번 반복한다.

참고로, 계산량의 대부분은 컨볼루션 계산이다. 따라서 각 층의 컨볼루션 계산에는 19 × 19 × 3 × 3 × 192 × 192의 덧셈 계산이 필요하며, 필터 가중치 파라미터의 수는 3 × 3 × 192 × 192다. 이것을 층 수만큼 더하면 SL 정책 네트워크에서 입력 국면

부터 출력 확률을 계산하기까지의 전체 계산량과 변수의 개수는 다음과 같이 얻을
수 있다.

- 컨볼루션의 덧셈 횟수: $19 \times 19 \times 3 \times 3 \times 192 \times 192 \times$ (층 수: 12)
  = 약 14억 회
- 필터 가중치 파라미터의 개수: $3 \times 3 \times 192 \times 192 \times$ (층 수: 12)
  = 약 400만 개

또한, 여기에서는 편의상 제1층도 제2~12층과 같은 구조라고 가정하여 계산량과 파라
미터가 적은 제13층은 무시했다.

이러한 컨볼루션 계산은 최근에는 CPU가 아닌 GPU가 사용되는 경우가 많다. 이것은
최근의 GPU 보급과 CUDA 등의 GPU의 계산량을 활용하는 프로그래밍 환경의 정비
가 그 배경에 있기 때문이다.

 메모 | **GPU**

Graphics Processing Unit의 약어다. 이미지 프로세싱에 특화된 전용 하드웨어를 말한다.

 메모 | **CUDA**

Compute Unified Device Architecture의 약어다. NVIDIA가 제공하는 통합 개발 환경이다.

각 층은 입력 19 × 19 × 192장, 필터 3 × 3 × 192장의 컨볼루션

| 특정 층의 입력(x_{ij})
(19 × 19 × 192장) | 컨볼루션 결과(u_{ij})
(19 × 19) | 특정 층의 출력(y_{ij})
(19 × 19) |

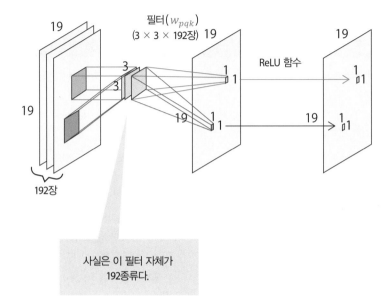

사실은 이 필터 자체가
192종류다.

컨볼루션 계산: $u_{ij} = \sum_{k=1}^{192} \sum_{p=1}^{3} \sum_{q=1}^{3} w_{pqk} \cdot x_{i+p,j+q,k} + b$

ReLU 함수: $y_{ij} = \text{MAX}(0, u_{ij})$

파라미터 w_{pqk} 의 개수:
32 × (필터의 종류: 192)^2 × (층의 수: 12) = 약 400만 개

컨볼루션 계산의 덧셈 횟수:
192 × 3^2(필터의 종류: 192)^2 × (층의 수: 12) = 약 14억 회

그림 2.21 SL 정책 네트워크의 컨볼루션 계산 및 계산량

알파고에서 GPU를 사용하는 경우 이러한 계산이 불과 5밀리초밖에 걸리지 않았다고 보고되었다.

CPU의 경우 필자가 개발한 DeltaGo에 의한 평가에서는 0.1초 이상은 걸릴 것 같다. 따라서 SL 정책 네트워크의 경우 단순 계산으로는 GPU 쪽이 CPU보다 20배 이상 빠르다고 평가할 수 있을 것 같다.

📖 칼럼 | GPU의 계산 속도

최근의 서버 시스템에서는 최대 8개 정도를 탑재할 수 있으며, CPU와 협조하여 처리 속도를 고속화할 수 있다.

단, 'GPU는 어떤 계산이라도 빠르다'라는 뜻은 아니다. 이미지 처리 및 행렬 계산 등에 자주 나타나는 조건 분기가 적은 계산에 강하다.

CNN의 컨볼루션 계산도 거의 조건 분기 없는 계산으로 이루어져 있으므로 GPU의 고속화가 성능을 발휘할 좋은 영역이다. 최근에는 GPU를 활용하기 위해 CUDA(Compute Unified Device Architecture)라는 NVIDIA가 제공하는 통합 개발 환경을 사용하는 경우가 많다.

CUDA 컴파일러와 라이브러리를 이용함으로써 GPU의 연산 능력을 이미지 처리 외에 과학 기술 계산, 시뮬레이션 등 일반적인 용도에 널리 활용할 수 있게 되었다. 이러한 범용 컴퓨팅을 위한 GPU 활용 기술을 GPGPU(General-Purpose computing on Graphics Processing Units)라고 부른다.

참고로, 알파고는 이세돌 9단과의 대결 때 GPU에 대체하는 TPU라는 전용 하드웨어를 사용하였다. 동일한 전력 소비량에 비해 처리 속도는 GPU의 10배라고 한다.

 메모 | NVIDIA

1993년에 설립된 미국의 반도체 업체. 컴퓨터의 이미지 프로세싱 및 계산 처리를 고속으로 실시하는 반도체인 GPU를 개발하였다. 최근 CUDA라는 GPU를 위한 프로그래밍 통합 개발 환경을 제공함으로써 딥 러닝의 계산 처리를 위한 GPU의 활용 환경을 비약적으로 높였다.

 메모 | TPU(Tensor Processing Unit)

구글이 개발한 텐서 플로를 위해 특화된 딥 러닝 전용 프로세서다. 참고로, 텐서 플로란 구글이 개발한 딥 러닝을 위한 프레임워크다.

✦ 2.3.7 SL 정책 네트워크의 학습용 데이터 획득

SL 정책 네트워크처럼 400만 개의 필터 가중치 파라미터를 학습하려면 대량의 고품질 학습 데이터(입력 국면과 정답 레이블의 쌍)가 필요하다.

'어느 정도의 학습 데이터 양이 필요한가?'라는 점에 대해서는 정량적인 논의가 어렵지만, 파라미터의 개수의 수 배 정도의 학습 데이터를 확보해 두고 싶은 감각적인 논의는 자주 이루어지고 있다.

또한, 여기에서 언급하는 '고품질'이란, '레이블 부여의 정확도가 높다'라는 의미다. 바둑의 경우에는 강한 플레이어의 수가 많이 필요하다. 강한 플레이어의 기보로서는 프로 바둑 기사의 공식전 데이터를 쉽게 구할 수 있지만, 그것만으로는 충분하지 않다. 그렇지만 다행히도 최근에는 매일 열리고 있는 인터넷 대회의 기보를 사용할 수 있다.

알파고의 학습 데이터

알파고는 학습 데이터로 인터넷 대국 사이트 'KGS'의 6단 이상 플레이어에 의한 대전 기보 16만 국의 데이터를 사용하였다.

 메모 | KGS

Kiseido Go Serve의 약자. KGS는 아래의 무료 바둑 서버이며, 무료로 바둑 대국과 관전을 할 수 있는 사이트다. 회원수는 10만 명을 넘어 전 세계의 플레이어들이 모여 있다. 사람 대 사람의 대국뿐만 아니라 바둑 AI 봇(bot)도 대국에 참여하고 있다.

KGS
URL https://www.gokgs.com/

1국의 기보는 200수 정도의 수순으로 이루어지므로 1국에서 200개 정도의 학습 데이터를 얻을 수 있다. 결과적으로, KGS 기보에서 총 3,000만 개의 학습 자료를 만들 수 있다.

또한, 바둑 플레이어의 실력은 약한 쪽부터

10급 < ⋯ < 1급 < 초단 < 2단 < ⋯ < 9단

순으로 강해지므로 6~9단 기보라는 것은 상대적으로 높은 품질의 학습 데이터라고 할
수 있다.

알파고에서는 또한 이러한 데이터를 그림 2.22 와 같이 회전·반전시킴으로써 8배의 학습
데이터로 확장하고 있다. 바둑의 경우 회전·반전의 대칭성이 성립된다. 예를 들어, 180
도 회전시킨 국면에서는 180도 회전시킨 수가 최선이 된다.

한편, SL 정책 네트워크는 회전·반전된 국면을 다른 것으로 파악하므로 이 확장은 유
효하다.

이렇게 고생하지 않고 8배의 데이터를 얻을 수 있다는 것은 학습 자료 획득의 관점에서
보면 매우 고마운 일이다. 결과적으로 3,000만 × 8 = 2억 4,000만 학습 데이터를 사용
하는 것에 상당한다. 이러한 확장도 얼마나 학습 데이터의 양이 중요한지를 나타낸다고
할 수 있다.

기본도

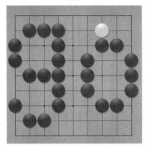

반전도

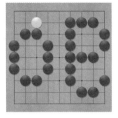

90도 회전

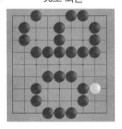

반전 + 90도 회전

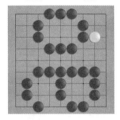

180도 회전

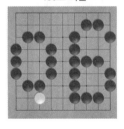

반전 + 180도 회전

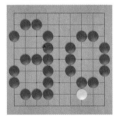

270도 회전

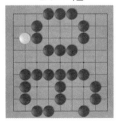

반전 + 270도 회전

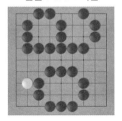

그림 2.22 바둑판이 갖는 8개의 대칭성

❖❖ 2.3.8 SL 정책 네트워크의 학습 기법

그러면 SL 정책 네트워크의 학습은 구체적으로 어떻게 진행해야 할까?

SL 정책 네트워크의 학습 목표도 MNIST와 마찬가지로 CNN이 출력하는 수와 정답 레이블의 오차인 손실 함수를 최소화하는 필터 가중치 파라미터를 얻는 것이다. 이 학습도 접속 관계만 주의하면 전체 결합의 신경망과 마찬가지로 오류 역전파 방법의 절차를 사용하여 실시할 수 있다(그림 2.23).

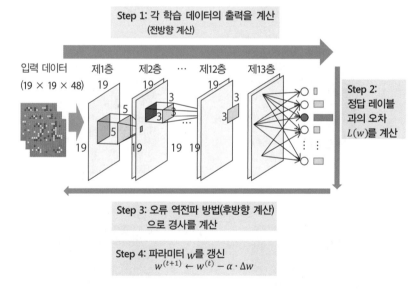

- **학습 데이터:** (국면, 강한 인간 플레이어의 수)의 쌍
  – 인터넷 바둑 도장 'KGS' 6∼9단의 기보 16만 국(약 3,000만 국면)
- 오류 역전파 방법을 통해 CNN의 출력과 인간의 수가 최대한 일치하는 필터 가중치 w_{pqk}를 구한다.
- 1회의 컨볼루션 계산은 GPU(이미지 처리용 프로세서)라면 약 5밀리초이지만, 그래도 학습에는 50GPU에서 3주 정도 소요된다.

Step 1: 각 학습 데이터의 출력을 계산
(전방향 계산)

입력 데이터   제1층   제2층   …   제12층   제13층
(19 × 19 × 48)

Step 2: 정답 레이블과의 오차 $L(w)$를 계산

Step 3: 오류 역전파 방법(후방향 계산)으로 경사를 계산

Step 4: 파라미터 w를 갱신
$$w^{(t+1)} \leftarrow w^{(t)} - \alpha \cdot \Delta w$$

그림 2.23 SL 정책 네트워크의 학습

알파고는 학습 데이터를 16개 국면의 미니 배치로 분해하여 확률적 경사 하강법(SGD)으로 학습을 하고 있다(그림 2.24).

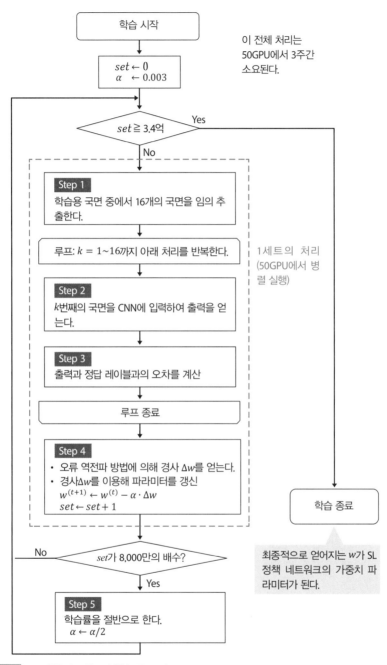

이 전체 처리는
50GPU에서 3주간
소요된다.

학습 시작

$$set \leftarrow 0$$
$$\alpha \ \leftarrow 0.003$$

$set \geqq 3.4$억 — Yes

No

1세트의 처리
(50GPU에서 병
렬 실행)

Step 1
학습용 국면 중에서 16개의 국면을 임의 추출한다.

루프: $k = 1$~16까지 아래 처리를 반복한다.

Step 2
k번째의 국면을 CNN에 입력하여 출력을 얻는다.

Step 3
출력과 정답 레이블과의 오차를 계산

루프 종료

Step 4
• 오류 역전파 방법에 의해 경사 Δw를 얻는다.
• 경사Δw를 이용해 파라미터를 갱신
$$w^{(t+1)} \leftarrow w^{(t)} - \alpha \cdot \Delta w$$
$$set \leftarrow set + 1$$

set가 8,000만의 배수? — No

Yes

Step 5
학습률을 절반으로 한다.
$$\alpha \leftarrow \alpha/2$$

학습 종료

최종적으로 얻어지는 w가 SL
정책 네트워크의 가중치 파
라미터가 된다.

그림 2.24 SL 정책 네트워크의 학습 플로 차트

절차는 다음과 같다.

- **Step 1: 국면을 무작위로 추출한다**

  전체 3,000만 국면 중에서 16개의 국면을 무작위로 추출한다.

- **Step 2: 정책 네트워크 경유의 출력을 계산한다**

  각 국면을 정책 네트워크를 통해서 출력을 계산한다.

- **Step 3: 오차를 계산한다**

  Step 2의 출력과 정답 레이블과의 오차를 계산한다.

- **Step 4: SGD에 의한 파라미터를 갱신한다**

  Step 1에서 Step 3의 사이클을 16개의 각 국면에 대해 계산한 후, 오차를 후방향 (출력 계층에서 입력 계층으로의 방향)으로 전달하여 경사를 계산하고, 이 경사를 바탕으로 학습률 α의 SGD에 의해 $w^{(t+1)} \leftarrow w^{(t)} - \alpha \cdot \Delta w$로 파라미터를 갱신한다. 참고로, Δw의 값이나 학습 기법에 대한 자세한 내용은 Appendix 1의 A1.1.1항을 참고하길 바란다.

이상의 흐름은 MNIST의 경우와 마찬가지다. 다른 점은 네트워크의 구조뿐으로 전방향 계산과 후방향 계산의 내용이 달라진다.

Step 2 ~ Step 4를 1세트로 한다. 파라미터의 갱신 폭(α)이 크면 점차 오차 함수가 커진다. 그래서 Step 2 ~ Step 4를 8,000만 세트 반복할 때마다 학습률 α를 반으로 하고 있다. 이 Step 2 ~ Step 4를 총 3.4억 세트 반복했을 때에 학습 종료로 한다.

위의 1세트의 반복 계산은 50개의 GPU에서 분담하여 병렬 실행하고 있다. 이 병렬 계산은 마지막으로 파라미터 갱신하는 부분을 제외하면 독립성이 높고, 비동기적으로 실행할 수 있으므로 거의 50배에 가까운 고속화가 가능하다고 생각된다.

그러나 위의 3.4억 세트의 반복은 엄청난 수이며, 50개의 GPU에 의한 계산을 병렬 처리한 경우에도 3주나 걸린다. 이것은 만약 GPU를 1개밖에 사용할 수 없다면 50배인 약 3년이 걸린다는 것을 의미한다. 또한, GPU조차 없이 CPU가 1개밖에 없으면 60년 이상 걸리는 계산량이다. 이것은 최근의 GPU 기술의 진전과 계산기 환경의 충실성 효과가 얼마나 큰 것인지를 보여 주고 있다고 말할 수 있다.

이 책이 참고하는 알파고 논문에서는 전술한 KGS 기보 약 3,000만 국면 중 100만 개를 테스트 데이터로 평가에 사용한다. 즉, 학습에 의해 얻어진 SL 정책 네트워크에 대해 100만 개 테스트 데이터와의 수 일치율을 조사함으로써 성능을 평가한다.

일반화와 과적합

일반적으로 지도 학습은 훈련 데이터를 사용하여 학습한다. 한편, 사용자는 훈련 데이터에 나타나지 않은 다른 예에 대해서도 올바른 출력을 반환할 수 있길 기대한다.

지도 학습의 일반화 능력은 학습 시에 주어진 훈련 데이터만이 아니라 새로운 미지의 데이터에 대해서도 정확하게 예측할 수 있는 능력을 말한다.

반대로, 훈련 데이터 특유의 특징까지 지나치게 적용해 버리는 것을 과적합(overfitting)이라고 한다. 이 경우 훈련 데이터에 대한 성능은 향상되지만, 미지의 데이터에서는 반대로 결과가 나빠진다.

지나친 학습의 원인 중 하나는 입력 데이터의 개수에 비해 모델이 복잡하고 파라미터의 수가 너무 많은 것을 예로 들 수 있다. 이러한 지나친 학습을 검출할 수 있도록 학습 데이터는 학습에 이용하는 훈련 데이터와 학습 결과를 평가하는 테스트 데이터로 나누어 테스트 데이터에 의한 예측 결과를 갖고 모델의 성능을 판단하는 것이 일반적이다.

학습 결과

결과적으로, 기존 방법으로는 최고라도 44% 정도였던 강한 인간 플레이어 수와의 일치율을 무려 57%까지 높일 수 있었다. 일치율 57%는 압도적인 숫자다. 예를 들어, 1.4.6항에서 설명한 롤 아웃 정책의 경우 방대한 종류의 특징을 가지고 있음에도 불구하고 24% 정도의 일치율에 그쳤다.

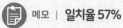

메모 | **일치율 57%**

알파고의 일치율 57.0%를 달성한 SL 정책 네트워크는 각 층의 필터를 256장으로 한 경우의 결과다. 또한, 이 결과는 8개의 회전 반전 대칭 패턴 모두를 입력하여 8개의 예측 확률을 만들고, 그 평균이 최대가 되는 수를 채용한 경우의 결과다. 이와 같이 몇 가지 예측 방법을 조합하여 출력을 얻는 기법을 앙상블 학습이라고 하며, 종종 개별 예측 방법에 의한 경우보다 정밀도를 높이는 것으로 알려져 있다.

한편, 필터를 192장으로 한 SL 정책 네트워크 개별 평가의 경우는 일치율이 55.7%로 되어 있다.

이 책의 이후 설명에서는 판 후이 2단과의 대전이나 다른 프로그램과의 대전 평가에 사용된 필터 192장의 SL 정책 네트워크를 단독으로 사용하는 경우를 기준으로 설명하고 있다. 따라서 본래는 일치율을 55.7%로 해야 한다고 생각하겠지만, 설명의 혼동을 피하기 위해 이후의 설명에서 일치율을 언급하는 경우는 57%를 사용한다.

또한, 필자가 이전의 계산에 시간이 걸릴 것을 포함하여 다양한 특징량을 구사해서 만든 모델도 일치율이 기껏해야 30%를 초과하는 정도였다. 57%라는 숫자가 알파고 이전에는 아무도 상상할 수 없는 큰 값인 것은 강조해 두고 싶은 부분이다. 바둑의 합법 수의 수는 예를 들어, 100수째의 국면에서도 250 이상 있다. 이것이 안정된 최선 수를 선택할 수 있는 강한 플레이어의 수만을 대상으로 하고 있다고 해도 50% 이상의 정답 일치율로 할 수 있다는 것은 굉장한 사실이다.

실은 이같이 국면을 주고 한 수 앞의 확률을 읽는 SL 정책 네트워크는 개별로도 아마추어 3단 정도(엘로 평점은 1,517점)가 된다는 점이다. 이 정도의 힘이 있으면 바둑 AI는 직관을 획득했다고 말할 수 있을 것이다.

또한, 놀랍게도 이 19줄 바둑판에서 학습한 SL 정책 네트워크의 필터는 9줄 바둑판과 13줄 바둑판에 그대로 적용해도 어느 정도 괜찮은 바둑의 수를 둘 수 있을 것 같다. 입력한 학습 데이터와 다른 게임에서도 나름대로 쓸모가 있다는 점은 CNN의 다양성을 보여 주며, 매우 흥미로운 부분이다.

필자가 개발한 DeltaGo는 실은 SL 정책 네트워크 그 자체다. 이 DeltaGo의 경우 학습 결과 중 제1층의 필터 가중치 파라미터의 일부를 그림 2.25 에 나타내었다.

각 필터의 3단째는 해당 필터가 검출하는 흑과 백의 조합 특징을 보여 준다. 정량적

인 논의는 어렵지만, ★의 위치에 흑을 두고 싶어지는 바둑다운 배치처럼 보이는 것
도 있다.

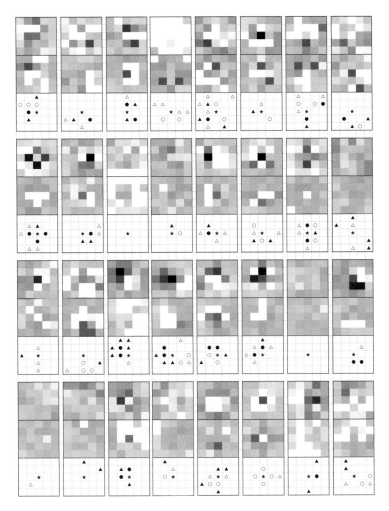

그림 2.25 SL 정책 네트워크의 필터 가중치의 학습 결과. 제1층의 총 192개의 필터 정보 중 처음 32개
의 필터 정보의 일부를 나타낸다. 각 필터 정보는 3단으로 나누어 나타냈다.

1단째에는 흑돌 채널에 대한 5 × 5필터를, 값이 큰 것을 흑으로 하는 농도로 나타낸다.
2단째에는 백돌 채널에 대한 5 × 5필터를, 값이 큰 것을 파란색으로 하는 농도로 나타낸다.
3단째에는 1단째과 2단째의 필터 정보에 의해 검출할 수 있는 5 × 5 흑돌과 백돌의 배치 조합을 나타낸다.
구체적으로는 중심을 ★로 해서, 1단째(흑돌)의 값이 큰 값(0.15 이상)이라면 ●, 어느 정도 큰 값(0.075 이상)이라
면 ▲로 나타내고, 2단째(백돌)의 값이 큰 값이면 ●, 어느 정도 큰 값이면 △로 나타낸다.

⁂ 2.3.10 국면의 유리 불리를 예측하는 CNN(밸류 네트워크)

알파고의 두 번째 획기적인 것은 국면을 주고서 유리 불리를 예측하는 CNN인 밸류 네트워크를 만든다는 점이다.

SL 정책 네트워크는 어떤 국면에 대해 각 위치에 돌이 놓이는 확률을 산출했으나, 밸류 네트워크는 입력 국면의 승률 예측값을 출력한다. 이것은 국면의 좋고 나쁨의 직관을 나타낸다.

> 📋 메모 | **밸류 네트워크**
>
> 알파고에서 국면의 특징을 바탕으로 승률 예측값을 출력하는 CNN을 말한다. 바둑 AI 연구의 역사 중에서 처음 만들어진 평가 함수도 있어 알파고의 획기적인 성과 중 하나라고 말할 수 있다.

견해를 바꾸면, 지금까지 불가능하다고 했던 바둑의 평가 함수를 만들었다는 사실이다. 이 책이 참고하는 알파고 논문의 가장 큰 공헌은 이 밸류 네트워크를 만들어 낸 것에 있다고 해도 과언이 아니다.

15층으로 이루어진 밸류 네트워크의 구조는 다음과 같이 되어 있다(그림 2.26).

- 입력층: 49채널(SL 정책 네트워크와 동일하게 48채널 + 두는 쪽 정보)
- 제1층: 5 × 5 크기의 192종류의 필터와 ReLU 함수
- 제2~11층: 3 × 3 크기의 192종류의 필터와 ReLU 함수
- 제12층: 3 × 3 크기의 192종류의 필터
- 제13층: 1 × 1 크기의 1종류의 필터
- 제14층: 출력 256개의 전체 결합 네트워크와 ReLU 함수
- 제15층: 출력 1개의 전체 결합 네트워크와 tanh 함수

입력층은 SL 정책 네트워크와 동일한 48채널에 두는 쪽의 정보가 더해져 49채널로 되어 있다. 또한, 출력층의 경우 SL 정책 네트워크에서는 어디에 둘지에 대한 확률을 점마다 출력하기 위해 19 × 19개의 노드가 필요했지만, 밸류 네트워크는 승률 예측값(숫자 1개)이므로 출력은 1노드면 된다.

제1~13층은 SL 정책 네트워크와 거의 동일하다.

제14, 15층은 전체 결합 네트워크를 채용하여 출력 1노드로 변환하고, 최종적으로 tanh 함수(활성화 함수 중 하나)를 통과시켜 –1.0 이상 1.0 이하의 승률 예측치를 얻고 있다.

이것의 해석으로는, 1에 가까울수록 입력 국면의 두는 쪽 승률 예측값이 크고, –1에 가까울수록 상대방의 승률 예측값이 크다는 것을 의미한다.

- **밸류 네트워크는 국면을 입력으로 하고, 승률 예측값을 출력하는 CNN**
  기존에 곤란하다고 여겼던 바둑의 평가 함수에 상당
- **밸류 네트워크의 구성**
  – 입력은 49채널(SL 정책 네트워크와 같은 48채널 + 두는 쪽 정보)
  – 전부 15층
    • 1~12층의 필터는 각 층에 192종류씩 있고, 1층째만 5 × 5, 2~12층은 3 × 3

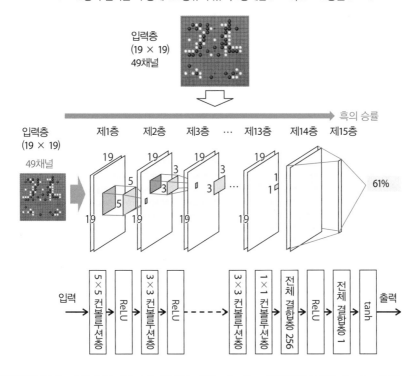

그림 2.26 알파고에서 승률 예측값을 계산하는 밸류 네트워크. 그림 2.17 의 정책 네트워크의 구조와 비교하면 입력이 한 채널 늘어난 점과 출력이 승률 1개인 점이 다르다. 제1~13층의 구조는 거의 동일하다

이 밸류 네트워크의 학습 방법은 학습 데이터를 만드는 방법과 △w의 계산 방법(자세한 내용은 Appendix 1의 A1.1.2항 참고)을 제외하면 SL 정책 네트워크의 학습 방법과 거의 동일하다. 학습 데이터를 만드는 방법에 대해서는 강화 학습의 결과를 이용하므로 제3장에서 다시 설명한다.

2.4 Chainer로 CNN 학습시키기

여기에서는 구현편으로 필기체 숫자 인식과 SL 정책 네트워크를 예제로 이 책의 초판 집필 시점(2017년 6월)의 환경에서 CNN의 설계와 학습을 얼마나 쉽게 프로그램할 수 있는지를 설명한다.

2.4.1 MNIST의 신경망 학습 부분 작성하기

리스트 2.1에서는 필기체 숫자 인식(MNIST)의 신경망 학습을 예로 파이썬(Python) 상에서 Chainer라는 딥 러닝용 프레임워크를 사용한 경우의 코드를 나타낸다.

 메모 | **Chainer**

Chainer는 일본 벤처 기업인 프리퍼드 네트웍스(Preferred Networks)에 의해 개발된 딥 러닝 프레임워크다. 일본 회사가 만든 오픈 소스 프로그램이며, 일본어 항목도 많으므로 일본어 가능자는 공부하기 쉬울 것이다.

Chainer
URL http://chainer.org/

 메모 | **딥 러닝용 프레임워크**

딥 러닝의 연구 개발을 지원하는 프레임워크다. 딥 러닝이 발전하는 시기인 2014년경부터 Caffe, Chainer, TensorFlow, Torch 등 다양한 프레임워크가 등장했다.

최근의 프레임워크는 경사 계산이 자동화되어 있거나 GPU와 CUDA 기술을 지원하는 것이 많아 신경망의 구조를 유연하게 정의하거나 시행 착오의 사이클을 고속으로 돌리기에 적합하다.

여기에서의 입력은 2.2절에서 설명했던 것처럼 28 × 28의 이미지에 상당하는 28 × 28(= 784)개의 노드이며, 출력은 '0'에서 '9'에 해당하는 레이블의 각 출력 확률에 상당하는 10개의 노드다.

리스트 2.1 Chainer에 의한 MNIST의 CNN 학습 코드

```
import chainer
import chainer.functions as F
import chainer.links as L
from chainer import training

# Network definition
class CNN(chainer.Chain):
  def __init__(self, train=True):
    super(CNN, self).__init__(
      l1 = L.Linear(28*28, 100), # n_in -> n_units
      l2 = L.Linear(100, 10), # n_units -> n_units
  def __call__(self, x):
    h = F.sigmoid(self.l1(x))
    h = self.l2(h)
    return h                                                    ①

# Load the MNIST dataset
train, test = chainer.datasets.get_mnist(ndim=3)                ②

# Set up a neural network model and Set up a trainer
model = L.Classifier(CNN())
optimizer = chainer.optimizers.Adam()
optimizer.setup(model)
train_iter = chainer.iterators.SerialIterator(train, batch_
size=100)                                                       ③
updater = training.StandardUpdater(train_iter, optimizer)
trainer = training.Trainer(updater, (5, 'epoch'),
out='result')

# Run the training
trainer.run()                                                   ④
```

리스트 2.1 은 중간층이 100노드인 3계층의 전체 결합 신경망(**그림 2.6**)을 사용하는 경우의 예다.

이 코드에서는 먼저 몇 가지 라이브러리를 임포트(import)한 후, **리스트 2.1** ① Network definition 아래 부분에서 네트워크 구조를 정의하고 있다. 이 중 __init__ 부분에서 각 층(중간층: l1 출력층: l2)의 구조(크기와 모양)를 정의하고, __call__ 부분에서 접속 관계를

정의하고 있다. 먼저, __init__ 부에서는 l1, l2의 2층 구조를 정의하고 있다. Chainer에서는 전체 결합층을 나타내는 L.Linear 함수를 이용함으로써 최소한의 코딩으로 정의할 수 있다.

__call__ 부에서는 __init__ 부에서 정의한 l1, l2를 이용하여 입력 x부터 출력 h까지를 연결하고 있다.

제1층은 전체 결합층 l을 정의한 후, 시그모이드 함수를 통해 출력 h를 얻는다.

제2층에서는 제1층의 출력 h를 전체 결합층 l2에 통과시켜 그 출력을 다시 h로 하고 있다. 참고로, 파이썬의 Classifier(분류) 클래스에서는 확률값으로의 변환에 소프트맥스 함수를 사용하고, 오차 함수로는 크로스엔트로피 함수를 사용하고 있는데, 이것은 Classifier 클래스의 기본 연산으로 되어 있으므로 명시적으로 기술하지 않아도 된다. 굳이 다른 것을 사용하고 싶은 경우는 L.Classifier의 인수로 주면 된다.

 메모 | **파이썬(Python)**

프로그래밍 언어 중 하나다. 코드가 간결하고 다루기 쉽게 설계되어 있어, C 언어와 비교하면 적은 행 수로 작성할 수 있다. 현재 사용 가능한 딥 러닝 프레임워크의 대부분은 파이썬에 대응하는 것이 많으므로 딥 러닝 프로그램에는 파이썬을 사용하는 경우가 많다.

 메모 | **크로스엔트로피 함수**

신경망 등의 모델을 사용한 분류 문제의 학습에서 손실 함수로 자주 사용되는 함수다.

다음으로, 리스트 2.1 ②의 Load the MNIST dataset 다음의 부분에서는 MNIST 데이터를 읽어들인다. 그리고 리스트 2.3 ③의 Set up a neural network model and Set up a trainer 아래 부분에서는 학습 모델을 준비하고 있다. 이 부근은 그냥 주술처럼 사용하는 관용구라고 생각해도 된다. 마지막으로, 리스트 2.1 ④의 trainer.run을 호출하여 학습을 시작한다.

Chainer 프레임워크의 뛰어난 점은 전방향 계산의 규칙을 __call__ 부분에 작성한 다음, 그 후에 [리스트 2.1] ④의 trainer.run을 실행하는 것만으로 전방향 계산과 오류 역전파 방법(후방향 계산) 모두를 자동으로 실행해 준다는 점이다. 이러한 생략을 실현하기 위해 자동 미분이라는 불리는 기술을 이용하고 있다.

또한, Chainer 프레임워크에서는 다른 네트워크 구조를 시도하고 싶을 때 네트워크 정의 부분을 다시 작성하기만 하면 되므로 시행 착오 측면에서 매우 편리하다.

 메모 | **자동 미분**

신경망의 전방향 계산을 계산 그래프로 나타내고, 그 그래프를 역방향으로 추적함으로써 파라미터의 경사를 자동적으로 계산하는 방법이다.

이상과 같이 MNIST 데이터 세트에 의한 필기체 숫자 인식의 학습 부분은 불과 30행이 안 되는 코드로 작성할 수 있다. 여기에서 소개한 소스 코드에 대해 더 깊이 이해하고 싶다면 참고 사이트를 참고하길 바란다.

 메모 | **참고 사이트**

Chainer 소스의 분석. MNIST 예제를 살펴보기

`URL` http://ailaby.com/chainer_mnist/

2.4.2 SL 정책 네트워크의 학습 부분 작성하기

실은 알파고의 SL 정책 네트워크의 학습에 대해서도 입력 데이터와 네트워크 정의 부분를 바꾸면 필기체 숫자 인식(MNIST)의 경우와 동일한 코드를 사용할 수 있다.

2.3.4항에서 설명한 바와 같이 입력 채널을 48, 필터 수를 192로 하는 경우를 고려해 보자. 이때 네트워크는 [리스트 2.2]와 [리스트 2.3]과 같이 정의하면 좋을 것이다.

각 층(conv1~conv13)의 크기와 모양

각 층(conv1~conv13)의 크기와 모양은 [리스트 2.2]처럼 작성한다.

알파고에서 나타나는 것은 표준적인 CNN이므로 기본적으로는 처음부터 순서대로 입력층의 수, 출력층의 수, 필터 크기, 패딩 크기를 인수로 하고, F.Convolution2D라는 함수를 이용하면 된다.

conv1~12에서는 컨볼루션 계산 후, 19 × 19의 각 위치에 공통의 바이어스 파라미터 값이 가산된다. conv13에서는 인수로 nobias = True가 명시적으로 설정되어 있으므로 여기에는 바이어스가 가산되지 않는다. 그 대신 마지막의 L.Bias라는 함수를 이용함으로써 19 × 19의 각 위치에 따라 서로 다른 바이어스 파라미터를 가산한다.

여기서 패딩 크기는 입력층의 테두리를 0으로 채운(제로 패딩을 적용한) 폭을 말한다.

예를 들어, 19 × 19의 입력에 5 × 5의 필터를 아무것도 하지 않고 적용하면 테두리의 2열만큼 크기가 작아져, 출력은 양쪽 끝을 합쳐 4열이 줄어든 15 × 15의 크기가 되어 버린다. 이 경우 미리 패딩 크기를 2로 하여, 테두리 2열만큼을 0으로 채워 23 × 23의 크기로 한 후, 5 × 5의 필터를 적용함으로써 출력을 19 × 19로 할 수 있다.

리스트 2.2 Chainer에 의한 SL 정책 네트워크 각 층의 크기와 모양 정의 부분

```
def __init__(self, train=True):
  super(CNN, self).__init__(
    conv1 = F.Convolution2D(48, 192, 5, pad=2),
    conv2 = F.Convolution2D(192, 192, 3, pad=1),
    conv3 = F.Convolution2D(192, 192, 3, pad=1),
    conv4 = F.Convolution2D(192, 192, 3, pad=1),
    conv5 = F.Convolution2D(192, 192, 3, pad=1),
    conv6 = F.Convolution2D(192, 192, 3, pad=1),
    conv7 = F.Convolution2D(192, 192, 3, pad=1),
    conv8 = F.Convolution2D(192, 192, 3, pad=1),
    conv9 = F.Convolution2D(192, 192, 3, pad=1),
    conv10= F.Convolution2D(192, 192, 3, pad=1),
    conv11= F.Convolution2D(192, 192, 3, pad=1),
    conv12= F.Convolution2D(192, 192, 3, pad=1),
    conv13= F.Convolution2D(192, 1, 1, nobias = True),
    bias14= L.Bias(shape =(361))
```

다음으로, 이것을 이용한 접속도 **리스트 2.3** 처럼 직렬로 연결하면 된다.

리스트 2.3 Chainer에 의한 SL 정책 네트워크 접속 정의 부분

```
def __call__(self, x):
    h = F.relu(self.conv1(x))
    h = F.relu(self.conv2(h))
    h = F.relu(self.conv3(h))
    h = F.relu(self.conv4(h))
    h = F.relu(self.conv5(h))
    h = F.relu(self.conv6(h))
    h = F.relu(self.conv7(h))
    h = F.relu(self.conv8(h))
    h = F.relu(self.conv9(h))
    h = F.relu(self.conv10(h))
    h = F.relu(self.conv11(h))
    h = F.relu(self.conv12(h))
    h = self.conv13(h)
    h = F.reshape(h, (-1,361))
    h = self.bias14(h)
    return h
```

이후에는 19 × 19 × 48채널로 구성된 입력과 정답 레이블의 쌍을 train, test에 넣어 주면 **리스트 2.1**에 나타낸 MNIST와 같은 메커니즘으로 SL 정책 네트워크의 학습을 진행할 수 있다. 거의 동일한 프로그램으로 이미지 인식과 바둑의 수 학습을 할 수 있다는 것은 그 자체로 매우 흥미롭다.

단, 이 책에서 참고하는 알파고 논문과 동일한 성능을 얻을 수 있도록 3,000만 국면을 평가하는 것은 이 프로그램 그대로는 어렵다. 예를 들어, 모든 입력 데이터를 메모리 상에 싣기 위해서는 단순 계산으로도 데이터 크기가 3,000만 × 19 × 19 × 48 / 8 = 64980(MB) = 65(GB) 정도의 메모리가 필요하다.

게다가 Chainer의 경우는 그 몇 배의 공간이 필요하다. 따라서 일반적인 컴퓨터에 탑재되는 메모리 크기를 훌쩍 넘어 버려 이대로 실행하는 것은 어렵다.

또한, '계산량이 방대하게 된다'는 문제도 있어 실제로 3,000만 국면의 학습을 하려면 메모리 사용에 대한 연구나 다수의 GPU에 의한 병렬 처리 등 구현상의 세세한 연구가 필요하다.

메모 | **GPU에 의한 병렬 처리**

이 책에서 참고하는 알파고 논문에서는 SL 정책 네트워크 학습 시에 50GPU를 병렬 동작시켜 실행한다. Chainer로도 프로그램을 조금 궁리하면 병렬 동작을 구현할 수 있지만, 이 책에서는 생략한다.

2.5 정리

 이 절에서는 이 장의 내용을 정리한다.

이 장에서는 먼저, 이미지 인식의 한 태스크인 필기체 숫자 인식을 소재로 컨볼루션 신경망(CNN)에 대해 개략적으로 설명했다. 그 후 필기체 숫자 인식과의 공통점을 밝히면서 알파고 SL 정책 네트워크 및 밸류 네트워크에 대해 언급하였다.

SL 정책 네트워크는 인간의 좋은 수에 관한 직관을 나타내며, 밸류 네트워크는 국면 판단에 관한 직관을 나타낸다.

정리하면, 알파고가 CNN의 학습에 성공한 요인으로 다음의 세 가지를 들 수 있다.

- 최근의 CNN 관련 기술(ReLU 함수, GPU, CUDA 환경)의 발전
- 강한 플레이어에 의한 인터넷 대국이 활발하게 됨으로써 대량으로 고품질의 학습 데이터를 확보할 수 있었다는 점
- 방대한 계산 시간이 필요한 신경망의 학습에 대해 GPU를 대량으로 사용할 수 있는 계산기 환경을 갖게 되었다는 점

알파고의 SL 정책 네트워크에 의한 '다음의 한 수' 태스크는 강한 인간 플레이어와의 일치율이 57% 정도가 되어 정책 네트워크 단독으로도 3단 정도의 실력에 도달하였다.

CHAPTER 3

강화 학습 – 바둑 AI는 경험을 배운다

알파고는 경험을 배워 더욱더 강해진다. AI가 성공 경험을 바탕으로 행동을 개선해 나가는 기법을 강화 학습이라고 한다.

먼저, 강화 학습의 기본적인 구조를 설명하기 위해 멀티 암드 밴딧 문제(multi-armed bandit problem)와 미로의 사례를 소개한다. 특히, 미로의 사례에서는 Q 학습과 정책 경사법(policy gradients method)이라는 최근 많이 사용되는 두 개의 강화 학습 방법을 설명한다. 또한, 비디오 게임에서 처음부터 플레이를 반복함으로써 인간 전문가 수준의 기술을 습득할 수 있는 DQN이라 불리는 기술을 소개한다.

마지막으로, 앞 장에서 설명한 SL 정책 네트워크끼리 자기 대전시켜 더 강한 정책 네트워크를 획득하는 알파고의 강화 학습 방법에 대해 설명한다.

이 장에서 설명할 내용

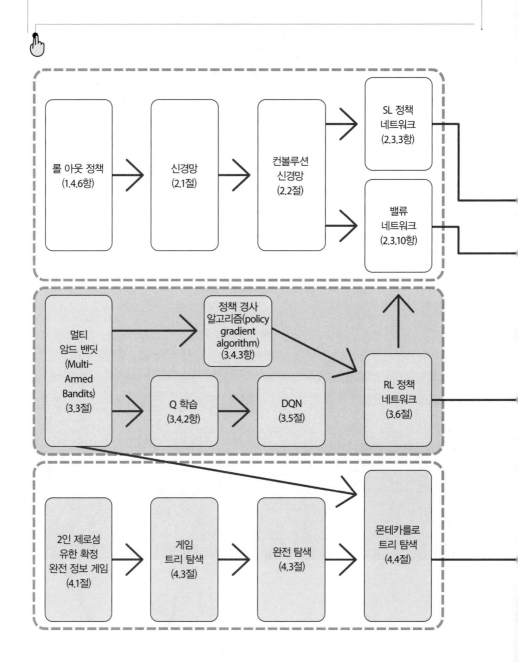

제3장에서는 제2장에서 작성한 SL 정책 네트워크에서 RL 정책 네트워크를 만드는 강화 학습법(3.6절)을 이해하는 것이 목표다. 따라서 강화 학습의 기본 모델인 멀티 암드 밴딧(3.3장)부터 설명을 시작해, Q 학습(3.4.2항), 정책 경사법(3.4.3항)을 설명한다. DQN(3.5절)은 알파고와는 직접 관계가 없지만, 게임에 대한 핫토픽 중 하나이므로 다루기로 한다.

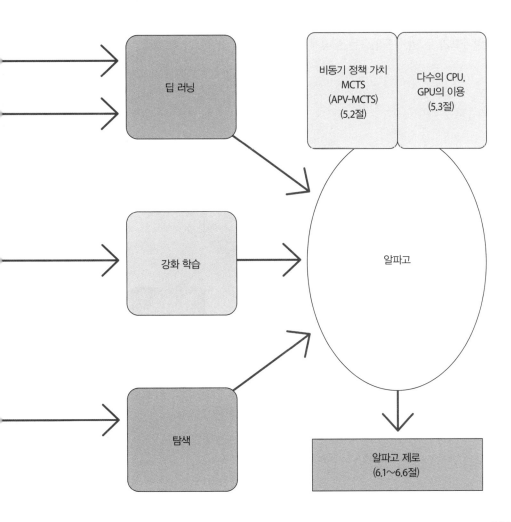

3.1 강화 학습이란?

여기에서는 강화 학습의 구조에 대해서 간단히 설명한다.

3.1.1 어떻게 경험에서 배울 것인가?

알파고의 두 번째 포인트는 '어떻게 경험에서 배울 것인가'다(그림 3.1).

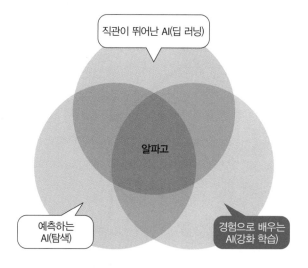

그림 3.1 경험에서 배우는 AI · 강화 학습

일반적으로 플레이어가 사람이라면 이기면 기쁘고, 지면 분한 법이다. 강한 플레이어는 패배한 대국에서 패인을 찾고 다음의 대국에 대비한다. 패배에서 배움으로써 인간은 더욱 강해진다. 여기에서는 AI가 경험에서 배우는 방법인 강화 학습이라는 방법에 대해 소개한다.

'지도 학습'의 경우는 정답을 알고 있다고 가정했다. 그러나 게임의 경우 어느 수가 '정답'인지 모르는 것이 많다. 이렇듯 쉽게 알아낼 수 없으므로 게임은 재미있다.

한편으로 게임의 경우 한 수마다 '정답'을 알 수는 없지만, 최종적으로는 승패라는 명확한 결과를 얻을 수 있다는 특징이 있다. 강화 학습은 이러한 직접적인 평가가 어려운 상황에서 더 나은 행동 원리를 획득하는 학습의 메커니즘이다.

그림 3.2 와 같이 강화 학습에서는 행동의 주체를 에이전트라고 부르고, 에이전트가 있는 세계를 환경이라고 한다. 에이전트는 모든 환경 정보를 알 수 없으며, 현재의 상태만을 관측할 수 있다. 또한, 에이전트가 어떤 행동을 취하면 환경에서 보상을 부여할 수 있다.

 메모 | **에이전트**
강화 학습에서 행동하는 주체를 의미한다.

 메모 | **보상**
강화 학습에서 에이전트 행동의 결과로 즉시 얻을 수 있는 이익을 말한다.

이러한 상황에서 에이전트는 환경에서의 보상에 의해 초래되는 가치를 극대화하기 위해 자신의 행동을 창출하는 방안을 최적화한다.

즉, 강화 학습이란, 직접적으로 정답은 주어지지 않지만, 선택한 답의 '좋음'(보상)을 바탕으로 방안(P.107의 메모 참고)을 개선해 나가는 메커니즘이다.

이와 같이 강화 학습은 미래를 내다보는 장기적인 보상을 고려한 최적화를 실시하여 장기적인 면에서 봤을 때 좋은 방안을 학습할 수 있는 특징이 있다.

 메모 | **가치**
강화 학습에서 가치는 장래에 얻을 수 있는 보상의 합계를 나타낸다. 강화 학습에서는 즉각적인 보상의 극대화가 아니라 '가치'의 극대화를 목표로 하므로 근시안적인 방안이 아니라 장기적인 관점에서의 방안을 학습할 수 있다. 예를 들어, 바둑의 강화 학습에서 승패를 보상이라고 하면 돌을 취하는 수라는 직접적 수가 아니라 결국 승리로 이어지는 수를 학습하는 것을 기대할 수 있다.

강화 학습이란?
정답은 주어지지 않지만, 선택한 답의 '좋음'(보상)을 바탕으로 행동 원리(방안)를 개선하는 학습법

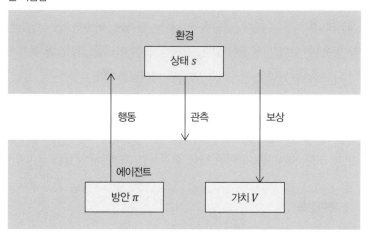

- 예 1: 유아는 실패를 거듭하면서 스스로의 힘으로 성장한다.
- 예 2: '아이'라는 침팬지는 정답 시에 보상을 주는 태스크의 반복에 의해 최종적으로 '두 장의 이미지에서 신선한 쪽의 양배추 잎 이미지를 선택'할 수 있게 있다.

정답 → 먹이를 얻는다.
오류 → 부저가 울릴 뿐

※ 출처: 〈Chimpanzees can visually perceive differences in the freshness of foods〉에서 인용
URL http://langint.pri.kyoto-u.ac.jp/ai/ja/publication/TomokoImura/ImuraT2016-srep.html
기사 인용원 Imura, T. et al. (2016). Chimpanzees can visually perceive differences in the freshness of foods. Sci. Rep. 6, 34685; doi: 10.1038/srep34685

그림 3.2 강화 학습이란?

메모 | **방안**

강화 학습에서 행동을 결정하는 원리를 말한다.

크게 Q 학습과 같이 가치 함수를 통해 행동을 결정하는 가치 기반의 기법과, 정책 경사법(policy gradient)처럼 방안 자체를 함수(방안 함수)로 표현하고 행동을 결정하는 방안 기반의 기술 두 가지가 있다.

인간의 성장에 비유하면 유아가 태어난 환경 속에서 성공과 실패를 반복하며 점차 성장해 가는 것에 비유될지도 모른다. 다양한 기술에 관해 인간의 숙달 과정은 대체로 이 메커니즘 안에서 파악된다고 해도 과언이 아닐 것이다.

또 다른 예로, 침팬지에게 새로운 태스크를 학습시키는 실험 프레임워크를 상상해도 좋을 것이다. 앞서 나타낸 예는 양배추의 신선도를 식별하는 작업이지만, 침팬지는 제시된 두 개의 사진 중에서 신선한 쪽의 그림을 선택해서 성공하면 보상으로 먹이를 받을 수 있다. 한편, 실패한 경우는 부저가 울릴 뿐이다.

이러한 환경 아래서 침팬지는 먹이를 받을 수 있도록 열심히 노력한다.

관측할 수 있는 정보는 두 장의 사진이며, 그 외에 아는 것은 그때 취한 행동과 결과에 따른 보상 정보뿐이다.

그럼에도 불구하고 침팬지는 노력의 결과로 최종적으로 이 작업을 습득할 수 있었다고 보고되었다. 이것이 바로 강화 학습의 메커니즘이다.

3.2 강화 학습의 역사

여기에서는 강화 학습의 역사와 최근의 기술 진화에 대해서 간단히 설명한다.

3.2.1 강화 학습

강화 학습은 심리학 및 최적 제어 연구를 기원으로 하고 있다.

'강화'라는 용어는 심리학에서 '조건부 학습 시의 자극과 반응을 연결하는 방법'이라는 용어에서 유래한다.

또한, '최적 제어' 문제란, 로봇 팔 제어 등의 문제에서 제어 목적에 최대한 근접하게 하는 제어 법칙을 구하는 문제를 가르킨다. 1950년대 리처드 어니스트 벨먼에 의한 동적 계획법의 연구가 강화 학습의 기원 중 하나다.

'최적 제어'의 메커니즘은 환경에 거의 완전한 지식이 있는 상황에서 방안을 최적화하는 방법인 반면, 강화 학습은 환경에 대한 지식이 부족한 경우를 고려한다.

강화 학습에 관해서는 지금까지 Q 학습 등의 가치 함수를 갱신하는 방법, 정책 경사법 등의 방안 함수를 갱신하는 방법 등이 개발되어 왔다. 그러나 최근까지 강화 학습의 놀라운 성공 사례는 그다지 알려져 있지 않다.

 메모 | **리처드 어니스트 벨먼(Richard Ernest Bellman, 1920~1984)**

미국의 응용 수학자. 제어 이론과 강화 학습의 기초가 되는 동적 계획법을 고안한 것으로 유명하다. 1976년 존 폰 노이만 이론상을 수상하였다. 머신 러닝 분야 등에서 자주 나타나는(입력되는 데이터의 종류가 많아질수록 문제가 어려워지는 것을 의미하는) '차원의 저주'라는 용어를 처음 사용한 것으로도 유명하다.

메모 | **동적 계획법**

동적 계획법은 최적화 기법의 하나로, 문제를 여러 부분 문제로 나누고, 부분 문제의 계산 결과를 이용하면서 풀어나가는 방법을 말한다. 제어 이론과 강화 학습의 기초가 되는 개념으로 경제학에서의 응용으로도 알려져 있다. 동적 계획법이라는 단어와 아이디어의 원형은 1940년대부터 있었지만, 리처드 어니스트 벨먼에 의해 1953년에 정리된 논문이 기원이다.

 메모 | **Q학습**

Q 학습은 행동 가치 함수를 행동할 때마다 갱신하여 학습을 진행하는 방법이다. 수렴이 빠르고 간편하게 구현할 수 있다는 점에서 심층 강화 학습 이전의 기존 강화 학습 기법으로 가장 많이 사용되는 방법 중 하나였다. Q 학습에 대해서는 3.4절에서 다시 설명한다.

참고로, 가치 함수를 행동할 때마다 갱신하는 학습 방법 이외에도 행동 가치 함수의 갱신법이 Q 학습과 조금 다른 Sarsa 법이나 행동 가치 함수 대신 상태 가치 함수를 갱신하는 방법도 알려져 있다. 이러한 방법의 자세한 설명은 다음의 책을 참고하길 바란다.

《これからの強化学習(앞으로의 강화 학습)》
(牧野 貴樹, 澁谷 長史, 白川 真一 著·編集, 浅田 稔, 麻生 英樹, 荒井 幸代, 飯間 等, 伊藤 真, 大倉 和博, 黒江 康明, 杉本 徳和, 坪井 祐太, 銅谷 賢治, 前田 新一, 松井 藤五郎, 南 泰浩, 宮崎 和光, 目黒 豊美, 森村 哲郎, 森本 淳, 保田 俊行, 吉本 潤一郎 著, 모리키타출판, 2016년)

《Reinforcement Learning: An Introduction(강화 학습)(제2판)》
(Richard S. Sutton, Andrew G. Barto MIT Press, 캠브리지, 2018)

 메모 | **정책 경사법**

정책 경사법은 강화 학습에서 정책 기반 학습 방법 중 하나다. Q 학습처럼 행동 가치 함수를 사용하는 것이 아니라 정책 자체를 확률적인 함수(정책 함수)로 표현하고 행동을 확률적으로 결정한다. 이 정책 함수를 갱신함으로써 학습을 진행한다. 알파고의 정책 네트워크 강화 학습에 사용되는 것도 이 정책 경사법이다. 이것에 대해서는 3.4절에서 다시 설명하겠다.

TD-Gammon

게임 AI의 세계에서는 1992년 제럴드 테사우로(Gerald Tesauro)에 의한 TD-Gammon이 유명하다. TD-Gammon은 주사위 놀이라는 주사위를 사용하는 게임의 AI다. 각 상태의 학습에 강화 학습을 이용함으로써 세계 챔피언 수준의 플레이를 달성하였다.

여담이지만, 제럴드 테사우로는 IBM의 연구원이며, 2011년에 인간 챔피언을 이긴 IBM
이 개발한 AI인 '왓슨'의 개발자 중 한 명이었다. 그다지 알려져 있지 않지만, 실제로 퀴
즈 정답률에서는 왓슨과 퀴즈 챔피언은 서로 동일한 수준이라고 한다. 주사위 게임에
있어서의 승부는 제럴드 테사우로가 담당한, 어느 타이밍에 어떤 퀴즈를 선택할지에
대한 전략 부분의 기여가 컸다고 전해진다.

 메모 | **왓슨(Watson)**

왓슨은 IBM이 개발한 질문 응답 시스템이다. 미국의 인기 퀴즈 프로그램 '제퍼디!(Jeopardy!)'에서
2011년 인간 챔피언 두 명을 상대로 승리해 화제가 되었다. 퀴즈에서 승리하기 위해서는 자연어 질
문을 이해하고 적절한 답변을 즉시 선택해야 한다. '제퍼디!'의 경우는 추가 질문에 포함된 미묘한 의
미, 풍자나 수수께끼 등의 복잡한 요소 분석이 필요했다. 왓슨은 다양한 지식을 습득하기 위해 100
만 권의 책에 해당하는 데이터를 읽어 들인 것으로 알려져 있다.

신경망과 마찬가지로 최근까지 빙하기가 계속되고 있었지만, 요즘 들어 함수 근사법과
Q 학습을 조합하는 기법이나, 계산 속도의 진전에 따라 대규모의 상태를 갖는 경우의
강화 학습을 가능하게 하는 소지가 갖추어지고 있었다.

 메모 | **함수 근사법**

강화 학습의 맥락에서는 함수 근사법이란, 가치 함수와 정책 함수를 함수 근사[3]하는 기법을 말한
다. 상태의 총수가 방대하여 전부를 메모리에 기억할 수 없는 경우 등에 사용된다. 최근에는 함수로
CNN을 사용하는 근사 방법도 자주 사용된다.

3.5절에서 설명하는 DQN에서는 행동 가치 함수를 신경망에서 근사하고 있다. 또한, 알파고의 SL 정
책 네트워크의 강화 학습은 정책 함수를 신경망에서 근사하고 있다.

이런 흐름 속에서 2015년에 **DQN**이라는 강화 학습 기법에 의해 **ATARI 2600** 게임을
인간 이상의 능력으로 자동 학습하는 논문이 발표되었다. 이 또한 구글 딥 마인드에
의한 연구 성과다. 이 DQN에 대해서는 3.5절에서 설명하겠다.

---

3 역주 두 함수 간의 차이를 작게 하는 것(= 가깝게 표현하는 것)

메모 | **DQN(Deep Q learning Network)**

DQN은 구글 딥 마인드가 개발한 강화 학습 기법의 하나로, 게임 화면 자체를 입력으로 하는 CNN 모델을 행동 가치 함수로 이용하는 기법이다.

자세한 내용은 3.5절에서 다시 설명하겠다. 또한, DQN의 성과는 다음 《네이처》 논문에서 정리하고 있다.

〈**Human-level control through deep reinforcement learning**〉

(Volodymyr Mnih, Koray Kavukcuoglu, David Silver, Andrei A. Rusu, Joel Veness, Marc G. Bellemare, Alex Graves, Martin Riedmiller, Andreas K. Fidjeland, Georg Ostrovski, Stig Petersen, Charles Beattie, Amir Sadik, Ioannis Antonoglou, Helen King, Dharshan Kumaran, Daan Wierstra, Shane Legg & Demis Hassabis, nature, 2015)

`URL` https://www.nature.com/nature/journal/v518/n7540/full/nature14236.html#figures

 메모 | **ATARI 2600 게임**

1970년대에 등장한 미국 아타리가 개발한 가정용 게임기다.

최근에는 딥 러닝과 강화 학습을 조합한 심층 강화 학습의 연구가 유행하고 있어 일본의 벤처 기업 '프리퍼드 네트웍스'에 의해 서로 부딪치지 않는 여러 자동차의 자율 운전 정책 학습과 구글에 의한 데이터 센터 설비의 가동 상태 및 기후 등에 따른 냉각 설비의 설정을 최적화하는 에어컨 정책의 학습 등 실세계에 도움이 되는 연구 성과도 증가하고 있다.

 메모 | **심층 강화 학습**

DQN에 발단이 된 것으로 알려진 심층 강화 학습은 강화 학습에 딥 러닝(심층 학습) 모델을 사용한 연구를 말한다. 딥 러닝과 마찬가지로 현재 진행형의 연구 분야이며, 매일 복잡한 네트워크를 이용한 강화 학습 기법이 만들어지고 있다.

 메모 | **프리퍼드 네트웍스(Preferred Networks)**

머신 러닝·딥 러닝의 기술을 산업용 로봇, 자동차, 헬스 케어 등의 분야에 응용하는 연구 개발을 하는 일본의 벤처 기업이다. 이 책에서 소개한 딥 러닝용 프레임워크 'Chainer'의 개발사이기도 하다.

3.3 멀티 암드 밴딧 문제

 다소 우회적인 내용이지만, 3.3절에서 3.5절까지는 간단한 사례를 가지고 강화 학습의 이해를 높여 보고자 한다. 먼저, 멀티 암드 밴딧 문제와 그 해법을 생각해 보자.

3.3.1 강화 학습의 사례

강화 학습의 첫 번째 사례로 멀티 암드 밴딧(Multi-Armed Bandits) 문제(그림 3.3)를 생각해 보자. 멀티 암드 밴딧이란 슬롯 머신의 별칭이다. 여기에서는 여러 손잡이 중 하나를 선택하는 것을 생각하고, 선택한 손잡이에서 '코인'이 나오면 성공이라고 하자. 단, 각 손잡이에서 '코인'이 나올지 말지는 확률적으로 정해져 있으며, 그 진정한 확률은 미정이라고 하자. 멀티 암드 밴딧 문제의 목적은 매번 하나의 손잡이를 선택하여 얻어지는 코인의 수를 최대화하는 것이다.

이때 에이전트는 손잡이를 선택하는 게임 AI이며, 행동은 어떤 손잡이를 선택할 것인가다. 환경은 각 손잡이에서 동전이 나올 확률(진정한 성공률)에 따라 선택된 손잡이의 성공/실패를 결정한다. 여기에서 진정한 성공률은 언제나 동일하므로 상태는 한 개로 간주한다. 따라서 상태를 관찰할 필요가 없다. 보상은 성공의 경우 +1, 실패의 경우 0으로 간주한다.

처음에는 동전이 나올 확률에 대한 정보가 전혀 없으므로 게임 AI는 무작위로 손잡이를 선택할 수밖에 없다. 조금 시도를 거듭하면 손잡이의 성공률에 대한 정보가 점점 쌓여 간다. 그래서 최대한 빨리 최선의 손잡이를 찾아 거기에 동전을 집중 투입하는 식의 정책을 취하고 있다.

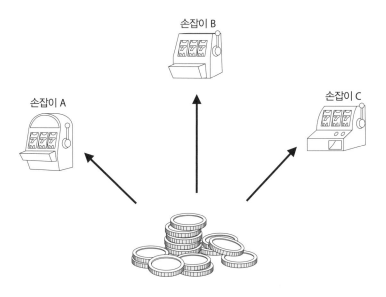

어떤 손잡이(슬롯 머신)에 동전을 넣으면
가장 많은 코인을 얻을 수 있을까?

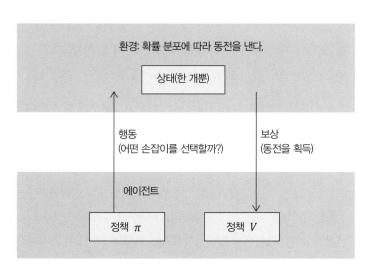

시도 횟수가 많아지면 지금까지의 성공률이 가장 높은 손잡이를 고르면 되므로 시도 횟수가 적을 때는 우연히 나쁜 행동을 할 가능성이 있다. 따라서 원칙적으로는 지금까지의 성공률이 높은 손잡이를 선택하면 되지만, 가끔은 위험을 무릅쓰고 성공률이 낮아 보이는 손잡이도 선택해야 한다. 이것을 강화 학습의 세계에서 탐사와 활용의 트레이드 오프라고 한다.

> 📋 **메모 ┃ 탐사와 활용의 트레이드 오프(exploration-exploitation tradeoff)**
>
> 강화 학습에서는 사전에 환경에 대한 지식이 없으므로 지금까지 경험이 없는 행동의 시도인 '탐사'와 지금까지의 경험을 바탕으로 하는 시도인 '활용'을 균형 있게 실행해야 한다.
>
> 단, 본문에서 말한 대로 '탐사'에 너무 편향되거나 '활용'에 너무 편향되면 학습의 효율성이 떨어지는 것으로 알려져 있으며, 이것을 탐사와 활용의 '트레이드 오프'라고 부른다.

여기서 말하는 '활용(exploitation)'이란, 지금까지 가장 성공률이 높았던 손잡이를 선택하는 것이다. '탐사(exploration)'란, 얻어지는 동전(보상)이 감소하는 위험을 무릅쓰고 다른 손잡이를 선택하는 것이다. '탐사'에만 치우치는 것은 분명히 좋지 않지만, '활용'에만 치우치는 것도 실은 좋지 않다.

예를 들어, 그림 3.4 (a)와 같이 두 개의 손잡이, 동전이 나올 확률(진정한 성공률)이 80%인 손잡이 A와 진정한 성공률이 50%인 손잡이 B가 있는 경우에 대해 생각해 보자.

여기서 첫 번째 시도로 우연히 손잡이 A에서 실패하고, 두 번째로 손잡이 B에서 성공했다고 하자. 그럼 세 번째 시도 때는 손잡이 A의 지금까지의 성공률(0/1)이 0%인 반면, 손잡이 B의 성공률(1/1)은 100%가 된다.

'활용'밖에 생각하지 않는 경우 손잡이 B의 성공률이 손잡이 A의 성공률보다 높으므로 다음은 손잡이 B를 선택하게 된다. 이후 손잡이 B가 아무리 실패해도 성공률은 0%가 되지 않고, 항상 손잡이 B의 성공률이 손잡이 A보다 높으므로 손잡이 B가 계속 선정된다.

결과적으로 본래에는 동전이 나올 확률(진정한 성공률)이 높은 손잡이 A를 선택하고 싶음에도 불구하고 기대에 반하는 손잡이 B를 선택하는 정책이 학습되어 버린다. 이것은 극단적인 예이지만, '탐사'와 '활용'의 균형을 잘 잡을 필요성을 나타낸다.

손잡이 A: 진정한 성공률 80% 　　　손잡이 B: 진정한 성공률 50%

(a) 성공 확률이 높은 손잡이를 선택하는 정책의 경우

시도 횟수	선택	성공/실패	손잡이 A 선택의 결과		손잡이 B 선택의 결과		다음 선택
			성공 횟수/시도 횟수	성공 확률	성공 횟수/시도 횟수	성공 확률	
1회째	손잡이 A	X	0/1	0%	0/0	–	→ B
2회째	손잡이 B	O	0/1	0%	1/1	100%	→ B
3회째	손잡이 B	X	0/1	0%	1/2	50%	→ B
4회째	손잡이 B	O	0/1	0%	2/3	67%	→ B
5회째	손잡이 B	X	0/1	0%	2/4	50%	→ B
6회째	손잡이 B	O	0/1	0%	3/5	60%	→ B
7회째	손잡이 B	X	0/1	0%	3/6	50%	→ B
8회째	손잡이 B	O	0/1	0%	4/7	57%	→ B
9회째	손잡이 B	X	0/1	0%	4/8	50%	→ B
10회째	손잡이 B	O					

→ 처음에 선택한 손잡이 A의 실패가 발단이 되어, 손잡이 B를 잘못해서 계속 선택한다.

(b) UCB1이 높은 손잡이를 선택하는 정책의 경우

시도 횟수	선택	성공/실패	손잡이 A 선택의 결과			손잡이 B 선택의 결과			다음 선택
			성공 횟수/시도 횟수	성공 확률	ucb1	성공 횟수/시도 횟수	성공 확률	ucb1	
1회째	손잡이 A	X	0/1	0%	0.00	0/0	–	1.41	→ B
2회째	손잡이 B	O	0/1	0%	0.78	1/1	100%	1.78	→ B
3회째	손잡이 B	X	0/1	0%	0.98	1/2	50%	1.09	→ B
4회째	손잡이 B	O	0/1	0%	1.10	2/3	67%	1.17	→ B
5회째	손잡이 B	X	0/1	0%	1.18	2/4	50%	0.94	→ A
6회째	손잡이 A	O	1/2	50%	1.48	2/4	50%	1.09	→ A
7회째	손잡이 A	O	2/3	67%	1.52	2/4	50%	1.20	→ A
8회째	손잡이 A	X	2/4	50%	1.28	2/4	50%	1.28	→ A
9회째	손잡이 A	O	3/5	60%	1.31	2/4	50%	1.34	→ A
10회째	손잡이 A	O							

→ 처음에 선택한 손잡이 A에서 실패해도, 나중에 올바른 손잡이 B를 선택한다.

그림 3.4 멀티 암드 밴딧 문제에 대해 (a) 성공 확률이 높은 손잡이를 계속 선택하는 간단한 정책의 경우와, (b) UCB1이 높은 손잡이를 선택하는 UCB 정책의 시도 결과. 두 표 모두 왼쪽에는 각 회의 선택과 그 결과, 오른쪽에는 손잡이 A•B 각각에 대한 중간 회까지의 통산 성적을 나타낸다. (a)에서는 성공 확률만을 다음 선택의 지침으로 하므로 1차에 우연히 손잡이 A에서 실패한 다음에는 손잡이 B를 계속 선택한다. 한편, (b)에서는 성공률에 바이어스를 가한 UCB1을 다음 선택의 지침으로 하므로 6번째 이후는 손잡이 A를 올바르게 선택하게 된다

✦ 3.3.2 UCB1 알고리즘

멀티 암드 밴딧 문제에 대해 '탐사'와 '활용'의 균형을 취하는 방법으로 UCB1(Upper Confidence Bound 1) 알고리즘이 알려져 있다. 이 방법은 각 시도에서 '성공률 + 바이어스'를 최대화하는 손잡이를 선택한다.

여기서 말하는 성공률이란, '이 손잡이의 성공 횟수/이 손잡이의 시도'이며, 바이어스란 '우연에 의한 성공률 편차의 크기'를 나타낸다(그림 3.5). 즉, 바이어스 값은 손잡이의 시도 횟수가 작을 때 커진다. 이 '성공률 + 바이어스'는 UCB1 값이라고 불리며, '성공률 + 바이어스'를 최대화하는 정책을 UCB 정책이라고 부른다.

이 UCB 정책을 사용할 경우 그림 3.4 (b)의 예처럼 우연히 처음에 손잡이 A가 실패하더라도 언젠가는 잘못을 깨달아 손잡이 A로 돌아온다. 구체적으로는 1회째에 손잡이 A로 실패한 결과, 성공률은 0%가 되어 버리지만, 2번째 이후 손잡이 B를 계속 선택하는 동안 손잡이 A의 바이어스가 커져 결과적으로 손잡이 A의 UCB1도 점차 커진다. 그리고 얼마되지 않아 손잡이 B가 원래 실력대로 여러 번 실패하면 6번째부터는 손잡이 A의 UCB1 값이 손잡이 B의 UCB1 값을 상회하게 되어 다시 손잡이 A가 실행된다.

그럼 이번엔 처음부터 각 손잡이의 '진정한 성공률'을 알고 있는 경우의 선택('신의 선택'이라 한다)을 생각해 보자. 이 경우는 처음부터 가장 '진정한 성공률'이 높은 손잡이를 계속 선택하면 될 것이다.

어떤 정책을 고려할 경우에 '신의 선택'과의 보상 차이를 '리그레트'라고 한다. 에이전트는 처음에는 동전이 나올 확률(진정한 성공률)을 모르는 상태에서 탐사를 실시해야 하므로 리그레트를 0으로 할 수 없다.

> **메모 | 리그레트(regret)**
>
> 환경에 대한 모든 지식을 처음부터 갖고 있는 신이라면 실현할 수 있는, 이른바 최적의 정책에 의해 얻을 수 있는 보상의 합계와 이번에 도입하는 정책에 의한 보상 합계와의 차이를 말한다.
>
> 참고로 리그레트란 직역하면 '후회'를 의미한다.

단, 어느 정도 시도를 거듭하면 지금까지의 결과를 이용해 성공률이 높은 손잡이에 집중 투입하면 되므로 점차 리그레트는 작아져 간다. 즉, 리그레트는 '탐사'와 '활용'을 균형 있게 하기 위한 지표가 되고 있다.

실제로 UCB1 알고리즘은 리그레트를 최소화할 수 있는 것으로 알려져 있다. 즉, '탐사'와 '활용'의 균형을 잘 조정할 수 있다. 제5장에서 설명하는 몬테카를로 트리 탐색도 실은 UCB1 알고리즘의 확장이다(그림 3.5).

- **UCB 정책의 선택 기준: UCB1이 최대의 손잡이를 선택**

성공률: 이 손잡이의 성공률

바이어스: 신뢰 구간으로 이 손잡이의 시도 횟수가 적은 경우에 커진다.

$$UCB1 = (w/n) + (2 \log t/n)^{1/2}$$

n: **이 손잡이의 시도 횟수**
w: 이 손잡이의 성공 횟수
t: 총 시도 횟수

- **UCB 정책을 사용하는 경우 리그레트가 최소가 된다.**
  리그레트 = 신의 선택의 보상 – 어떤 정책의 보상 기댓값

그림 3.5 UCB 정책의 선택 기준(UCB1)

3.4 미로를 풀기 위한 강화 학습

 여기에서는 멀티 암드 밴딧 문제보다 조금 복잡한 미로의 문제 설정에 대한 강화 학습을 살펴 보자.

3.4.1 4 × 4칸으로 이루어진 미로

좀 더 복잡한 설정으로 미로를 해결하기 위한 강화 학습을 생각해 보자. **그림 3.6**과 같은 4 × 4칸으로 이루어진 미로를 생각해 보자. 목적은 물론 처음부터 출구까지 빨리 도달하는 것이다. 여기에서는 관측할 수 있는 상태가 자신이 있는 칸의 위치뿐이라고 하자.

그림 3.6 (a)의 미로를 위에서 보면 전체에서 자신의 위치를 쉽게 알 것 같은 착각에 빠지겠지만, 자신이 미로 또는 대저택에서 안에서 방황하는 것을 상상해 보자. 어떤 방의 문을 열면 다른 방이 있고, 거기에는 또한 두 개의 문이 있을 때 출구가 도대체 어디에 있는지 일일이 더듬어 찾는 형국이다.

'미로를 풀기' 태스크

'미로를 풀기'는 미로가 무언인지 이해만 한다면 벽을 따라 걷는다든가 한 번 실패한 경로는 다시 통과하지 않는다든가 하는 현명한 지침을 개발자가 가르쳐 줌으로써 해결하는 태스크다.

그러나 강화 학습에서는 AI 자신이 '미로란 무엇인가'는 물론 '지금 하고 있는 태스크가 미로인 것'조차 모르는 상황에서 시작해 미로의 출구에 이르는 정책을 스스로 발견해야 한다.

AI 자신이 실패를 반복하면서 여러 번 게임을 클리어하는 가운데 성공 경험과 실패 경험을 살려 최선의 정책을 만들어 간다는 것이 포인트다.

이번에는 4 × 4 = 16개의 칸이 있으므로 상태는 16개다. 각각의 칸에서 상하좌우 어느 쪽으로 갈지를 정하는 것이 정책이다. 참고로, 칸 1에서 오른쪽으로 가면 칸 2로 옮겨지는 등 행동에 의해 상태(현재 있는 칸)가 변화한다.

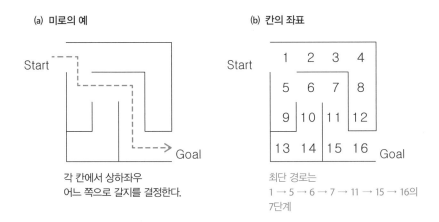

(a) 미로의 예

Start

각 칸에서 상하좌우
어느 쪽으로 갈지를 결정한다.

Goal

(b) 칸의 좌표

Start

1	2	3	4
5	6	7	8
9	10	11	12
13	14	15	16

Goal

최단 경로는
1 → 5 → 6 → 7 → 11 → 15 → 16의
7단계

(c) 미로의 강화 학습 프레임워크

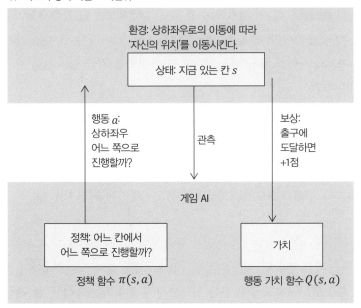

환경: 상하좌우로의 이동에 따라
'자신의 위치'를 이동시킨다.

상태: 지금 있는 칸 s

행동 a:
상하좌우
어느 쪽으로
진행할까?

관측

보상:
출구에
도달하면
+1점

게임 AI

정책: 어느 칸에서
어느 쪽으로 진행할까?

가치

정책 함수 $\pi(s, a)$

행동 가치 함수 $Q(s, a)$

그림 3.6 미로의 강화 학습으로 최대한 빨리 출구에 도달하는 것을 목적으로, 어떤 칸에서 어느 쪽으로 진행할지에 대한 정책을 학습한다

강화 학습에서는 목적을 달성하는 일련의 프로세스, 즉 시작부터 출구에 도착하기까지를 '에피소드'라고 부른다. 이 에피소드를 반복하여 최적의 정책을 얻는 것을 목표로 한다.

참고로, 미로의 경우 보상을 얻을 수 있는 것은 마지막으로 출구에 도달했을 때뿐이다. 따라서 출구에서 시작점을 향해 가치를 전파함으로써 출구에 접근하는 정책을 찾는 방침을 취하고 있다. 이 예에서는 출구에서만 보상을 얻을 수 있으므로 보상을 얻을 때까지의 기간을 최대한 단축함으로써 간접적으로 최단 경로의 학습을 목표로 한다.

❖ 3.4.2 가치 기반의 방식: Q 학습을 통해 미로 해결

이 정책을 얻기 위해서는 가치 기반의 방법과 전략 기반의 방식, 두 가지가 있다.

먼저, 가치 기반의 방식에서는 각 칸과 행동의 모든 쌍에 대해 가치를 부여하고, 이를 행동마다 갱신한다. **그림 3.6** (a)의 미로에서는 16개의 각 칸에 '상', '하', '좌', '우'의 최대 네 개의 행동 선택지가 있으므로 행동 가치 함수는 16 × 4의 테이블로 나타낼 수 있다(P.123 **그림 3.8** (c)). 이 가치 함수를 얻는 방법으로는 Q 학습(Q learning)이 알려져 있다. Q 학습은 어떤 행동을 취할 때마다 다음으로 가야 할 칸의 가치와 지금 있는 칸의 가치의 차이를 계산한다. 그리고 그 차이만큼 지금 있는 칸의 가치를 늘리는 식의 기법이다.

 메모 | **행동 가치 함수**

강화 학습에서 가치란, 장래에 얻을 수있는 보상의 총 수를 나타낸다. 이 가치를 나타내는 함수로는 상태 가치 함수와 행동 가치 함수의 두 종류가 있다. 어떤 상태의 가치에 주목하는 경우는 상태 가치 함수를 사용하고, 상태와 행동을 조합한 가치에 주목하면 행동 가치 함수를 사용한다.

예를 들어, 처음은 출구 지점에만 동전이 쌓여 있다고 치자. 이에 대해 A에서 B로 움직이는 행동을 취할 경우 만약 다음 목적지 B에 동전을 쌓여 있다면 B에서 동전을 조금 가져와 지금 있는 A에도 쌓아 두는 식으로 이를 반복하는 것이다. 출구에 있는 동전(보상)을 조금씩 분산해 나감으로써 언젠가 출발점까지 동전의 경로를 연결한다는 정책이다.

Q 학습에서는 기본적으로 가치 최대가 되는 행동('활용'의 행동)을 취하지만, 항상 가치 최대의 행동만 취하면 막다른 골목에서 헤어날 수 없게 되는 경우가 있다.

그래서 대부분의 경우는 가치 최대의 '활용'의 행동을 취하지만, 작은 확률 ε(입실론)으로 임의의 행동('탐사'의 행동)을 취하는 정책을 채택하는 경우가 많다. 이것을 ε-그리디 알고리즘(P.122의 메모 참고)이라고 한다(그림 3.7). 결과적으로 불필요한 경로를 '탐사'해 버리는 경우도 있지만, 결국에는 거기서 나오는 행동도 학습할 수 있다.

- **Q 학습**
  - 한 번 행동할 때마다 행동 가치 함수 $Q(s, a)$를 갱신

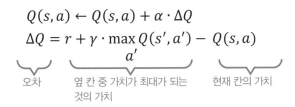

$$Q(s, a) \leftarrow Q(s, a) + \alpha \cdot \Delta Q$$
$$\Delta Q = r + \gamma \cdot \max_{a'} Q(s', a') - Q(s, a)$$

오차 　　옆 칸 중 가치가 최대가 되는　　현재 칸의 가치
　　　　　것의 가치

r: 다음에 얻어지는 보상, s': 다음의 칸, γ: 할인율

- **정책: ε-그리디 알고리즘**
  - 확률 $1 - \varepsilon$ 로 가치 최대의 방향
  - 확률 ε 로 임의 선택

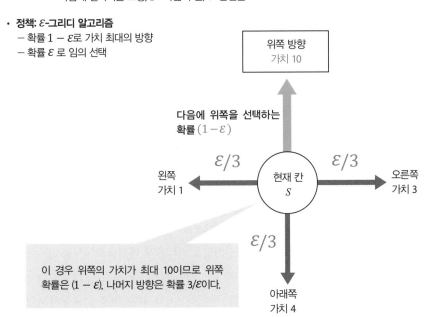

위쪽 방향
가치 10

다음에 위쪽을 선택하는
확률 $(1 - \varepsilon)$

$\varepsilon/3$ 　　 $\varepsilon/3$

왼쪽
가치 1

현재 칸
S

오른쪽
가치 3

$\varepsilon/3$

이 경우 위쪽의 가치가 최대 10이므로 위쪽 확률은 $(1 - \varepsilon)$, 나머지 방향은 확률 3/ε이다.

아래쪽
가치 4

그림 3.7 미로의 Q 학습 개요. (a) Q 학습에서는 1회 행동할 때마다 현재 칸의 가치를 옆 칸의 가치에 맞추도록 파라미터 갱신를 실시한다. (b) ε-그리디 알고리즘에 의해 최대 가치의 방향으로 (1 - ε)의 확률로 이동하는 식의 정책을 채택한다

메모 | ε(입실론)-그리디 알고리즘

ε(입실론)-그리디 알고리즘은 항상 가장 가치가 높은 행동을 취하는 그리디 정책에 대해 약간의 확률 요소를 더한 정책이다. 구체적으로는 작은 확률 ε에서 임의의 행동을 취하고, 그렇지 않은 경우는 그리디 알고리즘과 마찬가지로 가장 평가가 좋은 행동을 취한다.

그림 3.8 (a)에 학습의 진행에 따른 에피소드 경과 수(가로축)와 출구까지 걸린 스텝 수(세로축)의 관계를 나타내었다.

 메모 | 에피소드 경과 수

시작부터 출구까지의 에피소드를 지금까지 몇 번 반복하였는지를 나타내는 '횟수'를 가리킨다. 그림 3.8 의 예에서는 처음 에피소드 시작 시는 에피소드 경과 수 0이지만, 마지막(100회)의 에피소드의 종료 시에는 에피소드 경과 수가 100이 된다. 즉, 에피소드 경과 수가 증가함에 따라 학습이 진행되어 나간다.

 메모 | 스텝 수

미로의 시작부터 출구까지 필요한 (어떤 칸에서 옆 칸으로의) 이동 횟수의 합계를 말한다. 그림 3.6 (a)의 미로의 예에서는 최단 경로가 '1 → 5 → 6 → 7 → 11 → 15 → 16'이므로 최소 스텝 수는 7이 된다.

처음에는 랜덤 플레이에 가까운 상태이므로 출구를 빠져나가는 데에 1,000스텝 가까이 걸리는 경우도 있지만, 에피소드를 거듭함에 따라 최소 횟수인 7스텝으로 출구에 다다를 수 있도록 되어 가는 것을 알 수 있다.

또한, 그림 3.8 (b)에서는 에피소드의 진행에 따른 가치 함수의 변화를 나타내었다.

Q 학습의 경우 처음에는 모든 가치가 0이라는 초깃값부터 시작한다. 또한, 인접하는 칸의 가치를 바탕으로 가치 함수를 갱신하므로 첫 번째 에피소드에서는 보상을 얻을 수 있는 출구의 직전 칸 가치만이 갱신된다. 그것이 에피소드가 진행됨에 따라 시작 측에 가치가 전달되어 가는 과정을 확인할 수 있다. 결국 최단 경로에 해당하는 칸의 가치가 높아진다.

그림 3.8 (c)는 학습이 진행된 100 에피소드 경과 후의 가치 함수인데, 이때의 가치 최대

의 행동을 미로상에 쓴 것이 **그림 3.8** (d)다. 이 경우 최단 경로상의 칸에서는 출구를 향한 정책이 획득되어 있고, 그 외의 칸에서는 막다른 골목에서 벗어날 정책이 획득되어 있다.

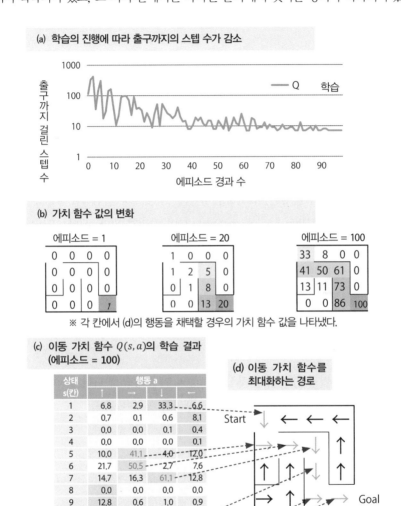

(a) 학습의 진행에 따라 출구까지의 스텝 수가 감소

(b) 가치 함수 값의 변화

※ 각 칸에서 (d)의 행동을 채택할 경우의 가치 함수 값을 나타냈다.

(c) 이동 가치 함수 $Q(s, a)$의 학습 결과
(에피소드 = 100)

상태 s(칸)	행동 a			
	↑	→	↓	←
1	6.8	2.9	33.3	6.6
2	0.7	0.1	0.6	8.1
3	0.0	0.0	0.1	0.4
4	0.0	0.0	0.0	0.1
5	10.0	41.1	4.0	12.0
6	21.7	50.5	2.7	7.6
7	14.7	16.3	61.1	12.8
8	0.0	0.0	0.0	0.0
9	12.8	0.6	1.0	0.9
10	10.7	0.4	0.1	0.7
11	17.8	26.4	72.7	14.9
12	0.0	0.0	0.0	0.0
13	0.0	0.0	0.0	0.0
14	0.3	0.0	0.0	0.0
15	30.1	85.5	27.0	31.5
16	21.8	100.0	30.5	13.1

(d) 이동 가치 함수를 최대화하는 경로

그림 3.8 미로의 Q 학습 결과. (a) 처음에는 랜덤 이동이므로 출구까지 100 스텝 이상 걸릴 수도 있지만, 학습이 진행되면 최단 스텝인 7 스텝으로 출구에 도달할 수 있게 된다. (b) 가치 함수의 값은 처음에는 출구 지점에만 값이 부여되지만, 학습이 진행되면 시작으로 향하는 경로상에 큰 값이 부여된다. (c)(d) 각 지점에서 가치 최대의 행동을 연결하면 시작부터 출구까지의 최단 경로가 된다

3.4.3 정책 기반 방식: 정책 경사법을 통해 미로 해결

정책 기반 방식이란, 각 칸에서 각 행동을 취할 확률을 부여하는 정책 함수를 갱신해 나가는 방법이다.

 메모 | **정책 함수**

정책 기반의 강화 학습 기법에서 어떤 상태에서 어떤 행동을 취해야 하는가에 대한 확률을 부여하는 함수를 말한다.

정책 함수도 가치 함수와 마찬가지로 16 × 4의 테이블로 표현되는데(그림 3.8 (c)), 가치 함수와의 차이는 정책 함수는 각 행동을 취하는 확률이라는 점이다. 이 정책 함수를 얻기 위하여 정책 경사법(policy gradient methods)이 알려져 있다. 에피소드마다 파라미터 갱신을 할 경우의 정책 경사법은 하나의 에피소드가 끝날 때마다 그 에피소드에서 채용한 행동의 확률을 조금 높이고, 그외의 행동의 확률을 조금 낮추는 일을 반복하는 기법이다(그림 3.9). 출구에 도달한 경로에 포함된 행동은 '좋은 행동인 경우가 많다'는 경험에 따른 방법이다. 정책 경사법에 의한 학습 방법의 자세한 내용은 Appendix 1의 A1.2절에서 설명하겠다.

참고로, 정책 경사법은 정책 함수 자신이 행동의 확률 분포를 나타내므로 ε-그리디 알고리즘처럼 별도의 행동 결정용 확률 분포를 생각할 필요가 없다.

- **정책 경사법**
  - 1 에피소드마다 정책 함수의 파라미터 $\pi(s,a)$를 갱신

    $\pi(s,a) \leftarrow \pi(s,a) + \Delta\pi(s,a)$

    $\Delta\pi(s,a) \sim$ (상수) $\cdot N_1 -$ (정수) $\cdot N_2$

    N_1: 상태 s에서 행동 a를 채택한 횟수

    N_2: 상태 s에서 행동 a 이외를 채택한 횟수

- **정책**
  - $\pi(s,a)$인 소프트맥스 $p_\pi(a|s)$ 함수에 의해 결정

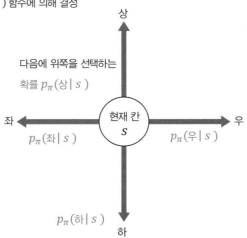

그림 3.9 미로의 정책 경사법에 의한 학습의 개요. (a) 정책 경사법에서는 1 에피소드마다 해당 에피소드에서 나타난 행동을 다음 이후에도 채택하기 쉽도록 파라미터 갱신을 실시한다. (b) 정책 경사법에서는 $\pi(s,a)$를 이용한 소프트맥스 함수에 의해 다음에 상하좌우로 이동하는 확률을 정한다

그림 3.10 (a)에는 정책 경사법인 경우의 에피소드 경과 수에 대한 출구까지 필요한 스텝 수의 관계를 그림으로 나타내었다. Q 학습과 마찬가지로 최종적으로 최단 경로의 7 스텝에 가까워지는 것을 알 수 있다.

또한, **그림 3.10** (b)에서는 에피소드의 진행에 따른 정책 함수의 변화를 미로상에 맵핑하였다. 정책 경사법의 경우 처음에는 네 방향이 동일하게 25%씩이라는 초깃값부터 시작한다.

또한, Q 학습과는 달리 처음의 에피소드에서 모든 칸의 값이 갱신된다. 다음으로 **그림 3.10** (c)는 학습이 진행된 100 에피소드 경과 후의 정책 함수이며, 최종적으로는 최단 경로에 상당하는 방향의 정책 함수가 거의 100%까지 높아지는 것을 알 수 있다.

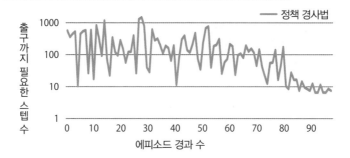

(a) 학습의 진행에 따라 출구까지의 스텝 수가 감소

(b) 정책 함수 값의 변화

※ 각 칸에서 (d)의 행동을 채택할 확률의 값을 나타냈다.

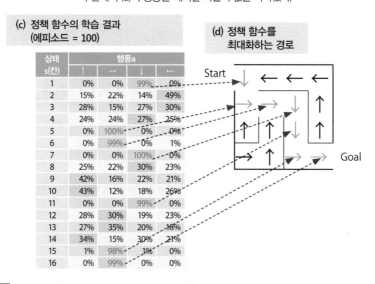

(c) 정책 함수의 학습 결과 (에피소드 = 100)

상태 s(칸)	행동a			
	↑	→	↓	←
1	0%	0%	99%	0%
2	15%	22%	14%	49%
3	28%	15%	27%	30%
4	24%	24%	27%	25%
5	0%	100%	0%	0%
6	0%	99%	0%	1%
7	0%	0%	100%	0%
8	25%	22%	30%	23%
9	42%	16%	22%	21%
10	43%	12%	18%	26%
11	0%	0%	99%	0%
12	28%	30%	19%	23%
13	27%	35%	20%	18%
14	34%	15%	30%	21%
15	1%	98%	1%	0%
16	0%	99%	0%	0%

(d) 정책 함수를 최대화하는 경로

그림 3.10 미로의 정책 경사법에 의한 학습 결과. (a) 처음에는 랜덤 이동이므로 출구까지 1,000 스텝 이상 걸릴 수도 있지만, 학습이 진행되면 최단 스텝인 7 스텝으로 출구에 도달할 수 있게 된다. (b) 정책 함수의 값은 처음에는 랜덤이므로 25%씩이지만, 학습이 진행되면 최단 경로의 방향으로 큰 확률값이 부여된다. (c)(d) 각 지점에서 정책 함수 최대의 행동을 연결하면 시작부터 출구까지의 최단 경로가 된다

3.5 비디오 게임 조작 스킬을 얻기 위한 강화 학습

 여기에서는 보다 복잡한 설정으로 비디오 게임의 조작 획득을 하는 강화 학습인 DQN에 대해 간략하게 설명한다.

 3.5.1 DQN

본론에서 다소 벗어나지만, '미로'보다 어려운 태스크의 예로 최근 화제가 된 ATARI 2600 게임(비디오 게임의 일종)의 전문가 수준의 조작 스킬을 처음부터 강화 학습한 DQN을 소개한다.

> 📋 메모 │ **DQN(Deep Q learning Network)**
>
> DQN과 ATARI 게임에의 DQN 응용에 대해서는 다음 논문에 상세히 설명되어 있다.
>
> 〈**Human-level control through deep reinforcement learning**〉
>
> (Volodymyr Mnih, Koray Kavukcuoglu, David Silver, Andrei A. Rusu, Joel Veness, Marc G. Bellemare, Alex Graves, Martin Riedmiller, Andreas K. Fidjeland, Georg Ostrovski, Stig Petersen, Charles Beattie, Amir Sadik, Ioannis Antonoglou, Helen King, Dharshan Kumaran, Daan Wierstra, Shane Legg, & Demis Hassabis, nature, 2015)

비디오 게임의 조작도 게임마다 어떤 전략을 채용하면 좋을지를 개발자가 미리 가르쳐 주는 방식이라면 그리 어렵지 않은 태스크인 경우가 많다. 그러나 있는 그대로의 실제 화면 정보와 득점의 변화만을 보고 AI가 더 나은 플레이를 자동적으로 습득하게 하려 면 훨씬 어려운 문제가 된다.

예를 들어, '벽돌 깨기 게임의 조작을 습득한다'라는 태스크는 어느 것이 공이고, 어느 것이 벽돌인지를 알 수 있어야 하고, 공을 바(bar)로 튕겨 내야 된다는 것을 알고 있어 야 한다. 그런 다음에야 비교적 간단한 태스크가 된다. 그러나 여기에서는 화면의 정보 만 보고 조작 및 화면의 간접적인 관계를 계속 보는 것만으로 학습해야 한다.

먼저, 좌우 키를 누르고 있으면 그에 따라 바(bar)가 좌우로 이동하는 것을 발견할 필요가 있다. 그러나 공을 보지 않았으므로 떨어지는 공은 그냥 아래로 떨어질 뿐이다. 단, 그러던 중에 움직이고 있는 공이 우연히 바(bar)에 닿으면 공이 튀어 벽돌을 무너뜨린다. 여기에 이르러서야 비로소 게임의 득점을 얻을 수 있다.

하지만 공이 바(bar)에 맞음으로써 공이 튀어 오르게 되고, 벽돌을 무너뜨린 후 비로소 득점을 얻었다는 '복잡한' 인과 관계를 화면의 정보만으로 배워야 한다.

그림 3.11 (a)는 이 ATARI 게임 기술의 자동 학습에 있어서 강화 학습의 메커니즘을 보여 주고 있다. 여기에서 에이전트는 게임 AI다. 환경에서 관측할 수 있는 것은 화면이다. 또한, 행동은 컨트롤러의 조작(십자 키 중 어떤 키를 누르거나, 조합해서 빨간 버튼을 누르는 등)이다. 하나의 에피소드는 게임 시작부터 종료까지(예를 들면, 공을 떨어뜨릴 때까지)로 한다.

또한, 보상은 게임에서 얻은 득점으로 한다. 얻을 수 있는 게임의 총 득점을 최대화하기 위한 정책으로 어떤 화면(상태)에서 어떻게 조작(행동)하는가를 학습하는 것이 강화 학습의 목적이다. 벽돌 깨기 등을 생각하면, 게임 시작에서 공을 떨어뜨리는 사이에도 벽돌을 무너뜨릴 때마다 시시각각 득점을 얻을 수 있으므로 학습 방법으로는 행동마다 가치 함수를 갱신하는 Q 학습이 적합하다.

여기에 화면이 상태라고 언급했지만, 화면은 84 × 84픽셀로 구성되며, 있을 수 있는 패턴은 방대하다. 따라서 상태의 총 수는 미로의 경우와는 비교할 수 없을 만큼 커진다. 이 경우 모든 상태와 행동의 쌍을 테이블로 표현한다는 것은 도저히 불가능하다. 이러한 경우는 함수를 근사하여 적은 파라미터로 상태를 표현하는 방법을 취하고 있다. DQN의 획기적인 점은 이 함수 근사에 **그림 3.11** (b)와 같은 컨볼루션 신경망(CNN)를 사용했다는 점이다. 즉, 화면에서 행동을 출력하는 처리 전체를 CNN으로 나타냈다. 그런 뒤에 Q 학습을 이용하여 이 파라미터를 학습함으로써 최적의 가치 함수를 얻는 정책을 취했다. 자세한 내용은 논문(《Human-level control through deep reinforcement learning》)을 참고하길 바란다.

그 결과 49종의 게임에 관해 완전히 똑같은 메커니즘으로 처음에는 랜덤 플레이부터 시작하여 강화 학습을 진행하는 것이 가능해져 수많은 게임에서 인간 플레이어를 웃도는 득점 능력을 얻을 수 있게 되었다. 예를 들어, 벽돌 깨기 게임에서는 처음에는 랜덤 플레이이므로 자주 볼을 떨어뜨리지만, 학습이 진행되면서 점차 공을 떨어뜨리지 않고, 결국은 벽에 구멍을 뚫어 공을 벽 위에 구르게 하는 고급 전략을 만들어 낼 수 있었다.

강화 학습의 메커니즘을 게임 AI에 적용하여 게임에 대한 지식을 사용하지 않고 인간 전문가를 뛰어넘는 게임 AI를 실제로 실현한 부분이 구글 딥 마인드의 굉장함이다. ATARI 게임 이전에 이렇게 복잡한 학습에 성공한 사례는 없었다고 해도 과언이 아닐 것이다.

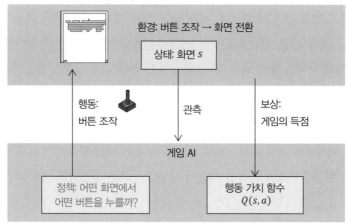

(a) ATARI 게임의 강화 학습 프레임워크

환경: 버튼 조작 → 화면 전환

상태: 화면 s

행동: 버튼 조작

관측

보상: 게임의 득점

게임 AI

정책: 어떤 화면에서 어떤 버튼을 누를까?

행동 가치 함수 $Q(s, a)$

(b) ATARI 게임의 행동 가치 함수에 해당하는 CNN

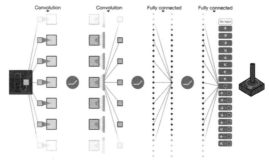

Convolution Convolution Fully connected Fully connected

※ 출처: 〈Human-level control through deep reinforcement learning〉
(Volodymyr Mnih, Koray Kavukcuoglu, David Silver, Andrei A. Rusu, Joel Veness, Marc G. Bellemare, Alex Graves, Martin Riedmiller, Andreas K. Fidjeland, Georg Ostrovski, Stig Petersen, Charles Beattie, Amir Sadik, Ioannis Antonoglou, Helen King, Dharshan Kumaran, Daan Wierstra, Shane Legg, & Demis Hassabis, nature, 2015)에서 인용
URL https://www.nature.com/nature/journal/v518/n7540/full/nature14236.html#auth-4

그림 3.11 비디오 게임 기술을 습득하는 강화 학습 DQN으로 게임의 득점을 최대한 높이는 것이 목적으로, 어떤 화면에서 어떤 버튼을 누를까에 대한 정책을 학습한다

3.6 알파고의 강화 학습

 지금까지 다양한 사례에서 강화 학습의 적용에 대해 설명하였다. 이번 절에서는 지금까지의 논의를 바탕으로 알파고의 '다음의 한 수' 태스크를 실시할 정책 네트워크를 강화 학습하는 방법에 대해 설명하겠다.

3.6.1 알파고의 강화 학습

이제 드디어 알파고의 강화 학습이 등장한다. 알파고의 경우 제2장의 SL 정책 네트워크를 보다 많이 이길 수 있는 RL 정책 네트워크를 '강화'하기 위해서 강화 학습을 이용하고 있다. SL 정책 네트워크처럼 1수 앞의 수를 흉내내는 근시안적 전략에 반해 승패를 보상하는 강화 학습을 사용함으로써 보다 더 쉽게 이길 수 있는 정책을 획득하는 방침이다(그림 3.12).

- **강화 학습의 목적**: SL 정책 네트워크를 강화 학습함으로써 보다 쉽게 이기기 위한 정책 네트워크를 만든다. ⇒ RL 정책 네트워크
- **학습 방법**: SL 정책 네트워크를 초깃값으로 하여 '게임의 승리'를 보상으로 해서 정책 경사법에 의해 강화 학습
  - 이겼을 때는 승리에 이르는 수를 최대한 선택하도록 파라미터를 갱신
  - 졌을 때는 패배에 이르는 수를 최대한 피하도록 파라미터를 갱신
- 자기 대전에 의한 게임의 결과를 얻는 처리에 엄청난 시간이 필요하므로 학습에 50GPU라고 해도 약 1일이 소요된다.

그림 3.12 RL 정책 네트워크를 획득하기 위한 강화 학습의 개요

지금까지와 마찬가지로 강화 학습의 메커니즘에 적용하면 그림 3.13 과 같이 된다. 이 경우 환경은 상대 모델이며, 아군(에이전트)이 수를 두는 행동을 취하면 상대가 상대 모델에 기초하여 수를 두고, 그 후의 바둑판이 관찰된다.

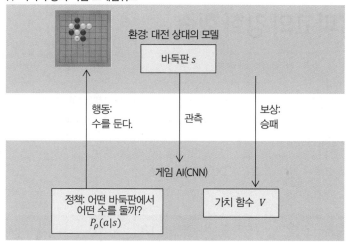

(a) 바둑의 강화 학습 프레임워크

환경: 대전 상대의 모델

바둑판 s

행동:
수를 둔다.

관측

보상:
승패

게임 AI(CNN)

정책: 어떤 바둑판에서
어떤 수를 둘까?
$P_\rho(a|s)$

가치 함수 V

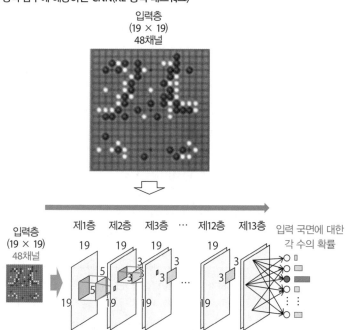

(b) 정책 함수에 해당하는 CNN(RL 정책 네트워크)

입력층
(19 × 19)
48채널

입력층
(19 × 19)
48채널

제1층   제2층   제3층   …   제12층   제13층

입력 국면에 대한
각 수의 확률

그림 3.13 알파고의 RL 정책 네트워크의 강화 학습으로 대전 상대에 가능한 한 이기는 것을 목적으로
어떤 국면에서 어떤 수를 둘지를 학습한다

바둑의 경우 선택한 수와 최종적인 승부의 인과 관계를 예측하는 것이 어려우므로 한 수 한 수의 선택에 대한 보상을 정의하는 것이 어렵다. 그래서 미로의 예처럼 '게임의 승리'를 보상으로 조금씩 파라미터를 갱신하는 강화 학습을 생각해 볼 수 있다. 즉, 이겼을 때는 승리에 이르는 수를 최대한 선택하도록 파라미터를 갱신하고, 질 때는 패배에 이르는 수를 가능한 한 피하도록 파라미터를 갱신한다. 이러한 목적이라면 정책 경사법의 강화 학습 메커니즘이 적합하다.

단, 바둑의 경우도 바둑판 조합 상태의 총 수가 방대하다. 따라서 DQN의 경우와 마찬가지로 화면에서 행동을 출력하는 처리 전체를 CNN으로 표현하고, CNN의 파라미터를 학습하는 문제로 대체하고 있다.

이 기법은 이론상으로는 장기적으로 봐서 좋은 정책을 획득하는 것을 기대할 수 있지만, 먼 미래의 상태까지 고려하기 위해서는 장대한 상태의 전달 과정이 필요하다. 따라서 종래의 많은 연구자들은 100수 이상의 긴 수가 되는 게임에서 승패를 보상으로 하는 강화 학습이 성공하는 것은 현실적으로 어려울 것이라고 생각했다. 알파고는 '게임의 승리'를 보상으로 하는 강화 학습은 제대로 될 수 없다는 지금까지의 상식을 보기 좋게 뒤집었다.

표 3.1에 지금까지 나타낸 사례와 알파고에 의한 강화 학습을 비교한 결과를 나타내었다. 처음의 멀티 암드 밴딧의 사례는 상태가 1개밖에 없는 단순한 강화 학습의 예였다. 두 번째인 미로의 강화 학습에서는 여러 조건이 있지만, 상태의 수는 그리 많지 않으므로 모든 상황을 테이블로 가질 수 있었다. 이에 대해 ATARI 게임은 화면 자체가 상태이므로 상태의 수가 방대하여 CNN을 이용한 강화 학습이 유효하였다. 상태의 수가 방대하다는 점은 바둑의 AI도 다름이 없다. ATARI 게임의 경우, 화면을 바둑판으로, 보상을 승패로, 그리고 어떤 버튼을 어느 수로 선택하는지 치환해 보면 메커니즘으로서 아주 비슷하다고 말할 수 있다.

표 3.1 알파고의 강화 학습 기법과 지금까지 언급한 다른 강화 학습 기법과의 비교

	멀티 암드 밴딧	미로를 푸는 AI		ATARI 게임의 AI	알파고의 AI
목적	동전을 많이 배출할 수 있는 전략	출구까지 빨리 도달할 수 있는 전략		득점을 많이 획득할 수 있는 조작	보다 많이 이길 수 있는 정책 네트워크
환경	'당첨'이 나올 확률	상하좌우의 선택 → 칸의 전환		버튼의 조작 → 화면 전환	바둑의 규칙에 따른 대전 상대의 응답
에피소드	없음	시작부터 출구까지		시작부터 볼을 떨어뜨릴 때까지	1수째부터 종국까지
관측할 수 있는 정보 (상태)	1개밖에 없으므로 관측이 불필요	현재 있는 칸		현재의 화면	현재의 국면
행동	1개밖에 없으므로 관측이 불필요	각 칸에서 상하좌우 어디로 이동할까?		특정 화면에 대해 어떤 버튼 조작을 할까?	바둑의 국면에 대해 어떤 수를 둘까?
보상	'동전'이 나오면 1점	출구에 도착하면 +1점		게임의 득점	이기면 +1점, 지면 -1점
학습 기법	UCB1 알고리즘	Q 학습	정책 경사법	CNN을 이용한 Q 학습(DQN)	CNN을 이용한 정책 경사법
파라미터 갱신 간격	행동 1회마다	행동 1회 마다	1 에피소드 마다	행동 1회마다	행동 1회마다, 1 에피소드마다

3.6.2 정책 경사법에 근거하는 강화 학습

여기에서는 SL 정책 네트워크를 강화하여 RL 정책 네트워크(RL은 강화 학습: Reinforcement Learning의 약자)를 획득하는 방법에 대해 설명하겠다(P.131 참고).

참고로, RL 정책 네트워크는 어떤 국면(상태)에 대해 각 수(행동)를 선택하는 확률을 제공하므로 정책으로도 볼 수 있다. 이 RL 정책 네트워크의 파라미터를 얻기 위한 기법으로는 첫수부터 승패가 결정되기까지를 하나의 에피소드로 간주한 정책 경사법을 사용한다. 구체적으로는 그림 3.14 와 같은 흐름으로 실시한다.

Step 1 RL 정책 네트워크의 파라미터를 초기화하기

처음에 RL 정책 네트워크의 파라미터를 제2장에서 얻은 SL 정책 네트워크의 파라미터로 초기화한다.

Step 2 상대 모델을 갱신하기

다음으로, 상대 모델을 과거의 정책 네트워크의 집합 O 중에서 무작위로 선택한다. 단, 대전 상대를 매번 갱신하면 학습이 불안정해지므로 이 갱신은 자기 대전 128회에 1번으로 한다.

Step 3 상대 모델과 아군 모델에서 종국까지 수를 진행하기

다음으로, 이 상대 모델에 대해 최신의 아군 모델과의 자기 대전을 실시하여 종국까지 수를 진행한다(1회의 대국이 에피소드에 해당한다).

아군 모델도 상대 모델도 다음의 한 수의 확률을 출력하는 정책 네트워크이므로 이 확률에 따라 수를 생성하면 매번 다른 결과를 얻을 수 있다. 승패는 z에 보관한다. 이 자기 대전 128회를 1세트로 한다.

Step 4 정책 경사법에 의해 정책 네트워크의 파라미터를 갱신하기

이 자기 대전 128회의 종료 후에 매번의 승패 정보 z와 CNN의 오류 역전파법에 의해 얻은 경사 정보를 바탕으로, 정책 경사법에 근간한 정책 네트워크의 파라미터를 갱신한다. 미로의 예와 마찬가지로 이긴 대국에서 나온 수를 보다 잘 나오도록 파라미터를 갱신하고, 진 대국에서 나온 수는 보다 더 나오기 어렵도록 파라미터를 갱신하는 방식이다. **그림 3.14** 의 $\triangle\rho$의 계산 방법과 학습 방법의 자세한 내용은 Appendix 1의 A1.2.1항에서 설명하고 있는데, Step 4의 파라미터 갱신 방법은 REINFORCE 알고리즘이라고 한다.

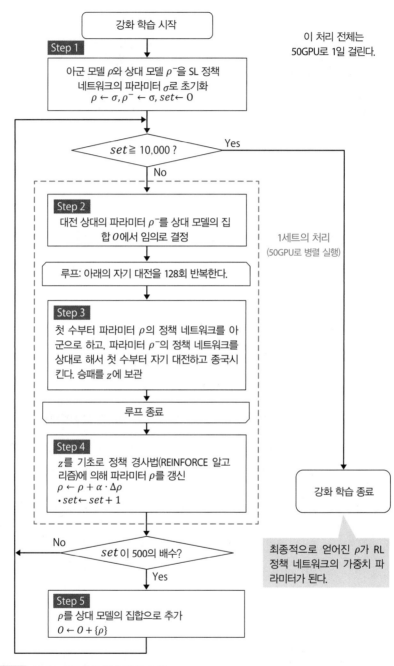

강화 학습 시작

Step 1

아군 모델 ρ와 상대 모델 ρ^-을 SL 정책
네트워크의 파라미터 σ로 초기화
$\rho \leftarrow \sigma, \rho^- \leftarrow \sigma, set \leftarrow 0$

이 처리 전체는
50GPU로 1일 걸린다.

$set \geqq 10,000$? —— Yes

No

Step 2

대전 상대의 파라미터 ρ^-를 상대 모델의 집
합 O에서 임의로 결정

루프: 아래의 자기 대전을 128회 반복한다.

1세트의 처리
(50GPU로 병렬 실행)

Step 3

첫 수부터 파라미터 ρ의 정책 네트워크를 아
군으로 하고. 파라미터 ρ^-의 정책 네트워크를
상대로 해서 첫 수부터 자기 대전하고 종국시
킨다. 승패를 z에 보관

루프 종료

Step 4

z를 기초로 정책 경사법(REINFORCE 알고
리즘)에 의해 파라미터 ρ를 갱신
$\rho \leftarrow \rho + \alpha \cdot \Delta\rho$
• $set \leftarrow set + 1$

강화 학습 종료

No

set 이 500의 배수?

Yes

최종적으로 얻어진 ρ가 RL
정책 네트워크의 가중치 파
라미터가 된다.

Step 5

ρ를 상대 모델의 집합으로 추가
$O \leftarrow O + \{\rho\}$

그림 3.14 알파고에서 강화 학습의 플로 차트

메모 | **REINFORCE 알고리즘**

정책 기반 강화 학습 기법의 일종이다. 자세한 내용은 Appendix 1의 A1.2절에서 설명한다.

Step 5 정책 네트워크를 상대 모델의 집합 O에 추가하기

상대 모델의 변형을 늘리기 위해 이 128회의 자기 대전을 500세트 반복할 때마다 그때의 정책 네트워크를 상대 모델의 집합 O에 추가하고 있다.

이상의 기법에서는 Step 3의 자기 대전 시간이 압도적으로 크다.

예를 들어, 종국까지 400수가 걸린다고 하면 아군과 상대의 정책 네트워크를 총 400회 실행해야 한다. 이것을 GPU 1개 사용하는 경우로 계산하면 종국까지 걸리는 시간은 5밀리초 × 400수 = 2.0초다. 따라서 자기 대전 128회에는 2 × 128초가 되고, 이것을 10,000세트 반복하려면 단순 계산으로 해서 약 30일(10,000 × 2 × 128초)이 소요된다. 반면에 알파고는 여기에도 50개의 GPU로 병렬 실행하고 있다. 이 병렬 계산은 독립성이 높으므로 거의 50배에 가까운 고속화가 가능하다고 생각한다.

이 책에서 참고하는 알파고 논문에 따르면 알파고의 경우 이 10,000세트의 반복 계산에 50GPU를 이용하여 약 1일이 걸렸다고 한다.

3.6.3 RL 정책 네트워크의 성능

여기에서 획득한 RL 정책 네트워크는 이 책에서 참고로 하는 알파고 논문에 따르면 원래의 SL 정책 네트워크와의 직접 대결에서는 80% 이길 수 있게 되었다. 또한, 뒤에서 언급할 밸류 네트워크의 학습 데이터를 만드는 용도로는 SL 정책 네트워크에서 데이터를 만드는 것보다도 RL 정책 네트워크에서 데이터를 만드는 편이 강한 밸류 네트워크를 만들 수 있었다. 따라서 강화 학습을 적용한 의도대로 '승리하기 쉬운 고성능의 정책 네트워크가 완성되었다'라고 말할 수 있다.

다만, 상황은 그렇게 단순하진 않다. 사실 최종적으로 몬테카를로 트리 탐색과 조합하여 사용하는 경우에는 원래의 SL 정책 네트워크 쪽이 RL 정책 네트워크보다 궁합이 좋아 강해지는 것 같다. 실제로 이 책에서 참고하는 알파고 논문에서 판 후이 2단과의 대전에 사용된 평가판 알파고에 내장되어 있는 것은 원래의 SL 정책 네트워크이지 강화 학습된 RL 정책 네트워크가 아니다.

그 이유는 인간의 직관 그 자체를 표현하는 SL 정책 네트워크 쪽이 생성된 수에서 다양성이 있어 몬테카를로 트리 탐색과 궁합이 좋았기 때문이라고 분석하고 있다.

그런데 구글 딥 마인드 연구팀은 알파고 논문 발표(2016년 1월) 이후, 이세돌 9단과의 대전(2016년 3월)에 이르기까지 자기 대전을 반복했다고 말했다. 그러나 알파고 논문 이후의 개선에 대해서는 2017년 10월에 알파고 제로의 논문이 발표될 때까지 비밀의 베일 속에 감추어져 있었다. 이 새로운 강화 학습 기법에 대해서는 제6장 알파고 제로의 설명 부분에서 다시 설명하고자 한다.

3.6.4 밸류 네트워크 학습용의 데이터 작성 기법

이 강화 학습에 의해 얻어진 RL 정책 네트워크는 3.6.3항에서 언급한 바와 같이 밸류 네트워크의 학습을 위한 학습 데이터 생성에 사용되고 있다. 여기에서는 그 학습 데이터 생성 방법에 대해서 설명한다(그림 3.15). 참고로, 일단 학습 데이터를 만든 후의 밸류 네트워크의 학습 방법 그 자체는 제2장의 그림 2.26 의 SL 정책 네트워크의 경우와 거의 동일하므로 생략한다.

밸류 네트워크는 어떤 국면을 입력으로 하고, 그 국면의 승률 예측값을 출력하는 CNN 이었다. 따라서 학습 데이터는 국면과 그 국면의 승패 쌍이다.

SL 정책 네트워크의 학습에는 3,000만 개의 학습 데이터를 사용했는데, 밸류 네트워크의 구조는 SL 정책 네트워크와 유사하여 동일한 정도의 학습 데이터가 필요하다고 생각된다.

- 밸류 네트워크는 국면을 입력하고, 승률 예측값을 출력하는 CNN
- 학습 방법: CNN이 출력하는 승률 예측값이 학습 데이터의 승패에 가까워지도록 필터 가중치를 갱신
- 학습 데이터: 국면이나 승패의 조합 3,000만 개
  - 국면을 만드는 방법: SL 정책 네트워크에 의해 U수째까지 진행, 그 후에 임의의 수를 1수 진행한다.
  - 승패를 만드는 방법: RL 정책 네트워크끼리의 자기 대전 결과에 의해 근사
  - 이 학습 데이터의 생성 자체에 50GPU로 1주일이 소요(추정)
- **학습 자체에도 50GPU로 1주일 소요**
- 기존에 곤란했던 바둑의 평가 함수 완성

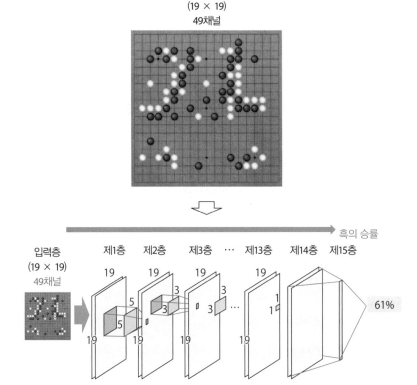

그림 3.15 알파고의 밸류 네트워크의 학습 개요

그럼 3,000만 개의 학습 데이터를 어떻게 얻으면 좋을까?

첫째, SL 정책 네트워크에 사용된 16만 개의 기보(3,000만 개의 국면)를 그대로 사용하는 것을 생각해 볼 수 있다. 그러나 그대로는 잘 되지 않는다. 왜냐하면 기보 하나의 승패는 1개로 정해져 있는 반면, 같은 기보에서는 비슷한 국면밖에 취할 수 없기 때문이다. 즉, 동일한 기보에서 여러 국면을 추출해 버리면 입력 데이터 간의 상관 관계가 너무 높아 학습이 잘 진행되지 않는다는 것이다.

그래서 각 기보에서는 1개만 학습 데이터를 추출하는 것으로 하면, 총 16만 개의 학습 데이터밖에 얻을 수 없다. 즉, 입수 가능한 강한 플레이어의 기보만으로는 충분한 학습 자료를 얻을 수 없다는 뜻이다.

그래서 알파고에서는 RL 정책 네트워크끼리의 자기 대전에 근거해 기보를 생성하고, 그 기보에 근거해 학습 자료를 만드는 정책을 채택하고 있다. 단, 이 자기 대전에서도 가능한 한 변형을 높이기 위해 몇 가지 궁리를 하고 있다. 그 궁리를 **그림 3.16** 의 플로 차트로 나타내었다.

- **Step 1: 무작위로 숫자를 선택하기**(U)

  먼저, 1~450 중에서 임의로 숫자를 선택하고, 이를 U라고 한다.

- **Step 2: U - 1수째까지 국면을 진행하기**

  다음으로, SL 정책 네트워크를 U - 1회 사용하여 U - 1수째까지 국면을 진행한다.

- **Step 3: 임의로 다음의 한 수를 정해 국면을 진행하기**(국면 S)

  다음 U수째는 빈 점 중에서 무작위로 다음의 한 수를 결정하여 국면을 진행한다. 이 국면을 S로 한다.

- **Step 4: 종국까지 진행하기**

  이 국면 S부터는 RL 정책 네트워크를 사용하여 종국까지 수를 진행한다. 최종적인 승패를 z로 한다.

- **Step 5: (S, z)의 쌍을 학습 데이터에 추가하기**

  이 (S, z)의 쌍을 학습 데이터에 추가한다.

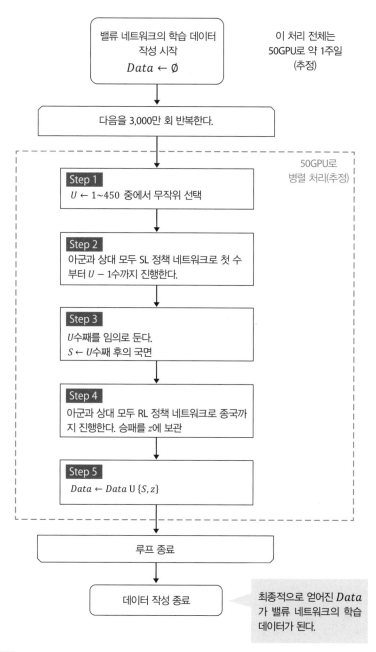

밸류 네트워크의 학습 데이터
작성 시작
$Data \leftarrow \emptyset$

이 처리 전체는
50GPU로 약 1주일
(추정)

다음을 3,000만 회 반복한다.

50GPU로
병렬 처리(추정)

Step 1
$U \leftarrow$ 1~450 중에서 무작위 선택

Step 2
아군과 상대 모두 SL 정책 네트워크로 첫 수
부터 $U - 1$수까지 진행한다.

Step 3
U수째를 임의로 둔다.
$S \leftarrow U$수째 후의 국면

Step 4
아군과 상대 모두 RL 정책 네트워크로 종국까
지 진행한다. 승패를 z에 보관

Step 5
$Data \leftarrow Data \cup \{S, z\}$

루프 종료

데이터 작성 종료

최종적으로 얻어진 $Data$
가 밸류 네트워크의 학습
데이터가 된다.

그림 3.16 밸류 네트워크의 학습 데이터 작성의 플로 차트

이러한 Step 1∼Step 5의 처리를 3,000만 번 반복하여 학습 데이터를 3,000만 개 만든다.

Step 1에서 국면 S를 얻기 위한 수(手)의 수 U를 무작위로 생성하는 이유는 초반부터 종반까지 골고루 국면을 생성하고자 하는 의도다. 단, 최댓값인 450은 일반적인 바둑판의 점의 수인 19 × 19 = 361보다도 커서 부자연스럽게 느껴진다. 밸류 네트워크에서는 승패가 거의 확정되는 종반의 국면을 중점적으로 학습시키고 싶다는 의도가 있을지도 모른다.

또한, Step 2에서 상대적으로 강한 RL 정책 네트워크를 사용하는 것이 아니라 굳이 SL 정책 네트워크를 사용하는 것은 'SL 정책 네트워크의 변화의 폭이 더 컸기 때문'이다.

Step 3에서 거의 있을 수 없는 수도 포함하여 무작위로 수를 선택하는 부분에도 여하튼 바리에이션을 크게 하려는 의도가 느껴진다.

단 1개의 학습 데이터를 얻는 데에 400수 정도를 필요로 하는 자기 대전을 실시한다는 것은 왠지 과한 컴퓨터 리소스의 사용법이다. 실제로 GPU를 사용하는 경우에도 1개의 학습 데이터를 얻는 데에 1초 정도의 시간이 걸릴 것으로 생각된다. 그만큼 훈련 데이터의 상관 관계를 적게 하는 것이 중요하다는 것을 의미한다.

3.7 정리와 과제

 이 절에서는 이 장의 내용 정리 및 강화 학습 과제에 대해 설명한다.

톱 인간 바둑 기사 수준에 접근하여 인류에게서 배울 것이 적어진 알파고에게 강화 학습을 사용하게 된 것은 자연스러운 추세다. 강화 학습은 사람이 경험에서 배우는 것과 마찬가지로 AI가 지능을 획득해 나가는 모델이다.

이론적으로 잘 될 것이라고 예전부터 알려져 있었지만, 실제의 성공 사례는 제한되어 있었다. 거기에 순풍을 단 것이 구글 딥 마인드가 개발한 DQN이며, 알파고였다. SL 정책 네트워크의 강화 학습에 의해 얻은 RL 정책 네트워크는 원래의 SL 정책 네트워크에 대해 승률이 80%나 되었다.

단, 딥 러닝의 화려한 성공에 비하면 강화 학습은 여전히 몇 가지 과제가 있는 듯하다. 알파고의 RL 정책 네트워크는 승리를 목표로 하는 정책 네트워크로서는 우수하지만, 승리에 너무 매달린 나머지 SL 정책 네트워크보다 생성되는 수의 바리에이션이 작아져 버린 것 같다. 그 결과 다음 장의 몬테카를로 트리 탐색에 통합할 경우에는 SL 정책 네트워크의 궁합이 더 좋은 것 같다.

또한, 강화 학습의 많은 모델에서는 이론적 수렴이 보장되지 않아 수렴시키기 위한 튜닝이 딥 러닝보다 어려운 것 같다. 단, DQN과 알파고의 성과에 이어 강화 학습은 현재 이론 및 응용 모두 급속하게 연구가 진행되고 있으므로 과제가 해결될 날도 머지않을 것 같다. 앞으로의 성과가 기대되는 분야다.

또한, 이 장의 내용은 2016년 1월에 발표된 알파고 논문을 바탕으로 작성하였다. 2017년 10월에 새로운 논문에 발표된 알파고 제로의 강화 학습법에 대해서는 제6장의 알파고 제로에서 다시 설명하겠다.

탐색
– 바둑 AI는 어떻게 예측할까?

알파고의 예측 능력을 지원하는 것은 탐색이라는 기술이다. 게임에서 기존의 검색 기술은 모든 후보를 열거하여 게임 트리를 만들고, 그 속을 '전부 다' 조사해 최선의 것을 선택하는 방식이었다.

고속 검색은 컴퓨터가 자랑하는 분야이며, 장기와 체스가 강해진 것은 이 '완전 탐색(exhaustive search)'의 기여가 크다. 바둑에서는 오랫동안 '탐색이 어렵다'라고 생각했지만, 2006년에 '몬테카를로 트리 탐색'이라는 획기적인 기술이 탄생하였다.

이 장에서는 랜덤 시뮬레이션의 승패를 바탕으로 조금씩 트리를 성장시키는 몬테카를로 트리 탐색의 원리와 특징에 대해 설명한다.

이 장에서 설명할 내용

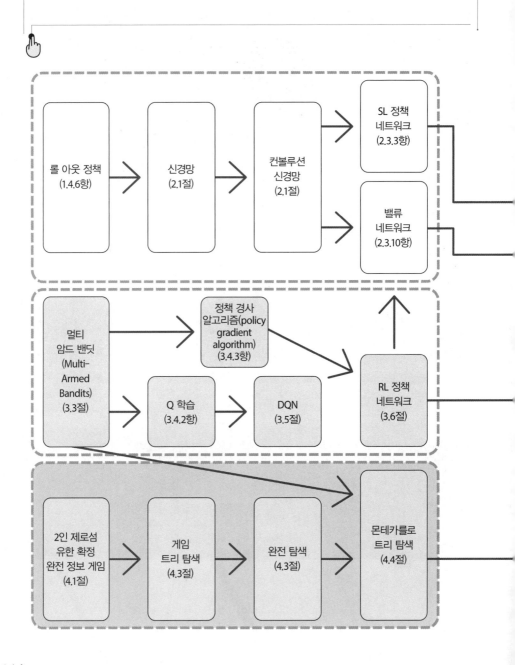

제4장에서는 바둑 AI의 기본 탐색 방법인 몬테카를로 트리 탐색(4.4절)을 이해하는 것이 목표다. 따라서 보드 게임의 특징 부여(4.1절), 게임 트리 탐색의 기본(4.3절), 장기·체스에서 성공한 완전 탐색과 이 탐색 기법이 바둑에서는 잘 되지 않은 이유(4.3절)의 순서로 설명하겠다.

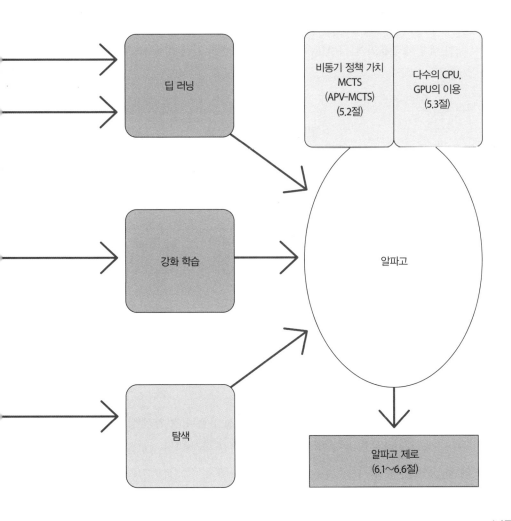

4.1 2인 제로섬 유한 확정 완전 정보 게임

 여기에서는 바둑, 장기 등의 게임이 2인 제로섬(zero-sum) 유한 확정 완전 정보 게임으로 분류되는 것을 설명한다.

4.1.1 어떻게 수를 예측할까?

이 책의 세 번째 질문인 '바둑 AI는 어떻게 수를 예측할까?'에 대해서 알아보자(그림 4.1).

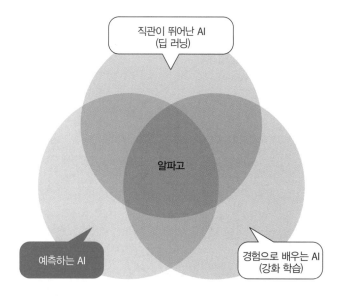

그림 4.1 예측하는 AI: 탐색

바둑을 비롯해 체스, 장기, 오델로 등은 2인 제로섬 유한 확정 완전 정보 게임(이하 단순히 '게임'이라고 하겠다)으로 분류된다. 2인 제로섬 유한 확정 완전 정보를 구성하는 각 용어의 의미는 다음과 같다.

- **2인**: 플레이어 2인이 경쟁한다(⇔ 마작: 4명이 경쟁한다).
- **제로섬**: 협력의 요소가 없고, 한쪽의 '승리'는 다른 한쪽의 '패배'가 된다(⇔ 죄수의 딜레마 게임: 상대와의 공모와 배신에 의해 둘 다 이익을 얻거나 손해를 입을 수 있다).
- **유한**: 수의 조합의 수가 유한하다(⇔ 트럼프의 도둑 잡기 게임: 서로 조커를 계속 교환하면 무한히 끝나지 않을 수도 있다).
- **확정**: 운에 좌우되지 않는다(⇔ 주사위: 주사위를 굴리므로 불확정적이다).
- **완전 정보**: 상대방의 선택에 대해 모두 알 수 있다(⇔ 트럼프 포커: 손 안쪽이 보이지 않는 불완전 정보 게임).

2인 제로섬 유한 확정 완전 정보 게임에서는 '선수 필승', '후수 필승', '무승부' 중 하나(이를 '게임 값'이라 한다)를 '수학적으로' 확정할 수 있다고 알려져 있다. 예를 들어, **그림 4.2** (a)의 ○× 게임의 처음 형태는 ○가 어디에 두어도 ×가 최선을 다하면 무승부가 된다.

한편, (b)의 ○와 ×가 1수씩 진행한 국면에서는 나중에 나타낸 것과 같이 예를 들어, 왼쪽 대각선 위에 ○를 두면 선수 필승(○ 필승)이다. 조금 어려운 부분으로는 (c) 오목은 선수 필승, (d) 동물 장기는 후수 필승, (e) 6 × 6의 오델로의 후수 필승임이 증명되고 있다.

 메모 | **동물 장기**

'동물 장기'의 완전 해석

URL https://www.tanaka.ecc.u-tokyo.ac.jp/ktanaka/dobutsushogi/animal-private

 메모 | **6 × 6의 오델로의 후수 필승**

6 × 6의 오델로가 후수 필승인 것은 다음 사이트를 참고하길 바란다.

Solving the 6x6 normal othello

URL http://www.tothello.com/html/solving_the_6x6_normal.html

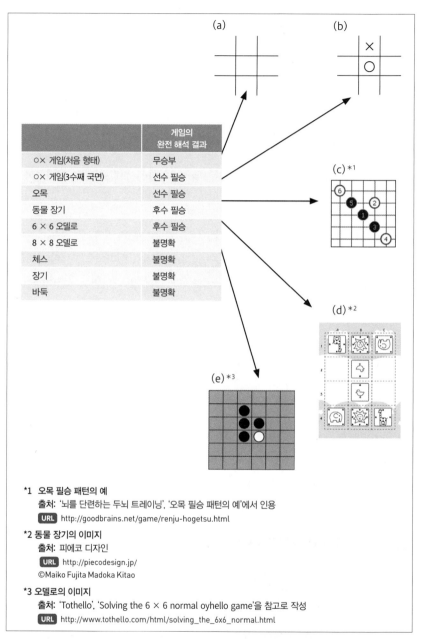

	게임의 완전 해석 결과
○× 게임(처음 형태)	무승부
○× 게임(3수째 국면)	선수 필승
오목	선수 필승
동물 장기	후수 필승
6 × 6 오델로	후수 필승
8 × 8 오델로	불명확
체스	불명확
장기	불명확
바둑	불명확

*1 오목 필승 패턴의 예
   출처: '뇌를 단련하는 두뇌 트레이닝', '오목 필승 패턴의 예'에서 인용
   URL http://goodbrains.net/game/renju-hogetsu.html
*2 동물 장기의 이미지
   출처: 피에코 디자인
   URL http://piecodesign.jp/
   ©Maiko Fujita Madoka Kitao
*3 오델로의 이미지
   출처: 'Tothello', 'Solving the 6 × 6 normal oyhello game'을 참고로 작성
   URL http://www.tothello.com/html/solving_the_6x6_normal.html

그림 4.2 2인 제로섬 유한 확정 완전 정보 게임의 게임 값. 크기가 작은 게임에서는 완전 분석을 실시해
'선수 필승', '후수 필승', '무승부' 중 하나를 결정할 수 있지만, 크기가 큰 바둑 등의 게임에서는
사실상 불가능하다

이처럼 게임의 승패를 증명하는 것을 '게임의 완전 분석'이라고 한다. 완전 분석을 하려면 기본적으로 모든 가능성을 전부 다 조사하는 방법에 따라 달라진다. 예를 들어, (b)의 ○ × 게임 3수째의 국면의 경우 사람은 그림 4.3과 같은 분기를 머릿속에서 전개하여 '○의 필승'이라고 증명하는 것은 아닐까?

그 외에 '묘수 풀이'나 '묘수 장기'가 특기인 사람도 이런 증명을 머릿속에서 실시하고 있을 것이다. 컴퓨터의 경우도 마찬가지로 모든 수를 전개한 후 후수(×)가 어떻게 응해도 선수(○)가 제대로 수를 선택하면 반드시 이길 수 있음을 증명하면 된다.

한편, 바둑, 장기, 체스처럼 국면의 분기·조합의 수가 매우 큰 경우 완전 분석은 사실상 불가능하다. 승패를 수학적으로 결정할 수 있는 것과, 그 답을 간단히 얻을 수 있는 것은 전혀 의미가 다른 것이다.

이런 게임에서는 어느 정도의 수까지 예측으로 두고, 그중에서 최선의 수를 선택한다는 방침을 채택할 수밖에 없다.

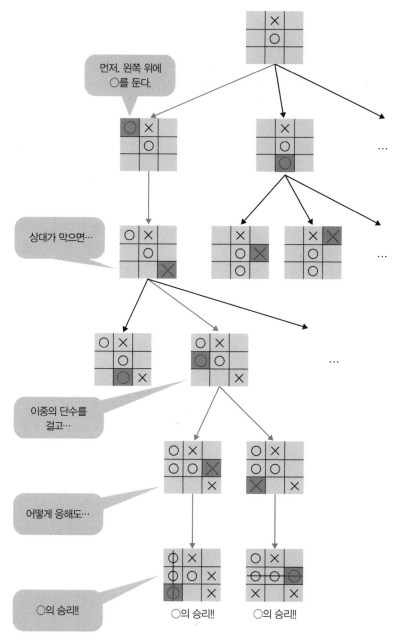

그림 4.3 ○× 게임에서 '승리'를 증명하는 예

4.2 게임에서의 탐색

 여기에서는 게임에서의 탐색 개념에 대해 간략하게 설명한다.

:: 4.2.1 SL 정책 네트워크

`그림 4.4`는 `그림 2.16`의 SL 정책 네트워크의 그림을 90도 회전해 본 것이다. 이렇게 하면 맨 위에 국면이, 그리고 맨 아래에 1수 앞의 각 국면과 승률이 붙은 그림이라고 볼 수 있다. 이 SL 정책 네트워크에서는 다음과 같은 처리를 순서대로 실행한다.

1. 1수 진행한다

2. 승률을 계산한다

3. 승률이 가장 높은 수를 선택한다

즉, 1수 앞의 예측을 한다고 생각된다.

이 1. 1수 진행한다의 부분을, 2수, 3수, … d수로 늘려 평가의 정확도를 높여 나가는 것이 게임에서의 탐색 개념이다.

단, 깊이가 d수이며, 어느 국면의 합법 수(手)의 수가 w개 있다고 하면 단순하게는 w의 d제곱 개의 국면을 평가하여야 해서 계산량이 폭발한다는 점에 주의해야 한다.

참고로, 계산량 이론의 분야에서 이것은 지수적 차수라고 불리며, d가 커지면 즉시 엄청난 숫자가 되어 버린다. 따라서 지수적 차수의 계산량은 일반적으로 선호되지 않는다. 그러나 탐색의 문제에서는 본질적으로 지수적 차수가 되어 버리는 경우가 많고, 이 방대한 탐색 공간을 어떻게 효율적으로 탐색해 나가는지가 초점이 된다.

메모 | **지수적 차수(Exponential Order)**

계산량이 지수적 차수라는 의미는 입력 크기에 대해 계산량이 기하급수적으로 커지는 것을 말한다. 나중에 보게 될 바둑의 탐색을 나타내는 게임 트리에서는 깊이 d가 커지면 분기의 수는 기하급수적으로 커진다.

· **SL 정책 네트워크에서 탐색으로**
  − 정책 네트워크는 90도 회전하면……

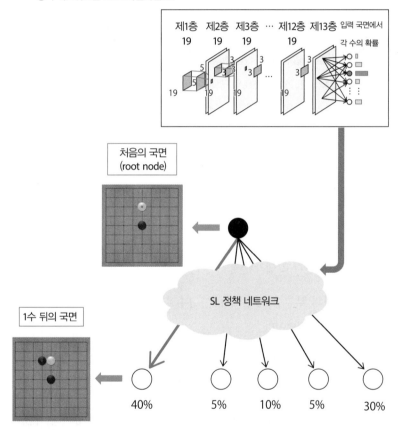

· **이 경우**
  …… 1수 진행하고…… 승률을 계산하고…… 가장 승률이 높은 수를 고르고 있다.
· **2수 이상 진행하면 보다 정확한 평가를 할 수 있을 것으로 예측된다.** ⇒ 탐색

그림 4.4 정책 네트워크에서 탐색으로

4.3 기존의 게임 트리 탐색 (민맥스 트리 탐색)

 여기에서는 기존의 장기 같은 게임에서 유효했던 게임 트리의 완전 탐색의 개념과 그 포인트에 대해 간략하게 설명한다.

4.3.1 '완전 탐색'의 개념

제2장에서 조금 접해 보았는데, 장기 같은 게임 AI에서는 d수 뒤까지 수를 전개해 d수 뒤의 국면을 평가하여 가장 좋은 방법을 선택하는 '완전 탐색'의 개념이 주류를 이루고 있다.

이유로는 장기 등의 게임에서는 합법 수의 수가 적은 것을 들 수 있다. 또한, 장기에서는 말의 가치를 점수화하여 그 합계로 평가하는 것만으로도 나름 괜찮은 국면 평가 함수를 만들 수 있기 때문이다. 따라서 이 평가 함수와 깊은 탐색을 조합함으로써 강한 AI를 만들 수 있다.

여기에서는 기존 장기 등의 게임에서 강한 AI를 만드는 데 효과적인 게임 트리와 완전 탐색에 대해 간단히 다루어 보고자 한다.

 메모 | **게임 트리(game tree)**
알고리즘과 검색 분야에서 트리는 노드와 아크(arc, 가지)로 구성된 네트워크 중 특히 루트(root)라는 노드를 가지는 것을 가리킨다. 게임 트리란, 국면을 노드로, '플레이어의 수'를 링크에 대응시켜서 첫 번째 국면을 루트 노드로 하는 트리를 말한다.

두 명의 플레이어가 번갈아 수를 선택하는 바둑이나 장기의 같은 게임은 그림 4.5 와 같이 여러 노드(P.156의 메모 참고)를 아크(P.157의 메모 참고)로 이은 게임 트리(game tree)로 표현할 수 있다.

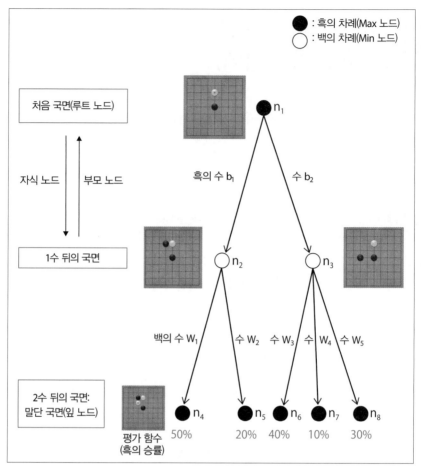

: 흑의 차례(Max 노드)
: 백의 차례(Min 노드)

처음 국면(루트 노드)

n_1

자식 노드   부모 노드

흑의 수 b_1 수 b_2

1수 뒤의 국면

n_2 n_3

백의 수 W_1 수 W_2 수 W_3 수 W_4 수 W_5

2수 뒤의 국면:
말단 국면(잎 노드)

n_4 n_5 n_6 n_7 n_8
50%   20%   40%   10%   30%

평가 함수
(흑의 승률)

그림 4.5 민맥스 트리의 예. 국면이 노드에 대응하고, '플레이어의 수'가 아크에 대응한다. 그리고 첫 번째 국면이 루트 노드가 된다. 바둑 같은 2인 게임의 경우 Max 노드와 Min 노드가 교대로 나타난다

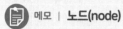 메모 | **노드(node)**

트리를 구성하는 접점을 말한다. 게임 트리의 경우, 노드는 '국면'에 해당한다.

 메모 | **아크(arc)**

트리를 구성하는 접점과 접점을 연결하는 가지를 말한다. 게임 트리의 경우 아크는 '플레이어의 수'에 해당한다.

노드는 국면을 나타내며, 아크는 한 수 진행하는 조작을 나타낸다. 게임 트리는 일반 나무와는 상하가 반대로 맨 위가 루트 노드라고 불리며, 가장 밑의 노드는 잎 노드[4]라고 불린다.

 메모 | **루트 노드(root node)**

예를 들어, 그림 4.5 에서는 n_1이 루트 노드다.

 메모 | **잎 노드(leaf node)**

예를 들어, 그림 4.5 에서는 n_4에서 n_8까지의 노드가 잎 노드다.

또한, 게임 트리에 있어서는 노드 관계를 가족 명으로 부르는 경우가 많다. 즉 하나 아래의 노드를 자식 노드, 하나 위의 노드를 부모 노드, 그리고 부모 노드에서 봤을 때 자신 이외의 자식 노드를 형제 노드라고 부르는 식이다.

 메모 | **자식 노드**

예를 들어, 그림 4.5 에서 n_2와 n_3가 n_1의 자식 노드다.

 메모 | **부모 노드**

예를 들어, 그림 4.5 에서 n_1이 n_2와 n_3의 부모 노드다.

 메모 | **형제 노드**

예를 들어, 그림 4.5 에서는 n_2에서 본 n_3와, n_6에서 본 n_7 및 n_8이 형제 노드다.

---

4 역주 다른 표현으로는 단말 노드(terminal node)라고도 부른다.

루트 노드는 첫 번째 국면이다. 1수 뒤의 국면은 여럿 있으므로 자식 노드도 여러 개 있으며, 각 노드는 루트 노드로부터 아크가 연결되어 있다.

다음으로, 2수 뒤의 국면, 3수 뒤의 국면의 차례로 가지가 갈라져 가면 잎 노드의 수는 일반적으로 기하급수적으로 커진다. 복잡한 게임에서는 승패가 결정하는 종국까지 모든 노드를 확장하는 것은 어려우므로 일정 깊이가 되면 중단되는 경우가 많다. 이 경우 잎 노드는 이 국면의 평갓값(흑의 승률)이 부여된다.

참고로, 잎 노드의 평가값을 흑의 승률만으로 표시할 것인지는 잘 생각해야 한다. 사실 바둑의 경우는 괜찮은데, 이것은 바둑이 제로섬 게임이기 때문이다. 예를 들어, 흑쪽에서 봐서 승률 60%라면, 백쪽에서 봤을 때는 승률 40%가 되기에 반드시 승률의 합계는 100%가 된다.

 메모 | **제로섬 게임**

바둑이나 장기가 '2인 제로섬 유한 확정 완전 정보 게임'인 것은 4.1절에서 언급했다. 따라서 이것들은 제로섬 게임이기도 하다.

제로섬 게임은 협력의 요소가 없어 한쪽의 '승리'는 한쪽의 '패배'가 되는 게임이다.

한편, 만약 흑쪽에서 본 승률은 60%이지만, 백쪽에서 본 승률이 50%와 같이 합계가 100%가 되지 않을 수도 있다면 아군의 평가 함수와 상대의 평가 함수를 별도로 생각할 필요가 있으므로 탐색의 개념은 매우 복잡해진다.

여담이지만, 사람 간 대전의 경우와 바둑 AI 간 대전의 경우 모두 흑의 차례와 백의 차례가 다른 플레이어인 경우에는 종종 자기 쪽이 좋다고 이기적으로 생각하는 편이 많은 것 같다. 그러나 현실은 어느 한 쪽이 실수를 하고, 실수를 깨달았을 때에는 너무 늦은 상황인 경우가 많다.

원래의 이야기로 되돌아오겠다. 평가 함수가 흑의 승률로 표시될 경우 흑의 차례(선수)는 승률을 극대화하면 되고, 백의 차례(후수)는 승률을 최소화하면 될 것이다. 따라서 흑의 차례(선수)의 노드는 Max 노드, 백의 차례(후수)의 노드는 Min 노드라고 부른다. 또한, 이 트리를 민맥스 트리라고 한다. 민맥스 트리의 경우 루트 노드(처음 국면)에서 잎 노드(말단 국면)까지 순서대로 따라가다 보면, Max 노드와 Min 노드가 번갈아 가며 나타난다.

 메모 | **Max 노드**

예를 들어, 그림 4.5 에서는 흑 차례의 국면에 해당하는 n_1과 $n_4 \sim n_8$이 Max 노드가 된다.

 메모 | **Min 노드**

예를 들어, 그림 4.5 에서는 백 차례의 국면에 해당하는 n_2, n_3가 Min 노드가 된다.

 메모 | **민맥스 트리(min-max tree)**

예를 들어, 그림 4.5 의 게임 트리는 각 노드가 Max 노드 또는 Min 노드 중 하나가 되는 민맥스 트리다. 루트 노드에서 잎 노드까지 따라가 보면 Max 노드와 Min 노드가 번갈아 나타나고 있는 것을 확인할 수 있다.

바둑, 장기 등의 게임에서는 흔히 "3수를 읽는 것이 중요하다"라고 말한다. 그리고 이것은 민맥스 트리의 특징을 생각하면 잘 알 수 있다. 자기 것만을 생각하면 Max 노드밖에 생각하지 않겠지만, 상대가 있는 바둑이나 장기에서는 상대도 최선을 다하므로 그것으로는 불충분하다. 자신이 두고, 상대가 두고, 다시 자신이 두는 과정에서 자신의 Max 노드와 상대 Min 노드의 처리를 이해하는 것이 인간에게도, 그리고 컴퓨터에게도 중요하다.

흑의 최선의 수를 결정하려면

그럼 이 민맥스 트리가 주어진 경우에 흑 최선의 수를 결정하려면 어떻게 하면 좋을까? 그 방법을 그림 4.6 을 사용하여 설명하고자 한다.

모든 잎 노드에 흑의 승률이 부여되어 있으면 흑의 차례(선수)에서 자식 노드의 승률의 최댓값, 백의 차례(후수)에서 자식 노드의 승률의 최솟값을 취하는 것을 반복함으로써 최종적으로 루트 노드의 승률을 결정할 수 있다. 따라서 최선의 수를 얻는 처리는 다음의 과정을 실행하면 된다.

- **Step 1: 흑의 승률을 매긴다**

  d수 뒤까지 전개해 잎 노드(말단 국면)에 흑의 승률을 부여한다((a)).

- **Step 2: 노드의 평가를 결정한다**

  흑의 차례에서는 자식 노드의 최댓값을 취하고(**그림 4.6** (b), (d)), 백의 차례에서는 자식 노드의 최솟값을 취하면서(**그림 4.6** (c)) 트리를 올라가 잎 노드에서 루트 노드를 향하는 순서로 노드의 평가를 결정한다.

- **Step 3: 자식 노드를 선택한다**

  최종적으로, 루트 노드에서 가장 높은 평가를 받은 자식 노드를 선택한다(**그림 4.6** (e)).

이 기법이라면 Step 1에서 승률을 부여하므로 모든 잎 노드(N개라고 하자)를 조사해야 한다. 실제로는 좀 더 효율적인 방법으로 알파 베타법이라고 불리는 기법이 있으며, 이 경우 조사할 노드 수를 $\sqrt{N}$개 정도로 줄인 것으로 알려져 있다.

> 📋 메모 | **알파 베타법**
>
> 알파 베타법은 민맥스 트리 탐색에서 능숙한 가지치기를 이용해 민맥스 트리의 올바른 평갓값을 효율적인(즉, 소수의 노드를 검색하는) 탐색을 통해 얻는 방법이다. 검색 알고리즘 중에서 알파값을 평갓값의 하한으로, 베타값을 상한으로 간주하여 탐색을 진행하므로 이런 이름이 지어졌다.

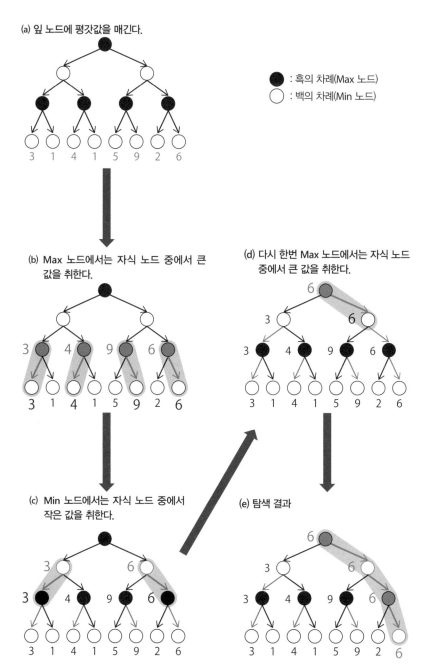

(a) 잎 노드에 평갓값을 매긴다.

● : 흑의 차례(Max 노드)
○ : 백의 차례(Min 노드)

(b) Max 노드에서는 자식 노드 중에서 큰 값을 취한다.

(d) 다시 한번 Max 노드에서는 자식 노드 중에서 큰 값을 취한다.

(c) Min 노드에서는 자식 노드 중에서 작은 값을 취한다.

(e) 탐색 결과

그림 4.6 민맥스 트리 탐색의 예. (a) 잎 노드에 평갓값을 매긴다. (b)(d) 자식 노드의 MAX를 취한다. (c) 자식 노드의 MIN을 취한다. (e) 최종적으로, 루트 노드의 왼쪽 자식 노드의 평갓값은 3, 오른 쪽 자식 노드의 평갓값은 6이 되어서 최선의 수는 오른쪽 수가 된다

🔆 4.3.2 탐색 포인트 - 가지치기와 평가 함수

여기에서는 민맥스 트리의 탐색의 포인트를 언급한다.

탐색에서 중요한 것은 단적으로 말하면 다음의 두 가지로 요약된다.

- 어떻게 중요한 수를 깊게 읽어 낼까?
- 잎 노드(말단 국면)을 어떻게 정확하게 평가할까?

전자에 대해서는 중요한 변화를 깊게 읽어 내기 위해 '가지치기' 및 '깊이 연장'이라는 기법이 알려져 있다.

 메모 | **가지치기**

게임 트리 탐색에서 가망 없는 수의 탐색을 중단하고, 평소보다 얕은 탐색을 하여 읽는 과정을 생략하는 것이다. 인간의 감각으로 말하자면 '다른 좋은 수가 있으니 가망이 없는 수를 더 이상 찾지 말자'는 의미에 해당한다.

 메모 | **깊이 연장**

게임 트리 탐색에서 유망한 수나 평가가 잘못될 위험이 높은 수를 평소보다 깊이 탐색하는 것을 말한다. 인간의 감각으로 말하면 '좋을 것 같은 수니까 좀 더 깊이 알아보자'라는 의미에 해당한다.

후자에 대해서는 게임의 특성에 따라 정확하게 승률을 계산할 수 있는 '평가 함수'를 개발하는 것이 핵심이다.

게임 트리의 탐색에서는 보다 깊은 탐구가 중요함과 동시에 평가 함수의 정확도도 마찬가지로 중요하다.

평가 함수가 도움이 되는 경우와 그렇지 않은 경우

예를 들어, 양극단을 생각해 보자. 먼저, 완벽한 평가 함수가 있으면 깊은 탐색이 필요하지 않다. 예를 들어, 이 장의 시작에서 설명한 게임 값을 알고 있으면 다음과 같은 평가 함수를 만들 수 있다.

- 승: 100%
- 무승부: 50%
- 패: 0%

이 경우 1수 뒤까지 읽고, 승률이 100%가 되는 수를 고르면 될 것이다. 1수 뒤까지 읽으면 충분하며, 깊이 2 이상의 검색은 전혀 필요하지 않다(**그림 4.7** (a)).

반대로, 평가 함수가 전혀 도움이 안 된다고(예를 들면, 난수에 의한 것) 하면 검색 결과는 난수만으로 좌우되어 아무리 깊게 탐색해도 전혀 쓸모없는 결과를 얻을 뿐이다(**그림 4.7** (b)).

다만 일반적으로, 정확한 평가 함수를 실현하는 처리에는 시간이 걸리므로 깊게 탐색하는 것이 어려워진다.

반대로, 처리가 빠른 평가 함수를 사용하면 깊게 탐색할 수 있는 정확도가 떨어진다.

평가 함수를 강화할지 아니면 검색을 강화할지, 게임 AI 개발자에게는 이것이 항상 괴로운 문제다.

- 장기, 체스 등의 '완전' 탐색에서는,

> (1) 탐색의 깊이(얼마나 중요한 변화를 깊게 탐색할까?)
> (2) 평가 함수의 질(얼마나 정확하게 우열을 평가할까?)
> 이 둘 다 중요

(a) 완벽한 평가 함수의 경우 → 깊이 1의 탐색으로 충분

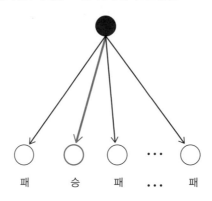

(b) 평가 함수가 랜덤인 경우 → 아무리 깊게 탐색해도 무의미

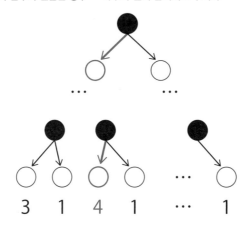

- 한편, 바둑은 합법 수가 많고 정확한 평가가 어려우므로 '완전' 탐색이 어렵다.

그림 4.7 게임 트리 탐색의 포인트는 탐색의 깊이와 평가 함수의 질이다. 완벽한 평가 함수를 만드는 것은 일반적으로 불가능하므로 깊이 제어와 평가 함수의 질을 함께 높여야 한다

4.4 바둑에서의 몬테카를로 트리 탐색

 여기에서는 2006년에 바둑 AI의 세계에 갑자기 나타나 커다란 돌파구가 된 몬테카를로 트리 탐색에 대해 설명한다.

4.4.1 몬테카를로 방법

바둑은 합법 수의 수가 매우 많으므로 깊게 탐색하는 것이 어렵고, 또한 정확한 평가 함수를 만드는 것이 어렵다는 문제도 있다. 따라서 '완전 탐색'의 개념을 그대로 적용하는 것은 어렵다고 생각된다. 반면 몬테카를로 방법이라고 불리는 랜덤 시뮬레이션을 기반으로 하는 방법이 유효하다는 것을 알게 되었다. 여기에서는 몬테카를로 방법의 응용 예로서 원주율 π의 계산을 생각해 보사.

그림 4.8 과 같이 한 변의 길이가 2인 정사각형에 반지름 1의 원이 내접하고 있는 상황을 생각해 보자. 이 원의 면적은 π다. 몬테카를로 방법에서는 이 정사각형 안에 무작위로 좌표점을 여러 차례 발생시키고, 그중 몇 번이나 원 안에 들어 왔는지를 계산한다. 여기에서 N번 중 M회 원 안에 들어왔다고 하면, 원 안에 들어갈 확률은 면적에 비례할 것이므로, N이 커지면 M/N은 $\pi/4$에 근접한다고 생각할 수 있다. 예를 들면, ($N=$) 10,000회 중, ($M=$) 7,848회가 원 안으로 들어왔다면 π은 약 3.14로 추정할 수 있는 것이다.

π의 계산인 경우 성공(원 안에 들어감)인지 아니면 실패(원 안에 들어가지 않음)인지의 판정이 간단하다. 그에 반하여 일반적인 몬테카를로 방법은 실행해 보지 않으면 결과가 어떻게 될지 잘 모르는 시뮬레이터의 행동을 알기 위한 목적으로 사용된다. 파라미터를 변경해 보고, 반복 시뮬레이션을 실행하는 식이다. 결과적으로, 시뮬레이터를 실행하기 위한 최적의 파라미터를 구하는 목적으로 많이 사용된다.

정사각형 안에 임의의 좌표를 N점 생성하고, 생성한 점이 원 안에 들어가는 횟수 M을 계산한다. → $\pi \sim 4M/N$으로 근사

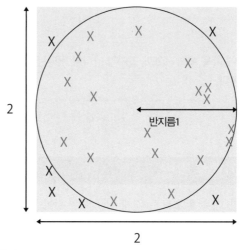

예를 들어,
($N =$) 10,000번 중 ($M=$) 7,848회, 원 안으로 들어왔다면
$\pi \sim 4M/N = 4 \cdot 7848 / 10,000 = 3.139 \fallingdotseq 3.14$

그림 4.8 몬테카를로 방법에 의한 π 근사 계산의 예

⠿ 4.4.2 바둑에서의 몬테카를로 방법: 원시 몬테카를로

바둑의 경우도 **그림 4.8**의 정사각형이 19×19 메시(mesh)로 나뉘어 있다고 생각하고 무작위로 수를 발생시키면, π의 계산의 경우와 같은 일을 할 수 있다. 그러나 이번에는 원 안에 들어 있는지의 여부에 따라 성공 판정을 하는 것이 아니라 그 수를 둔 후에 승리(성공)인지 패배(실패)인지 여부를 결정해야 한다.

바둑의 경우는 플레이 아웃이라는 임의의 수 선택에 따른 시뮬레이션 기법에 의해 승패를 판정하는 것이 이루어진다. 임의의 선택은 약간 무차별적이긴 하지만, 시도 횟수를 늘리면 어느 정도 괜찮은 평가에 접근할 수 있다. 이 플레이 아웃을 이용하는 몬테카를로 방법이 몬테카를로 트리 탐색이다.

몬테카를로 트리 탐색의 본론에 들어가기 전에 먼저, 가장 단순한 원시 몬테카를로를 고려해 보자. 원시 몬테카를로란 **그림 4.9**와 같이 원래의 국면에서 1수 진행한 국면부터 결론이 날 때까지 임의로 플레이 아웃해서 가장 승률이 높은 수를 선택하는 방법이다.

예를 들어, **그림 4.9**에서 수 b_1, b_2, b_3 중에서 1수를 선택할 경우, b_1은 2승 1패로 승률이 67%, b_2는 3승 2패로 승률이 60%, b_3는 2승 3패로 승률이 40%이므로 가장 승률이 높은 b_1을 선택하는 식이다.

원시 몬테카를로는 3.3절에 설명한 멀티 암드 밴딧 문제의 설정을 그대로 바둑에 적용한 것이라고 생각할 수 있다. 따라서 멀티 암드 밴딧 문제와 마찬가지로 항상 승률만으로 수를 선택해 버리면 확률의 흔들림 때문에 잘못해서 진정 승률이 낮은 수를 뽑아 버리는 경우가 있다. 이에 대해 수의 선택 기준을 승률 최대의 것부터 UCB1 최대의 것으로 바꾸면 문제가 해결된다.

 메모 | **플레이 아웃**

특정 국면에서 흑의 순서와 백의 순서가 짧은 시행 시간으로 교대로 수를 선택하고, 종국까지 진행하는 기법이다. 바둑의 경우는 만일 수의 선택이 무작위라 하더라도 자신의 집은 메울 수 없다는 간단한 규칙을 추가하는 것만으로도 400 ~ 500 정도의 수(手)의 수로 더 이상 양쪽 다 수를 둘 수 없는 최종 국면에 도달할 수 있는 것으로 알려져 있다. 이 플레이 아웃을 쉽게 수행할 수 있다는 것이 이후에 설명할 원시 몬테카를로나 몬테카를로 트리 탐색을 실시할 조건이 된다.

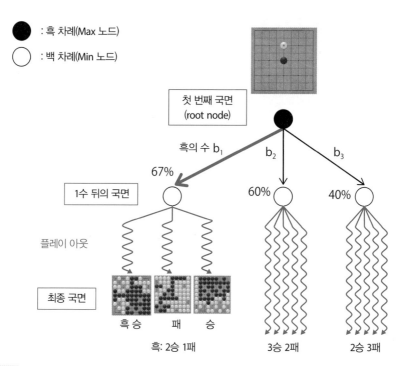

: 흑 차례(Max 노드)

: 백 차례(Min 노드)

첫 번째 국면
(root node)

흑의 수 b_1

67%

b_2

b_3

1수 뒤의 국면

60%

40%

플레이 아웃

최종 국면

흑 승   패   승

흑: 2승 1패

3승 2패

2승 3패

그림 4.9 원시 몬테카를로란 랜덤 대전(플레이 아웃)의 결과를 바탕으로 루트 노드의 1수 뒤의 국면의
승률을 결정하는 기법

그러나 원시 몬테카를로에는 민맥스 트리의 안을 플레이 아웃하는 바둑 특유의 별개
의 문제도 있다. **그림 4.10** 처럼 플레이 아웃의 탐색 경로 안에서 상대에게 좋은 수가 하
나만 있는 경우를 생각해 보자. 이 경우 언뜻 보면 승률이 높은 흑 b_1이 좋을 듯하다.

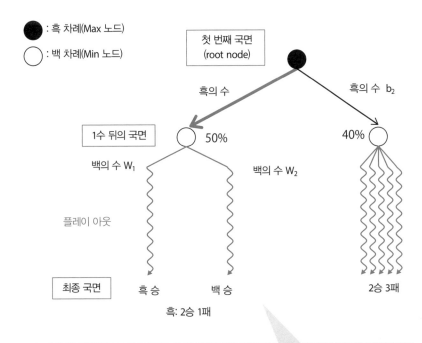

- : 흑 차례(Max 노드)
- : 백 차례(Min 노드)

첫 번째 국면
(root node)

흑의 수

흑의 수 b_2

1수 뒤의 국면

50%

40%

백의 수 W_1

백의 수 W_2

플레이 아웃

최종 국면

흑 승

백 승

2승 3패

흑: 2승 1패

- 백이 수 w_2를 선택했을 때 반드시 백의 승리라면 수 b_1의 진정한 승률은 0%
- 그러나 임의의 플레이 아웃에서는 수 w_2는 2회에 1회밖에 선택되지 않으므로 보여지는 승률은 50%로, 수 b_1이 좋은 수로 보인다.

그림 4.10 원시 몬테카를로의 과제: 상대에게 좋은 수가 하나만 있는 경우를 간과하기 때문에 잘못된 선택을 하고 만다

그러나 그 다음의 백의 차례에서 백이 백의 수 w_2를 선택하면 백의 필승이 된다고 해보자.

이 경우 실제로는 흑의 수 b_1의 승률은 0%이며, b_1은 나쁜 수다. 그러나 백이 다른 백의 수 w_1을 선택할 경우에 흑이 승리한다고 하면 w_1이나 w_2는 무작위로 선택되므로 보여지는 흑의 수 b_1의 승률은 50%로 높아진다. 따라서 흑은 b_2보다도 승률이 높은 b_1을 선택해 버린다. 이 판단 실수의 원인은 민맥스 트리의 탐색에서는 사실은 상대의 가장 좋은 수를 선택할 필요가 있음에도 불구하고, 원시 몬테카를로의 플레이 아웃에서 무작위로 수가 선택되어 버리기 때문이다.

◦◦ 4.4.3 몬테카를로 트리 탐색

이 문제를 해결할 수 있는 방법으로 '유망한 수'를 더 깊게 조사함으로써 탐색의 정확도를 높이는 '몬테카를로 트리 탐색'이라는 기술이 있다.

여기서 몬테카를로 트리 탐색의 흐름을 살펴보자(그림 4.11). 몬테카를로 트리 탐색은 루트 노드에서 종국까지의 시뮬레이션을 반복하지만, 이 시뮬레이션은 선택(selection), 확장(expansion), 평가(evaluation), 갱신(backup)의 네 가지 조작으로 구성된다(그림 4.12).

- **Step 1: 자식 노드 선택 처리**

  먼저, Step 1의 자식 노드 선택 처리에서는 잎 노드에 이르기까지 UCB1이 가장 큰 자식 노드를 선택하여 수를 진행해 트리를 내려간다.

- **Step 2: 전개 처리**

  다음 Step 2인 전개 처리에서는 시도 횟수가 n_{thr} 이상이 된 경우 새로운 노드를 작성한다.

- **Step 3: 평가 처리**

  Step 2까지의 처리에 의해 잎 노드에 도달한 후에는 플레이 아웃을 실행한다.

- **Step 4: 갱신 처리**

  플레이 아웃이 끝난 후에는 루트 노드에 이르는 모든 노드에 대해 플레이 아웃의 승패를 게임 트리에 반영한다.

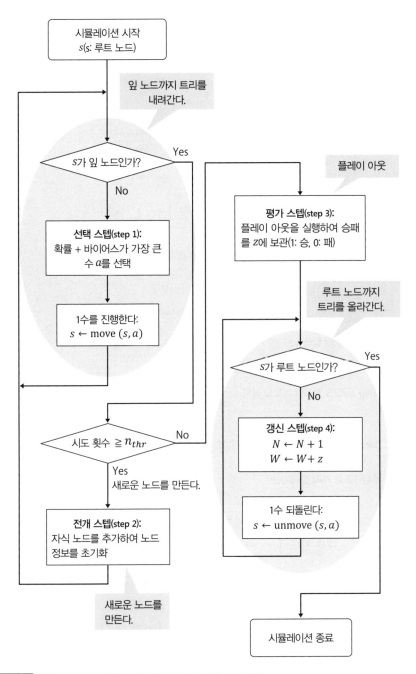

시뮬레이션 시작
s(s: 루트 노드)

잎 노드까지 트리를
내려간다.

s가 잎 노드인가?

Yes

No

플레이 아웃

선택 스텝(step 1):
확률 + 바이어스가 가장 큰
수 a를 선택

1수를 진행한다:
$s \leftarrow \text{move}\,(s, a)$

평가 스텝(step 3):
플레이 아웃을 실행하여 승패
를 z에 보관(1: 승, 0: 패)

루트 노드까지
트리를 올라간다.

시도 횟수 $\geq n_{thr}$

No

Yes
새로운 노드를 만든다.

전개 스텝(step 2):
자식 노드를 추가하여 노드
정보를 초기화

새로운 노드를
만든다.

s가 루트 노드인가?

Yes

No

갱신 스텝(step 4):
$N \leftarrow N + 1$
$W \leftarrow W + z$

1수 되돌린다:
$s \leftarrow \text{unmove}\,(s, a)$

시뮬레이션 종료

그림 4.11 몬테카를로 트리 탐색에 의한 시뮬레이션의 플로 차트

- **몬테카를로 트리 탐색이란**
  - UCB 정책에 따라 트리를 깊게 전개하는 방법

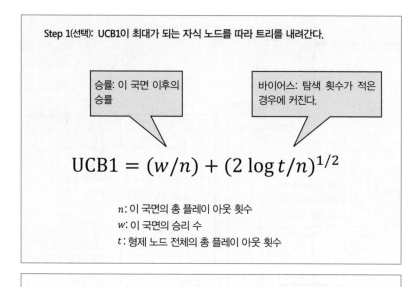

그림 4.12 몬테카를로 트리 탐색이란?

이상의 Step 1~Step 4의 시뮬레이션을 제한 시간까지 반복하여 최종적으로 가장 시도 횟수가 많은 노드를 선택하는 것이 몬테카를로 트리 탐색의 흐름이다.

원시 몬테카를로와 비교하면 Step 1에서 유망한 수를 선택함으로써 유망한 수를 중심으로 플레이 아웃을 실행하고, 많이 플레이 아웃한 노드에 대해서는 Step 2에서 자식 노드로 전개함으로써 결과적으로 유망한 수를 깊게 탐색할 수 있다.

Step 1: 자식 노드 선택 처리

다음으로, 각 처리를 세밀하게 살펴보자. 자식 노드의 선택 처리에서는 UCB1을 최대화하는 수를 선택한다.

여기에서 승률은 이 국면 다음의 플레이 아웃에 의한 승률을 나타내고, 흑의 차례에서 국면의 경우는 흑의 승률, 백의 차례에서 국면의 경우는 백의 승률로 한다.

한편, 바이어스는 승률의 신뢰 구간의 폭을 나타내며, 시도 횟수(이 노드를 포함한 형제 노드 전체의 총 플레이 아웃 횟수)가 적은 경우 커진다. UCB1을 이용함으로써 '기본적으로는 승률이 높은 수를 선택하지만, 시도 횟수가 적은 동안에는 다른 수도 시도해 본다'라는 것이 결과적으로 실현된다. 그 결과, 3.3절의 멀티 암드 밴딧 문제의 경우와 마찬가지로 확률적인 편차에 좌우되지 않는 안정적인 탐색이 가능해진다. 이것은 강화 학습에 있어 게임 트리판의 이용과 활용의 트레이드 오프라고 할 수 있다.

예를 들어, **그림 4.13** 의 예를 보면, 루트 노드 n_1에서 Step 1에 있을 경우는 승률이 높은 b_2가 아닌 UCB1 값이 큰 b_1을 선택한다. b_1의 UCB1 값이 커지는 것은 시도 횟수가 적어서 바이어스가 증가하기 때문이다.

또한, 한 번도 탐색되지 않은 시도 횟수가 0인 노드는 바이어스가 무한대가 되어 최우선으로 선택된다. 결과적으로, 모든 자식 노드(모든 합법 수)를 먼저 한 번씩 탐색한 후에 UCB1이 큰 노드를 차례로 탐색하는 듯한 행동을 하게 된다.

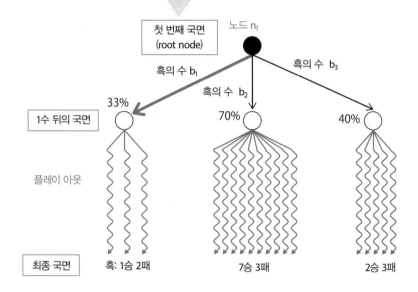

흑의 수	승률	바이어스	UCB1
b_1	0.33	1.76	2.10
b_2	0.70	1.01	1.71
b_3	0.40	1.49	1.89

그림 4.13 몬테카를로 트리 탐색(Step 1: 자식 노드의 선택 처리). UCB1이 최대의 노드를 선택하면서 루트 노드에서 잎 노드까지 추적한다

Step 2: 새로운 노드의 전개 처리

다음으로, Step 2의 새로운 노드의 전개 처리는 시도 횟수가 임계값 n_{thr}회(예를 들어, $n_{thr} = 10$)를 넘어선 노드의 자식 노드를 전개하는 처리다. Step 1의 선택 방법과 결부

시키면 결과적으로 UCB1이 큰 유망한 자식 노드가 보다 더 깊게 전개될 것이다. 또한, 여기에서는 한 번도 탐색되지 않은 자식 노드를 포함하여 모든 자식 노드(모든 합법 수)를 전개한다.

이 결과, 게임 트리는 중요한 것 같은 수를 중심으로 점점 노드를 깊게 전개하고 성장해 나가는 동작을 한다. 이 노드가 전개된 범위 내에서는 최선의 수가 1개밖에 없는 경우에도 최선의 수를 중심으로 노드가 전개되므로 원시 몬테카를로의 경우와 비교하면 정확한 평가를 반환할 수 있다. 따라서 상대의 좋은 수를 선택할 수 없다는 원시 몬테카를로 문제를 완화할 수 있다.

예를 들어, **그림 4.14** 의 예라면 루트 노드에서 Step 2를 실행하는 경우 노드 n_2의 시도 횟수가 총 10에 도달했으므로 자식 노드로 전개한다. 참고로, 이 예에서 다시 1수를 전개하면 백의 수 w_1의 경우에 흑의 승률이 4승 1패인 80%이고, 백의 수 w_2의 경우에 흑의 승률이 1승 4패인 20%로 승률에 큰 차이가 있다고 치자. 이것은 **그림 4.10** 에서 설명한 보기에는 흑의 승률이 높지만, 실은 백이 정확하게 두면 백이 승리하기 쉽다는 예다.

이 경우에 1수 깊게 전개됨으로써 1수 후의 백의 차례에서는 (백의 차례의) 승률이 높은 백의 수 w_2가 중점적으로 선택된다. 그 결과 w_2 후에 흑의 차례에서 본 승패는 1승 4패에서 1승 5패, 1승 6패로 서서히 악화되어 간다. 무작위 탐색의 결과에서는 50%였던 흑의 차례인 노드 n_2의 승률이 서서히 낮아져 가고, 민맥스 트리의 평가에 가까운 적정한 승률에 수렴해 가는 것을 기대할 수 있다.

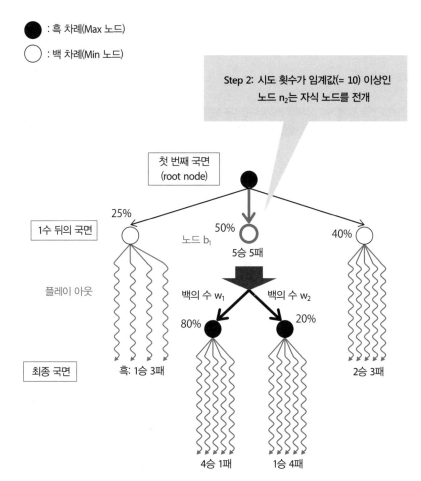

● : 흑 차례(Max 노드)

○ : 백 차례(Min 노드)

Step 2: 시도 횟수가 임계값(= 10) 이상인
노드 n_2는 자식 노드를 전개

첫 번째 국면
(root node)

1수 뒤의 국면

25%

노드 b_1

50%

5승 5패

40%

플레이 아웃

백의 수 w_1

백의 수 w_2

80%

20%

최종 국면

흑: 1승 3패

2승 3패

4승 1패

1승 4패

그림 4.14 몬테카를로 트리 탐색(Step 2: 새로운 노드의 전개 처리). 잎 노드의 시도 횟수가 임계값 이상인 경우는 자식 노드로 전개하여 한층 더 트리를 내려간다

Step 3: 자식 노드의 평가 처리

다음으로, Step 3의 자식 노드의 평가 처리에서는 전개된 마지막 노드에서 플레이 아웃을 실시한다(**그림 4.15**). 각 국면에서는 좋은 수를 우선적으로 생성하는 확률 모델(예를 들면, 롤 아웃 정책)에 따라 수를 생성한다.

확률 모델을 이용함으로써 그럴듯한 수순을 실현할 수 있음은 물론 매번 다른 절차의 플레이 아웃을 실행할 수 있는 효과도 있다.

바둑의 경우 비록 무작위에 가까운 수를 서로 계속해서 두더라도 자신의 집은 채우지 않는다는 식의 규칙을 마련해 두면 대부분의 경우는 400~500수 이내에 종국에 이른다. 종국까지 수를 전개할 경우 중국 규칙에 따라 승패를 판정한다.

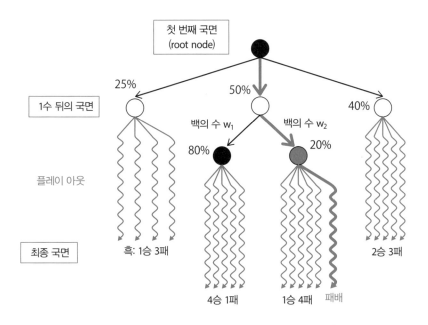

Step 3: 플레이 아웃을 실행하고 승부의 결과를 얻는다.

그림 4.15 몬테카를로 트리 탐색(Step 3: 자식 노드의 평가 처리). 잎 노드에서 플레이 아웃을 실행하여 승부의 결과를 얻는다

Step 4: 탐색 결과의 갱신 처리

마지막으로, Step 4인 탐색 정보의 갱신 처리에서는 플레이 아웃의 결과를 게임 트리에 기록한다. 말단의 잎 노드뿐만 아니라 노드를 하나씩 추적해 루트 노드에 이르기까지의 각 노드에 대해서도 승수와 시도 횟수를 갱신한다(그림 4.16).

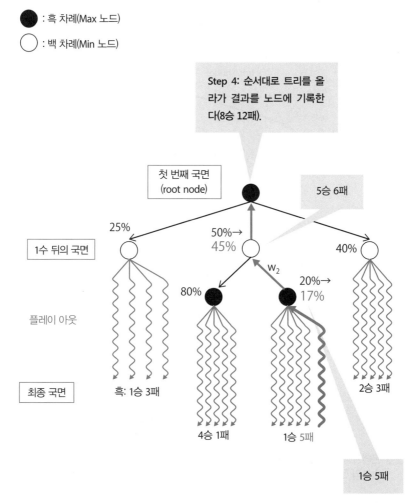

● : 흑 차례(Max 노드)

◯ : 백 차례(Min 노드)

Step 4: 순서대로 트리를 올라가 결과를 노드에 기록한다(8승 12패).

첫 번째 국면
(root node)

5승 6패

25%

1수 뒤의 국면

50%→
45%

40%

w_2

80%

20%→
17%

플레이 아웃

최종 국면

흑: 1승 3패

4승 1패

1승 5패

2승 3패

1승 5패

그림 4.16 몬테카를로 트리 탐색(Step 4: 탐색 결과의 갱신 처리). 잎 노드의 플레이 아웃 결과(이번에는 '패배')를 트리를 오르면서 각 노드에 기록한다

✦ 4.4.4 몬테카를로 트리 탐색의 결과와 최종적인 수 탐색

몬테카를로 트리 탐색에서는 이상의 Step 1~4로 구성된 시뮬레이션을 충분한 횟수만큼 반복한다. 제한 시간을 미리 정해 두고, 시간이 되면 중단한다는 방침을 취하는 경우가 많다.

시뮬레이션이 모두 완료되면 **그림 4.17** 과 같은 트리를 얻을 수 있다. 마지막으로 얻어진 트리는 예를 들어, 수 b_2 아래의 중요한 수순은 깊숙이 전개되고 있다. 한편, 승률이 낮은 수 b_1은 1수밖에 전개되지 않는다. 이것은 처음에 설명한 원시 몬테카를로와 비교하면 커다란 차이다.

원시 몬테카를로에서는 1수 뒤까지 트리를 전개하고, 그 후는 플레이 아웃의 승패에 따라 승률을 구하는 방법이었다. 따라서 **그림 4.17** 의 예에서는 노드 n_1, n_2, n_3 아래를 무작위로 탐색하고, 그 승률에 의해 b_1, b_2, b_3 중 하나를 선택한다.

한편, 몬테카를로 트리 탐색에서는 예를 들면, n_2 아래는 노드 n_4, n_5, n_6까지 전개되고 있으며, 이러한 플레이 아웃 승패의 합계로 수 b_2를 평가한다. n_4, n_5, n_6 등의 잎 노드는 몬테카를로 트리 탐색의 전개 처리 결과로 얻어진 중요한 노드로 간주된다. 또한, 흑 차례의 국면과 백 차례의 국면을 모두 포함하고 있으므로 이들을 합계하면 n_2의 승패를 보다 정확하게 이끌어 내고 있다고 말할 수 있다.

몬테카를로 트리 탐색에서는 이 탐색 결과를 바탕으로 승률에 따라 다음의 한 수를 선택한다. 그러나 엄밀히 말하면 승률이 가장 큰 수가 아니라 시도 횟수(승수 + 패수의 합계)가 가장 많은 수을 선택하는 것이 보다 더 좋다고 여겨지고 있다. 이 점은 다소 의외의 생각일지도 모르므로 조금 보충 설명하겠다. 몬테카를로 트리 탐색에서는 대부분의 경우 승률이 높은 노드와 시도 횟수가 가장 많은 노드가 일치한다. 실제로 선택 처리에서 UCB1을 사용하는 경우 충분히 시도 횟수가 많은 때는 최선 수의 플레이 아웃의 횟수가 최대가 되는 것이 이론적으로 보장되어 있다.

메모 | **이론적으로 보장되어 있음을 나타내는 논문**

⟨**Finite-time Analysis of the Multiarmed Bandit Problem**⟩
(Peter Auer, Nicolò Cesa-Bianchi, Paul Fischer, ⟨Machine Learning⟩
(47, P.235-256), 2002)

`URL` https://link.springer.com/article/10.1023/a:1013689704352

그러나 실제 탐색에서는 일정 횟수에서 중단하므로 가끔 시도 횟수가 적은 노드의 승률이 일시적으로 높아지는 경우가 있을 수 있다. 이러한 경우에 만일 승률이 높아도 시도 횟수가 적은 노드는 신용할 수 없으므로 승률보다도 시도 횟수 쪽을 중시하고 있다고 생각하면 좋을 것이다.

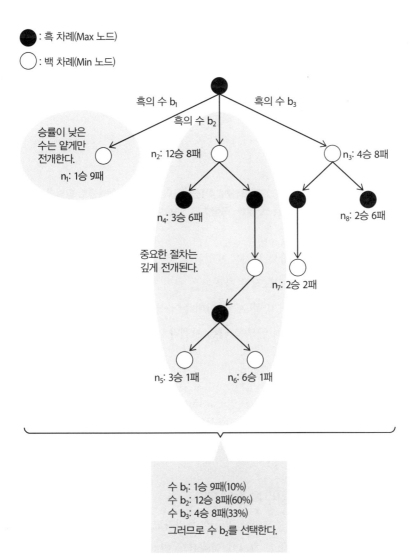

● : 흑 차례(Max 노드)

◯ : 백 차례(Min 노드)

흑의 수 b_1

흑의 수 b_2

흑의 수 b_3

승률이 낮은
수는 얕게만
전개한다.

n_1: 1승 9패

n_2: 12승 8패

n_3: 4승 8패

n_4: 3승 6패

n_8: 2승 6패

중요한 절차는
깊게 전개된다.

n_7: 2승 2패

n_5: 3승 1패

n_6: 6승 1패

수 b_1: 1승 9패(10%)
수 b_2: 12승 8패(60%)
수 b_3: 4승 8패(33%)
그러므로 수 b_2를 선택한다.

그림 4.17 몬테카를로 트리 탐색(최종적인 수의 선택 처리). 루트 노드의 자식 노드 중에서 가장 시도 횟수가 많은 수 b_2를 선택한다

🎴 4.4.5 몬테카를로 트리 탐색의 개선

중요한 수를 깊게 탐색할 수 있는 몬테카를로 트리 탐색은 원시 몬테카를로보다 압도적으로 유력한 방법이며, 동일 사고 시간으로 대전시키면 몬테카를로 트리 탐색이 98% 이긴다는 보고도 있다.

 메모 | **참고문헌**

《コンピュータ囲碁—モンテカルロ法の理論と実践(컴퓨터 바둑 - 몬테카를로 방법의 이론과 실천 -)》(美添 一樹, 山下 宏著,松原 仁 編集, 공립출판, 2012년)

2006년에 몬테카를로 트리 탐색을 처음 도입한 바둑 소프트웨어 프로그램 'CrazyStone' 은 다른 소프트웨어에 비해 압도적인 강력함을 보여 주었다. 그 후에도 몬테카를로 트리 탐색은 계속해서 개량되어 바둑 AI가 아마추어 톱 레벨에 도달하는 원동력이 되었다. 다음 항부터 그 아이디어의 일부를 다뤄 보겠다.

 메모 | **CrazyStone**

레미 쿨롱(Rémi Coulom)에 의해 개발된 강호 바둑 AI 중의 하나다. 몬테카를로 트리 탐색을 처음으로 채용한 프로그램이기도 하다. 알파고 논문에서는 알파고의 엘로 평점이 3,140점임에 반해 CrazyStone는 1,929점으로 언급되고 있다.

플레이 아웃 수를 증가시킬수록 강해진다

플레이 아웃의 수를 늘리면 승률의 정밀도가 올라가고, 또한 트리를 깊게 전개할 수 있으므로 바둑 AI가 더 강해진다. 그러기 위해서는 먼저 자신의 집은 채우지 않거나 큰 차이가 생기면 탐색을 중단하는 등의 여러 궁리를 통해 가능한 한 빨리 플레이 아웃을 종료시키는 방안이 중요하다.

또한, 탐색의 병렬화에 의해 플레이 아웃을 늘리는 것도 유효하다. 게다가 각 노드의 승패를 진짜 승패뿐만 아니라 다른 노드의 동일한 수의 승률을 더해 넣음으로써 눈에 보이는 플레이 아웃 수를 늘리는 방법도 알려져 있다. 이것은 RAVE라고 불리며, 몬테카를로 트리 탐색을 사용하는 바둑 프로그램에서 자주 사용되는 방법이다. 단, 알파고는 사용하고 있지 않다.

 메모 | **RAVE(Rapid Action Value Estimate)**

지금까지 설명한 몬테카를로 트리 탐색에서는 플레이 아웃의 결과, 승률의 정보가 갱신되는 것은 (플레이 아웃 부분을 제외) 게임 트리 안에서 나타난 수에 대해서만이었다. 이에 반해 RAVE는 플레이 아웃 중에 놓인 모든 (이긴 수의) 수에 대해 게임 트리 안에서도 좋은 수일 것이라고 간주해 승률 정보를 갱신해 버리는 방법이다.

1회 플레이 아웃이 200수라고 하면 일반적으로 몬테카를로 트리 탐색에서는 각 노드에서 1개의 수로만 승률이 갱신되지만, RAVE에서는 이긴 수 쪽의 100개의 수로 승률을 갱신할 수 있으므로 외관상 트리의 평가 속도를 높일 수 있다.

AMAF(All Moves As First)도 거의 같은 의미로 사용된다.

플레이 아웃의 질을 높일수록 강해진다

몬테카를로 트리 탐색에서 플레이 아웃의 질을 높이기 위해서는 수를 선택할 때 무작위가 아니라 있을 법한 수를 보다 높은 확률로 생성하는 것이 중요하다.

구체적으로는 수의 선택 시에 롤 아웃 정책을 사용하는 것이 효과적이다. 롤 아웃 정책의 일치율은 24%에 머물고 있지만, 완전히 무작위로 하는 경우와 비교하면 플레이 아웃의 질은 훨씬 높아진다.

중요한 수순을 보다 더 깊게 전개할수록 강해진다

몬테카를로 트리 탐색에서 UCB 방안을 그대로 사용하는 경우 모든 자식 노드를 한 번은 탐색하게 된다. 이것은 읽기 누락이 없다는 장점이 있는 반면 불필요한 탐색이 늘어나 버리는 단점도 있다.

수의 후보가 수백 개나 되는 바둑의 경우 이런 낭비는 나쁘지 않다. 이에 대해 트리가 얕은 상황에서는 우선순위를 결정하여 새롭게 생성할 자식 노드의 수를 사전에 정해 두고, 트리가 깊게 전개된 후에 조금씩 전개하는 자식 노드의 수의 폭을 넓혀 가는 방법이 알려져 있다. 이 방법을 프로그레시브 와이드닝이라고 한다.

메모 | **프로그레시브 와이드닝(progressive widening)**

바둑의 경우 최대 361수의 후보 수가 있는데, 몬테카를로 트리 탐색에서 361개의 후보 수 모두를 자식 노드로 전개해 버리면 트리를 깊게 탐구하는 속도가 느려지는 문제가 있다.

그래서 프로그레시브 와이드닝에서는 플레이 아웃 횟수가 10,000에 도달할 때까지 자식 노드로 전개하는 수를 20개 이내로 한정하는 식으로 실행한다.

반대로 말하면 알파고 이전의 몬테카를로 트리 탐색에서는 이런 식으로 한정하지 않으면 깊게 트리를 전개하는 일은 어려웠다는 것을 의미한다.

4.5 몬테카를로 트리 탐색의 성공 요인과 과제

  여기에서는 몬테카를로 트리 탐색의 성공 요인과 과제에 대해 설명한다.

4.5.1 CrazyStone과 Gnu Go

몬테카를로 트리 탐색을 처음 구현한 바둑 프로그램 'CrazyStone'은 2007년의 논문에서 당시에 강력한 프로그램이었던 'Gnu Go'에 대부분 승리할 수 있었다고 기술하고 있다. 몬테카를로 트리 탐색의 플레이 아웃 승패는 일종의 평가 함수의 근사에 있다고 생각되며, (알파고 이전에는) 바둑 평가 함수의 개발이 불가능하다고 생각되었던 상황임을 감안하면 커다란 돌파구였다고 말할 수 있다. 결과적으로, 바둑 문제를 컴퓨터가 잘하는 탐색의 문제로 적용하는 것이 가능해졌다는 점은 바둑 AI 약진의 원동력이 되었다.

  메모 | **CrazyStone의 논문**

〈Computing Elo Ratings of Move Patterns in the Game of Go〉
(Remi Coulom, International Computer Games Association Journal 30, 198–208, 2007)
URL https://www.remi-coulom.fr/Amsterdam2007/icgaj.pdf

  메모 | **Gnu Go**

Gnu Go는 프리 소프트웨어 재단에 의해 개발된 바둑 무료 프로그램이다. 몬테카를로 트리 탐색이 등장하기 전에는 강력한 프로그램 중의 하나로 알려져 있었다. 다만 아직까지 몬테카를로 트리 탐색을 사용하지 않고 있으므로 최근에는 바둑 프로그램의 벤치 마크 방법론의 하나로서 자리매김하고 있다.

이 책에서 참고하는 알파고 논문에서는 엘로 평점이 431점으로 되어 있다.

:: 4.5.2 단 1줄로 다시 태어난 CrazyStone

'CrazyStone'의 개발자, 레미 쿨롱에 따르면 몬테카를로 트리 탐색은 단 1줄의 변경으로 굉장히 강해졌다고 언급했다. 그 개선은 플레이 아웃의 결과를 '땅 크기의 차이'가 아니라 '승리 또는 패배'로 변경한 것이다. '승리 또는 패배'보다 '땅 크기의 차이' 쪽이 정보가 많으므로 언뜻 보면 더 나은 평가가 가능해 보인다. 정보를 적게 하는 편이 좀 더 잘된다는 점은 의외로 느껴진다.

결과적으로, 몬테카를로 트리 탐색을 채용한 바둑 프로그램은 '땅 크기의 차이'를 넓히는 것이 아니라 승률이 높아지도록 돌을 두게 되었다.

즉, 유리한 때는 우위를 펼치는 것이 아니라 안전한 수를(경우에 따라서는 반드시 최선이 아닌 수를) 두고, 불리한 때는 조금이라도 이길 가능성이 있는 수를(경우에 따라서는 승부수라고 불리는 무리수를) 두게 되었다. 이세돌 9단과의 대결을 보는 한, 이 성질은 몬테카를로 트리 탐색을 사용하는 알파고에도 계속 되는 듯하다.

몬테카를로 트리 탐색이 바둑에서 잘된 이유는 다음과 같다.

- 바둑에서는 장기 등과 비교해 수의 순서의 중요성이 낮아 임의의 시뮬레이션에서도 그다지 문제가 없다.
- 바둑에서는 가장 좋은 수와 두 번째 이하 수의 가치의 차가 작다.
- 바둑에서는 임의의 수를 계속하기만 해도 대부분의 경우 종국에 이른다.

한편, 과제로는 다음과 같은 문제점을 들 수 있다.

- 길고 긴 수의 읽기가 필요한 상황에서 약하다(서로 공격을 주고 받는 절차 등).
- 탐색이 깊은 곳에서 최선 수의 가치가 갑자기 훌쩍 뛰어오르는 국면이 내부 노드에서 나타날 경우에 약하다.

몬테카를로 트리 탐색은 바둑에서의 성공 이후, 의사 결정을 따르는 폭 넓은 게임에서 이용되고 있다. 바둑처럼 지극히 합법 수의 수가 많은 게임이나 평가 함수의 설계가 어려운 게임에서 큰 효과를 발휘한다.

또한, 몬테카를로 트리 탐색은 언제 사고를 중단해도 그 시점에서 최선의 결과를 얻을 수 있다는 점(이것은 AnyTime 특성이라고 불리는 좋은 성질) 때문에, 실시간성이 높은 게임에도 유효하다.

 메모 | **합법 수의 수**

게임 트리를 고려할 경우 합법 수의 수는 분기의 수가 된다. 이 분기의 수는 분기 인자라고 불리는 것도 있어 게임의 난이도 지표 중 하나가 되고 있다.

또한, 사고 부분의 개발이 그리 어렵지 않은 게임에 대해서도 개발 공수(工數)를 줄일 수 있는 가능성이 있다. 왜냐하면 몬테카를로 트리 탐색을 사용하면 시뮬레이션 실행과 승패의 판정 이외의 게임에 관한 지식이 불필요하므로 설계·구현의 수고를 크게 줄일 수 있기 때문이다. 또한, 게임 이외에도 계획 및 스케줄링, 최적화 등 의사 결정을 동반하는 여러 태스크에서 효과가 확인되고 있다.

 메모 | **몬테카를로 트리 탐색의 응용에 관한 서베이 논문**

몬테카를로 트리 탐색의 응용에 관해서는 다음의 서베이 논문에 정리되어 있다. 보드 게임 같은 게임에 대한 응용이 중심이지만, 계획, 스케줄링, 최적화에 대한 응용에 대해서도 언급하고 있다.

⟨A Survey of Monte Carlo Tree Search Methods⟩
(Cameron Browne, Member, IEEE, Edward Powley, Member, IEEE, Daniel Whitehouse Member, IEEE, Simon Lucas, Senior Member, IEEE, Peter I. Cowling, Member, IEEE Philipp Rohlfshagen, Stephen Tavener, Diego Perez, Spyridon Samothrakis and Simon Colton, IEEE Transactions of Computational Intelligence and AI in Games vol. 4, P.1–43, 2012)

URL http://mcts.ai/pubs/mcts-survey-master.pdf

4.6 정리

 이 절에서는 이 장의 내용을 정리한다.

4.6.1 탐색

이 장에서는 후보 수를 차례대로 전개한 게임 트리를 만들고, 그중에서 최선의 수를 선택하는 '탐색'의 개념을 설명하였다. 탐색에서는 보다 깊게 탐색하는 것과 보다 정확한 평가 함수를 이용하는 것이 모두 중요하다.

장기와 체스에서는 보다 깊고, 평가 함수의 정확도를 보다 높인다는 방향성의 완전 탐색이 성공적이었다. 한편, 바둑에서는 적절한 평가 함수의 설계가 어려우므로 깊은 탐색이 그다지 의미 없다는 과제가 있었다. 그에 반해서 플레이 아웃을 이용한 승패 시뮬레이션에 기초해 승률을 결정하고, 이 승패를 평가 함수로 간주하여 탐색을 실행하는 몬테카를로 트리 탐색이라는 기술이 2006년에 개발되었다. 이 결과, 바둑 AI는 아마추어 최고 레벨까지 강해졌다.

CHAPTER 5

알파고의 완성

직관력의 딥 러닝, 경험으로 배우는 강화 학습, 예측을 잘하는 탐색, 세 개의 도구를 잘 조합함으로써 알파고가 완성된다.

어떻게 하면 SL 정책 네트워크와 밸류 네트워크를 몬테카를로 트리 탐색에 통합할지, 엄청난 CPU와 GPU를 어떻게 활용할지 지금까지의 기술의 정수를 모은 알파고 힘의 비밀에 다가선다.

5.1 알파고의 설계도

여기에서는 이전 장에서 설명한 몬테카를로 트리 탐색, 정책 네트워크, 밸류 네트워크라는 세 개의 우수한 평가 기법을 사용하여 어떻게 알파고를 만들어 가는지 그 설계도를 그려 보겠다.

5.1.1 알파고의 재료

제4장에서 언급한 바와 같이 바둑의 탐색 방법으로 몬테카를로 트리 탐색이라는 뛰어난 기술이 만들어졌다. 게다가 이제 유망한 수를 직관적으로 판단할 수 있는 정책 네트워크와 국면의 승률을 평가할 수 있는 밸류 네트워크 두 가지 강력한 무기가 생성되었다. 이것들을 어떻게 활용하면 좋을까?

그 전에 먼저, 롤 아웃 정책, 정책 네트워크, 밸류 네트워크의 세 가지 정책에 대해 복습해 두자.

그림 5.1 과 같이 먼저, 롤 아웃 정책은 특징을 수작업으로 만들어 넣는 종래형의 머신 러닝에 의해 만들어진 다음의 한 수를 예측하는 모델이었다(1.4.6항 참고).

다음의 정책 네트워크도 수를 예측하는 목적은 동일하지만, 컨볼루션 신경망(CNN)을 강한 플레이어의 기보를 바탕으로 학습시켜 만든 것이었다. 이 결과 강한 플레이어의 수를 57%나 예측할 수 있는 경이적인 성과를 거두었다(2.3.3항).

마지막으로, 밸류 네트워크는 이것들과는 달리 국면의 승률을 예측하는 CNN이었다. 이 밸류 네트워크도 학습 방법은 정책 네트워크와 마찬가지인데, 학습 데이터로 강화 학습시킨 정책 네트워크에 의한 자기 대전 결과를 이용하는 점이 획기적이었다. 그 결과 밸류 네트워크는 지금까지 불가능하다고 여긴 바둑의 평가 함수를 실현하였다(2.3.10항).

알파고에서는 이러한 자료를 현명하게 잘 조합하고 있다. 그러나 개별 요소 기술이 우수해도 전체를 제대로 제어하는 AI가 없으면 바둑 AI는 힘을 발휘할 수 없다. 그래서 이 장에서는 '전체를 제어하는 AI'에 대해 살펴보겠다.

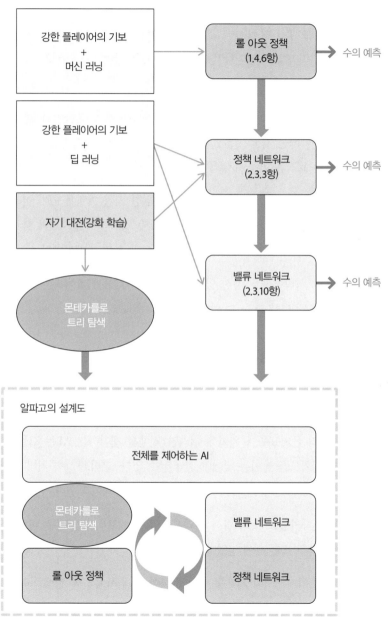

그림 5.1 세 가지 정책의 과정과 알파고의 설계도

⁘ 5.1.2 전체를 제어하는 AI

'전체를 제어하는 AI'에 대해 좀 더 생각해 보자.

몬테카를로 트리 탐색이 생겨나기 전의 바둑 AI

먼저, 몬테카를로 트리 탐색이 생겨나기 전의 바둑 AI를 살펴보자(그림 5.2 (a)).

당시는 사활을 평가하는 기능이나, 주변을 보고 정해진 절차를 생성하는 기능(정석 생성 기능) 등 개별 평가 기술에 관해서는 어느 정도 정밀한 것이 만들어져 있었지만, 불행히도 그것들을 통합하는 기술이 없었다. 따라서 프로그래머가 이러한 기술을 조합시켜 전체를 통합하는 로직을 만들어 넣을 수밖에 없었다.

단, 바둑의 경우 여러 평가를 균형 있게 적용하기 위한 지침 마련에 있어 어려운 면이 있었다. 왜냐하면 국면에 따라 사활을 우선으로 할지, 정석을 우선시켜야 할지가 달라진다. 게다가 실제로는 그 중간의 수가 최선이 되는 경우도 많기 때문이다.

이러한 '균형 조정'은 사람에게는 자신 있는 영역이지만, AI에게는 어려운 문제다. 따라서 당시에는 강한 바둑 AI를 만들 수 없었다.

몬테카를로 트리 탐색이 생겨난 후의 바둑 AI

그러나 이 상황은 몬테카를로 트리 탐색의 등장으로 확 뒤바뀐다(그림 5.2 (b)).

몬테카를로 트리 탐색의 경우 평가를 위한 지표는 UCB1(= 시뮬레이션에 의한 승률 + 바이어스)밖에 없다. 이러한 지표를 일원화해 버리면 '전체를 제어하는 AI'는 시뮬레이션을 반복하여 지표의 정확도를 높이는 것에만 전념할 수 있다. 그리고 고속 처리 능력을 지닌 컴퓨터를 십분 활용하는 것은 바둑 AI가 강해지는 원동력이 되었다.

그래서 알파고는 몬테카를로 트리 탐색 이외에도 정책 네트워크와 밸류 네트워크라는 두 가지 훌륭한 평가 지표를 손에 넣었다(그림 5.2 (c)).

그러나 이번에는 이 가지각색의 지표를 어떻게 균형 있게 사용하여 전체를 제어하느냐가 중요해지고 있다.

(a) 몬테카를로 트리 탐색 이전의 시대(~2006)

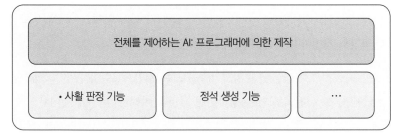

전체를 제어하는 AI: 프로그래머에 의한 제작

• 사활 판정 기능   정석 생성 기능   …

(b) 몬테카를로 트리 탐험의 시대(2006~2016)

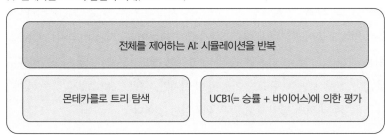

전체를 제어하는 AI: 시뮬레이션을 반복

몬테카를로 트리 탐색   UCB1(= 승률 + 바이어스)에 의한 평가

(c) 알파고(2016~)

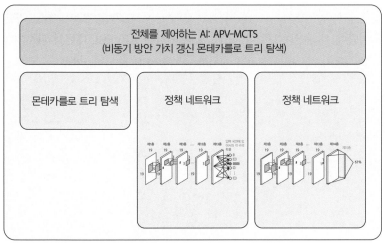

전체를 제어하는 AI: APV-MCTS
(비동기 방안 가치 갱신 몬테카를로 트리 탐색)

몬테카를로 트리 탐색   정책 네트워크   정책 네트워크

그림 5.2 바둑 AI의 진화와 '전체를 제어하는 AI' 역할의 변천

알파고는 이에 대해 몬테카를로 트리 탐색에 정책 네트워크와 밸류 네트워크를 현명하게 잘 조립할 방법을 짜내었다. 게다가 CPU와 GPU의 특기 분야를 조합함으로써 매우 현명한 병렬화의 기법까지 만들어 내었다.

이러한 것은 최종적으로 만들어진 알고리즘을 보는 것만으로는 좀처럼 그 굉장함을 읽어 낼 수 없지만, 그 이전의 상황을 생각하면 그것을 이해할 수 있을 것이다.

실제로 CNN을 활용함으로써 수의 예측이 가능할 수 있다는 것은 수년 전부터 알고 있었지만, 그것에 의해 바둑 AI가 이렇게까지 강해질 것이라고는 많은 연구자들도 생각지 못했다. 왜냐하면 'CNN에 의한 예측은 시간이 너무 소요되어 몬테카를로 트리 탐색에는 전혀 도움이 되지 않는다'고 생각했기 때문이다. 지금에 와서는 CNN이 없는 바둑 AI는 전혀 상상할 수 없지만, 얼마 전까지만 해도 모두가 적용이 곤란하다고 생각했던 것이다. 언뜻 보면 누구라도 가능한 것이지만, 처음으로 그렇게 하는 것이 어렵다는 의미에서 콜럼버스의 달걀과도 같은 이치였던 것이다.

조금 서론이 길어졌지만, 다음 절부터는 구체적인 알고리즘을 살펴보자. 이어서 5.2절에서는 전체를 제어하는 AI 알고리즘으로 몬테카를로 트리를 바탕으로 개발된 비동기 정책 가치 갱신 몬테카를로 트리 탐색(APV-MCTS, Asynchronous Policy and Value MCTS) 기술에 대해 살펴보겠다. 또한, 5.3절에서는 APV-MCTS에서 다수의 CPU와 GPU를 이용해 정교한 병렬 처리를 실시하는 기술에 대해 살펴보겠다.

5.2 비동기 정책 가치 갱신 몬테카를로 트리 탐색

여기에서는 알파고의 '전체를 제어하는 AI'인 비동기 정책 가치 갱신 몬테카를로 트리 탐색 (APV-MCTS)에 대해 자세히 설명한다.

 ## 5.2.1 세 가지 정책의 특징

첫째, 정책 네트워크, 밸류 네트워크, 롤 아웃 정책이라는 세 가지 국면 평가 기법을 비교해 보자(**그림 5.3**).

전제가 되는 정보

먼저, 롤 아웃 정책은 평가의 정밀도가 낮지만, 2마이크로초 정도로 상당히 빠르게 국면을 평가할 수 있다. 한편, 정책 네트워크와 밸류 네트워크는 평가의 정확도가 높지만, 한 국면의 평가에 5밀리초 정도의 시간이 소요된다. 1마이크로초는 1초에 100만분의 1, 1밀리초는 1초에 1,000분의 1이므로 2,500배의 차이가 있다는 의미다.

플레이 아웃 중에 이용할 수 있는 것

이러한 정보를 바탕으로 먼저, 플레이 아웃 중인 수의 선택에 사용할 수 있는 것은 어떤 것인지 생각해 보자(여기서 플레이 아웃에 의한 종국까지의 수는 200수라고 가정한다).

먼저, 밸류 네트워크는 국면의 승률을 구할 뿐이므로 유용하지는 않는 것 같다. 그러면 정책 네트워크는 어떨까? 정책 네트워크를 사용하는 경우 플레이 아웃 1회에 걸리는 시간은 5밀리초 × 200수 = 1.0초가 되어 무려 1회 플레이 아웃하는 것만으로도 1초나 소요된다.

한편, 롤 아웃 정책을 사용하는 경우 2마이크로초 × 200수 = 0.4밀리초다. 이것이라면

1초에 2,500번 정도 플레이할 수 있다. 게임 AI는 속도가 생명이다. 초당 검색량을 어떻게 늘릴 수 있을지를 생각하면 잘될 때가 많다.

(a) 세 가지 정책

- **롤 아웃 정책:**
  로지스틱 회귀에 의해 고속으로 각 후보 수를 선택하는 확률을 부여한다.
  → 플레이 아웃에 이용

- **정책 네트워크:**
  CNN에 의해 각 후보 수를 선택하는 확률을 부여한다.
  → 노드의 선택 및 전개 처리에 이용

- **밸류 네트워크**

  → 노드의 선택 및
     전개 처리에 이용

(b) 각 정책의 특징

	롤 아웃 정책	정책 네트워크	밸류 네트워크
이용하는 모델	로지스틱 회귀	13층의 CNN	15층의 CNN
1국면 평가에 걸리는 시간	2마이크로초	5밀리초	5밀리초(추정)
1회의 플레이 아웃에 걸리는 시간(종국까지의 수를 200수로 가정)	0.4밀리초	1.0초	-
1초간에 플레이 아웃할 수 있는 횟수	약 2,500회	약 1회	-
일치율	24%	57%	-

그림 5.3 세 가지 정책의 비교. 롤 아웃 정책은 고속이지만, 일치율이 낮다. 한편, 정책 네트워크, 밸류 네트워크는 계산 시간이 걸린다

다음으로, 몬테카를로 트리 탐색의 선택과 전개 처리에 정책 네트워크와 밸류 네트워크는 사용할 수 있을까? 사실 이제는 사용할 가능성이 있다. 왜냐하면 플레이 아웃 1

회에는 (롤 아웃 정책에서도) 0.4밀리초가 걸리기 때문이다. 이것은 정책 네트워크의 평가 시간 5밀리초의 1/10 정도다. 즉, 플레이 아웃 10회 사이에 정책 네트워크의 평가가 끝난다는 의미다.

실제로 알파고에서는 40회 플레이 아웃할 때마다 새로운 노드가 한 개씩 늘어나는 페이스이므로 특정 노드에 대한 처리는 0.4밀리초 × 40회 = 16밀리초 정도 걸려도 괜찮다. 그러면 이 사이에 정확한 정책 네트워크와 밸류 네트워크 처리를 실행할 수 있다.

단, 처음 노드를 만든 시점에서는 아직 정책 네트워크에 의한 최선 수나 밸류 네트워크에 의한 승률 예측값을 얻지 않은 상태라는 점에 유의해야 한다. 세세한 것이지만, 이것들이 없이도 정상적으로 동작하도록 해두지 않으면 안 된다.

❖❖ 5.2.2 비동기 정책 가치 갱신 몬테카를로 트리 탐색

여기까지의 예비 지식을 바탕으로 알파고의 탐색 기법인 비동기 정책 가치 갱신 몬테카를로 트리 탐색(APV-MCTS, Asynchronous Policy and Value – Monte Carlo Tree Search) 알고리즘을 설명해 나가겠다.

APV-MCTS는 기본적으로 몬테카를로 트리 탐색을 기반으로 하고 있지만, 지금까지 없었던 다음 세 가지의 특징을 가지고 있다(그림 5.4).

- 바이어스 계산에서 SL 정책 네트워크의 이용(바이어스 평가의 개선)
- 플레이 아웃의 승률과 밸류 네트워크를 병용하는 것에 의한 승률 평가의 개선
- 다수의 CPU와 GPU의 이용에 의한 고속화

마지막에 있는 다수의 CPU와 GPU의 이용은 나중에 다루도록 하고, 먼저 한 개의 CPU에 의한 일련의 처리로서 APV-MCTS의 흐름을 살펴보자(그림 5.5).

기존의 몬테카를로 트리 탐색의 흐름(그림 4.11)과 마찬가지로 선택, 전개, 평가, 갱신의 4단계를 반복한다. 기존과 다른 부분은 그림 5.5에 굵게 표시했다.

또한, APV-MCTS에 의한 탐색에서는 초기 국면에서 1초에 약 1,000회의 시뮬레이션

(플레이 아웃)을 할 수 있다고 한다.

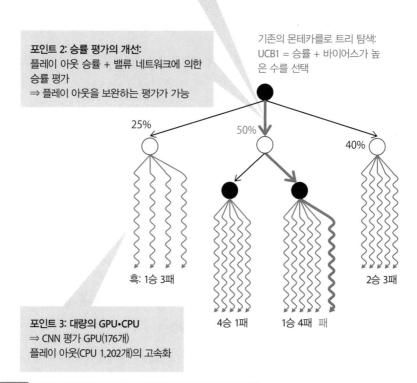

포인트 1: 바이어스 평가의 개선
바이어스 + SL 정책 네트워크에 의한 수의 사전 확률
⇒ 있음직한 수순을 보다 더 깊게 전개할 수 있다.

포인트 2: 승률 평가의 개선:
플레이 아웃 승률 + 밸류 네트워크에 의한
승률 평가
⇒ 플레이 아웃을 보완하는 평가가 가능

기존의 몬테카를로 트리 탐색:
UCB1 = 승률 + 바이어스가 높은 수를 선택

25%   50%   40%

흑: 1승 3패   2승 3패

포인트 3: 대량의 GPU·CPU
⇒ CNN 평가 GPU(176개)
플레이 아웃(CPU 1,202개)의 고속화

4승 1패   1승 4패 패

그림 5.4 기존의 몬테카를로 트리 탐색에 대한 알파고의 개선점

Step 1(선택): 국면 S에서 $Q(s, a) + u(s, a)$가 최대가 되는 자식 노드 a를 따라 트리를 내려온다.

승률 :
몬테카를로 트리에 의한 승률과 밸류 네트워크에 의한 승률을 통합

바이어스 :
기존의 바이어스에 더하여 SL 정책 네트워크에 의한 수의 사전 확률을 고려

밸류 네트워크에 의한 승률

몬테카를로 트리 탐색에 의한 승률

$$Q(s, a) = (1 - \lambda) \frac{W_v(s, a)}{N_v(s, a)} + \lambda \frac{W_r(s, a)}{N_r(s, a)}$$

$$u(\text{s}, a) = P(s, a) \frac{\sqrt{\sum_b N_r(s, b)}}{1 + N_r(s, a)}$$

SL 정책 네트워크에 의한 사전 확률

탐색 횟수가 적은 경우에 커진다.
→ 기존의 바이어스항에 대응

Step 2(전개): 탐색 노드 수가 일정 수를 넘으면 자식 노드를 전개
　　　　　 + 새 노드를 만들 때 정책 네트워크 + 밸류 네트워크의 값을 계산

Step 3(평가): 플레이 아웃을 실시
　　　　　 + 가상 손실(Virtual loss)을 이용하여 플레이 아웃 시작 노드를 조정

Step 4(기록): 승패를 각 노드에 기록하면서 트리를 올라감
　　　　　 + 비동기로 갱신할 수 있도록 로크리스 해시를 이용

그림 5.5　비동기 정책 가치 갱신 몬테카를로 트리 탐색(APV-MCTS)의 상세. 참고로, 그림 4.12 의 일반 몬테카를로 트리 탐색의 설명과 비교하면 정책 네트워크와 밸류 네트워크의 정보를 이용하여 선택 처리의 정확도를 높이고 있다는 것을 잘 알 수 있다

:: 5.2.3 APV-MCTS의 선택 처리

먼저, 선택 처리에서는 종래와 마찬가지로 잎 노드에 이르기까지(승률 + 바이어스)를 최대화하는 수를 선택하여 트리를 내려간다. APV-MCTS에서는 $Q(s, a)$ 부분이 승률에 해당하고, $u(s, a)$ 부분이 바이어스에 해당한다.

바이어스 $u(s, a)$의 계산은 '기존의 바이어스 항'과 '정책 네트워크에 의한 확률'의 곱으로 표시된다. 이 중 '기존의 바이어스 항' 부분은 일반적인 몬테카를로 트리 탐색과 마찬가지로 해당 노드의 시도 횟수가 적을 때는 큰 값이 된다.

알파고에서는 정책 네트워크로 계산해서 이끌어 낸 수가 좋은 수일 확률(사전 확률)을 곱하여 이 바이어스 항을 보정하고 있다. 따라서 사전 확률이 낮은 거의 존재하지 않을 것 같은 수의 생성은, 기존 방식에서의 바이어스가 큰 경우라도 우선순위가 낮아진다. 결과적으로, 기존의 몬테카를로 트리 탐색에서라면 도저히 나올 수 없는 황당한 자식 노드라도 반드시 1회는 플레이 아웃되는 낭비가 알파고에서는 완화된다. 이 기술은 프로그레시브 와이드닝(4.4.5항 참고)의 자동 튜닝판이라고 할 수 있을 것이다.

그리고 승률 $Q(s, a)$의 계산에서는 밸류 네트워크의 승률과 플레이 아웃에 의한 승률의 평균을 구함으로써 정확도를 올리고 있다는 특징이 있다. 구체적으로는 승률 $Q(s, a)$를, 밸류 네트워크에 의한 승률과 플레이 아웃의 승률을 가중 계수 λ를 이용하여 평균을 낸 값을 채용하고 있다.

또한, 정책 네트워크와 밸류 네트워크의 계산을 병렬화한 경우는 정책 네트워크와 밸류 네트워크의 계산 결과가 늦어 사용할 수 없는 경우도 있을 수 있다. 그래서 정책 네트워크의 값이 없는 경우는 트리 정책(이것은 롤 아웃 정책보다 조금 특징을 늘려 학습시킨 것)의 출력 확률로 대체한다. 또한, 밸류 네트워크의 값이 없는 경우는 플레이 아웃의 승률로 대체한다.

이상의 개선에 의해, 거의 존재하지 않는 수나 승률이 낮은 수의 전개를 억제할 수 있다. 반대로, 있을 법한 수순이나 승률이 높은 수를 보다 깊게 전개할 수 있을 것으로 기대할 수 있다.

⁝⁝ 5.2.4 APV-MCTS의 전개 처리

다음으로, APV-MCTS의 전개 처리에서는 기존의 몬테카를로 트리 탐색과 동일하게 시도 횟수가 임계값 n_{thr} 이상이 되었을 경우에 새로운 노드를 작성한다. 그러나 APV-MCTS에서는 새로운 노드를 만들 때마다 정책 네트워크와 밸류 네트워크의 값을 계산하는 점이 다르다.

참고로, 여러 CPU와 GPU에서 동작시키는 경우에는 대기 시간이 발생하지 않도록 하기 위해 CPU에 의한 플레이 아웃 속도와 GPU에 의한 정책 네트워크, 밸류 네트워크의 처리 속도를 맞출 필요가 있다. 그래서 초깃값이 40인 새로운 노드 생성의 임계값 n_{thr} 을 동적으로 조정하고 있다. 구체적으로는 GPU의 대기열이 길어지는 경우는 n_{thr} 을 늘림으로써 새로운 노드의 생성 속도를 떨어뜨린다.

반대로, GPU가 대기 상태가 된 경우에는 n_{thr} 을 줄임으로써 새로운 노드의 생성 속도를 올리고 있다.

⁝⁝ 5.2.5 APV-MCTS의 평가 처리

다음으로, APV-MCTS의 평가 처리는 기존의 몬테카를로 트리 탐색과 마찬가지로 플레이 아웃을 실행한다. 각 국면에서는 롤 아웃 정책의 확률에 따라 수를 생성하여 종국까지 수를 확장하고, 중국 규칙에 따라 승패를 평가한다. 승패는 z(이긴 경우 1, 패한 경우 -1)로 나타낸다. 밸류 네트워크에 의한 평가 결과도 마찬가지로 -1.0 이상 1.0 이하의 값 v로 등록된다.

또한, 이 책이 참고하는 알파고 논문에서는 패한 경우를 -1로 하고 있지만, 패배를 0으로 한 쪽이 W_r/N_r이나 W_v/N_v를 승률로 간주할 수 있어 이해하기 쉽다. 이 책에서는 편의상 W/N를 승률이라고 부르기로 한다.

⁑ 5.2.6 APV-MCTS의 갱신 처리

마지막으로, APV-MCTS의 갱신 처리에서는 기존의 몬테카를로 트리 탐색과 마찬가지로 루트 노드에 이르는 모든 노드에 대해 플레이 아웃의 승패를 게임 트리에 반영한다.

구체적으로는 플레이 아웃 결과에 대해서 총 시도 횟수 N_r은 $N_r \leftarrow N_r + 1$에 의해 갱신하고, 승수 W_r은 $W_r \leftarrow W_r + z$에 의해 갱신한다. 또한, 밸류 네트워크의 결과에 대해서도 마찬가지로 총 시도 횟수 N_v는 $N_v \leftarrow N_v + 1$에 의해 갱신하고, 승률의 합 W_v는 $W_v \leftarrow W_v + v$에 따라 갱신한다. 결과적으로, 특정 노드의 N_r, N_v에는 해당 노드 아래 시도 횟수의 합계가 W_r, W_v일 경우 그 노드 아래 승률의 합계값이 보관된다(그림 5.6).

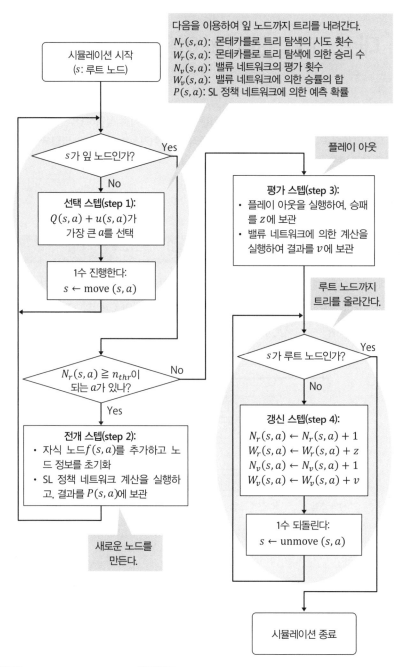

다음을 이용하여 잎 노드까지 트리를 내려간다.
$N_r(s, a)$: 몬테카를로 트리 탐색의 시도 횟수
$W_r(s, a)$: 몬테카를로 트리 탐색에 의한 승리 수
$N_v(s, a)$: 밸류 네트워크의 평가 횟수
$W_v(s, a)$: 밸류 네트워크에 의한 승률의 합
$P(s, a)$: SL 정책 네트워크에 의한 예측 확률

시뮬레이션 시작
(s: 루트 노드)

s가 잎 노드인가? Yes

No

선택 스텝(step 1):
$Q(s, a) + u(s, a)$가
가장 큰 a를 선택

1수 진행한다:
$s \leftarrow \text{move}(s, a)$

$N_r(s, a) \geqq n_{thr}$이
되는 a가 있나? No

Yes

전개 스텝(step 2):
• 자식 노드 $f(s, a)$를 추가하고 노드 정보를 초기화
• SL 정책 네트워크 계산을 실행하고, 결과를 $P(s, a)$에 보관

새로운 노드를
만든다.

플레이 아웃

평가 스텝(step 3):
• 플레이 아웃을 실행하여, 승패를 z에 보관
• 밸류 네트워크에 의한 계산을 실행하여 결과를 v에 보관

루트 노드까지
트리를 올라간다.

s가 루트 노드인가? Yes

No

갱신 스텝(step 4):
$N_r(s, a) \leftarrow N_r(s, a) + 1$
$W_r(s, a) \leftarrow W_r(s, a) + z$
$N_v(s, a) \leftarrow N_v(s, a) + 1$
$W_v(s, a) \leftarrow W_v(s, a) + v$

1수 되돌린다:
$s \leftarrow \text{unmove}(s, a)$

시뮬레이션 종료

그림 5.6 APV–MCTS의 플로 차트. **그림 4.11** 에서 설명한 일반적인 몬테카를로 트리 탐색의 플로 차트와 비교하면 플레이 아웃의 승률과 밸류 네트워크의 승률을 잘 병용하고 있는 점이 나타나고 있다

5.3 대량 CPU·GPU의 이용

지금까지 APV-MCTS 탐색을 1CPU에 의한 순차적인 처리로 설명하였다. 그러나 실제로는 다수의 CPU와 GPU가 비동기적으로 병렬 동작한다. 여기서는 알파고의 병렬 처리의 내용과 병렬 처리에 따른 문제점과 대책에 대해 설명한다.

5.3.1 대량 CPU와 GPU에 의한 병렬 탐색

알파고에서는 1,202개의 CPU와 176개의 GPU가 함께 동작하여 다음의 한 수를 결정하고 있다. 따라서 어떤 시간의 단면을 취해 보면 1,202개의 CPU와 176개의 GPU가 동시에 움직인다. 이를 도식적으로 나타내면 그림 5.7 과 같다.

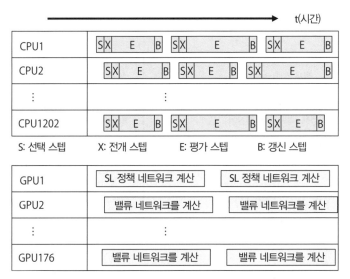

그림 5.7 CPU는 선택, 전개, 평가, 갱신으로 구성된 시뮬레이션 처리를 실행한다. GPU는 전개 처리 중의 SL 정책 네트워크와 밸류 네트워크의 계산 처리를 실행한다. 1,202개의 CPU와 176개의 GPU에 의한 병렬 처리를 나타낸다

병렬 처리의 동작은 여러 CPU가 아닌 여러 스레드가 움직이고 있다고 해야 하지만, 여기에서는 복잡한 논쟁을 피하기 위해 CPU를 스레드와 동일시하여 설명하였다. 또한, 1대의 컴퓨터가 아닌 여러 컴퓨터의 클러스터로 구성하는 경우 컴퓨터 간의 정보 공유가 필요해 보다 복잡한 환경 구축을 해야 한다. 하지만 여기서는 상세하게 다루지 않는다.

각각의 CPU는 선택(S: Selection), 전개(X: Expansion), 평가(E: Evaluation), 갱신(B: Backup)의 4단계로 구성된 시뮬레이션 처리를 실시한다. 그리고 1번의 시뮬레이션이 끝나면 그때의 최신 몬테카를로 트리의 정보를 이용하여 다음의 시뮬레이션을 실시하는 식으로 동작을 반복한다. 참고로, 선택, 전개 및 갱신 처리는 그 시점의 몬테카를로 트리 정보(각 노드에서의 승패, 밸류 네트워크, 정책 네트워크의 평가 결과 등)를 읽고 쓸 필요가 있다는 점에 유의하길 바란다.

이 일련의 시뮬레이션 처리(일련의 S, X, E, B)는 몬테카를로 트리의 정보를 읽고 쓰는 부분을 제외하면 독립적으로 움직일 수 있다. 여기에서 각각의 CPU가 서로 기다리는 일이 없이 움직일 수 있다는 점이 포인트다.

병렬 처리에서는 불필요한 대기 시간이 성능 저하로 이어질 수 있으므로 '서로 기다리는 일이 없이' 병렬 동작을 할 수 있는 이점이 크다. 실제 대기 시간이 없으면 CPU가 N개인 경우 CPU 1개의 경우보다도 같은 시간에 N배의 횟수로 시뮬레이션을 실행할 수 있다. 이렇게 몬테카를로 트리 탐색에서는 시뮬레이션의 횟수를 늘리는 것이 매우 중요하므로 1,202개의 CPU를 사용함으로써 처리 속도는 1,202배가 된다.

한편, 176개의 GPU는 새로운 노드를 생성할 때마다(즉, CPU가 전개 프로세스를 실행할 때마다) 정책 네트워크와 밸류 네트워크의 평가 계산을 실시한다. 이쪽도 결과를 기록하는 처리를 제외하면 독립적으로 반복 실시할 수 있다. 따라서 GPU도 비동기로 병렬 동작이 가능하다. 단, GPU의 처리 트리거는 새로운 노드를 생성하므로 이것의 생성 속도를 조정하지 않으면 대기나 정체가 발생한다. 그러므로 5.2.4항에서 언급한 새로운 노드의 생성 속도를 임계치 n_{thr}를 통해 동적으로 조정하고 있다.

⁝ 5.3.2 로크리스 해시

APV-MCTS에서는 CPU마다 비동기적으로 시뮬레이션(S, X, E, B)을 반복한다고 이미 설명하였다. 단, APV-MCTS에서는 모든 CPU와 GPU가 공통의 몬테카를로 트리 정보에 액세스하므로 CPU와 GPU는 메모리를 공유해야 한다.

메모리를 공유하는 경우 동시 액세스 문제가 발생한다. 예를 들어, 어떤 CPU가 한쪽에서 데이터를 기록하면서 다른 CPU가 동일 데이터를 읽을 경우 데이터가 손상될 수 있다.

이에 대해 일반적으로는 어떤 CPU가 공유 메모리에 액세스하는 동안은 공유 메모리를 잠가서(lock) 다른 CPU가 액세스할 수 없게 하는 경우가 많다. 다만, 이 경우 다른 CPU는 쓸데없는 대기 시간이 발생할 수 있다. CPU의 수가 적은 경우는 잠금 대기에 의한 속도 저하가 크게 문제 되지 않는 경우가 많다. 한편, 알파고처럼 1,000개 이상의 CPU를 사용할 경우 속도 저하의 영향은 치명적이다.

예를 들어, 공유 메모리에 접근하는 시간의 경우 시뮬레이션 전체에서 차지하는 비율이 0.1% 정도였다고 하더라도 1,000개의 CPU가 있으면 항상 메모리가 잠긴 상태가 된다. 이 경우 공유 메모리의 앞에 항상 긴 대기열이 발생하여 CPU의 가동률이 떨어진다(그림 5.8). 이것은 1,000대의 트럭으로 동시에 짐을 옮기려고 해도 도로가 1차선밖에 없다면 정체가 발생해 결국 효율이 오르지 않는 것과 비슷하다. 병렬화 시에는 가동률을 높게 유지할 수 있는지를 항상 신경 써야 한다.

이에 대해 로크리스 해시라 불리는 기술이 알려져 있다(P.208의 메모 참고). 이것은 몬테카를로 트리의 정보를 읽고 쓰는 메모리 영역(보통 해시라는 데이터 구조가 사용된다)에 대해 잠금을 걸지 않고 읽고 쓰는 방법이다. 이런 일을 하면 보통은 어떤 CPU가 쓰는 동안 다른 CPU가 읽어낼 때 데이터가 손상되는 경우가 있다.

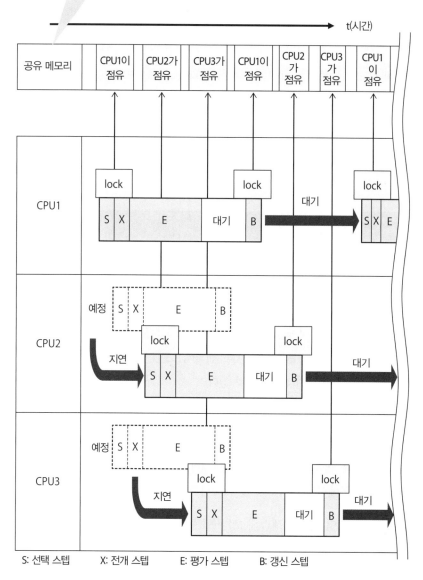

몬테카를로 트리의 탐색 결과가 보관되어 있다.

S: 선택 스텝　　　X: 전개 스텝　　　E: 평가 스텝　　　B: 갱신 스텝

그림 5.8 공유 메모리를 잠금에 의해 배타 제어하는 방법. 어떤 CPU가 메모리를 잠그는 경우 그동안 다른 CPU는 공유 메모리에 액세스할 수 없어 대기한다. 따라서 다른 CPU의 처리 지연, 불필요한 대기 시간이 발생한다

메모 | **로크리스 해시(lockless hash)**

⟨A Lock-free Multithreaded Monte-Carlo Tree Search Algorithm⟩
(Markus Enzenberger and Martin Muller, Advances in Computer Games: 12th International Conference, 2009)

이에 대해 로크리스 해시는 데이터 액세스를 최소(atomic) 단위로만 실시함으로써 어떤 CPU가 갱신 중인 데이터는 다른 CPU에서는 보이지 않도록 하기 위한 기술이다. 이 최소 단위의 명령만을 사용하여 공유 메모리에 액세스하는 경우 읽으면서 쓰는 일이 발생하지 않게 되어 데이터가 손상될 위험이 없어진다.

⠿ 5.3.3 가상 손실

몬테카를로 트리 탐색의 병렬화에 따른 또 하나의 과제에 대해 설명하겠다. 여러 개의 CPU가 시뮬레이션을 실시할 경우 예를 들어, 일정 시간 동안 몬테카를로 트리 정보가 갱신되지 않는 경우를 생각해 보자. 이 경우 **그림 5.9** (a)와 같이 순차적으로 CPU가 시뮬레이션을 시작해도 몬테카를로 트리의 정보가 동일하므로 같은 잎 노드에 도달해 같은 잎 노드에서 플레이 아웃을 시작한다. 결과적으로, 시뮬레이션을 시작하는 노드가 특정 노드에 집중되어 버린다는 문제가 있다.

이것의 대책으로서 가상 손실이라는 기법이 알려져 있다. 가상 손실에서는 어떤 CPU가 플레이 아웃을 시작할 경우 이 시작 노드에 가상으로 패배 수를 n_{vl}개로 하는 기법이다. 이것에 의해 계속해서 시뮬레이션을 시작한 CPU는 이전의 CPU가 선택한 노드를 피해 다른 노드에서 플레이 아웃을 시작한다.

예를 들어, n_{vl} = 1인 경우를 생각해 보자(**그림 5.9** (b)). 이때 첫 번째 CPU는 가장 승률이 높은 노드 a에서 플레이 아웃을 시작하는데, 이 시점에서 가상 손실 1패만큼을 더해 넣는다. 그 결과 다음 CPU는 가장 승률이 높은 노드 a 대신에 외관상 승률이 높은 노드 b부터 플레이 아웃을 시작한다. 마찬가지로 세 번째 CPU는 노드 c부터 플레이 아웃을 시작한다. 이런 식으로 플레이 아웃을 시작하는 잎 노드의 집중을 없앨 수 있다.

참고로, 플레이 아웃 종료 시에는 가상 손실 만큼 원래대로 되돌림으로써 최종적으로 는 올바른 승패로 되돌아간다.

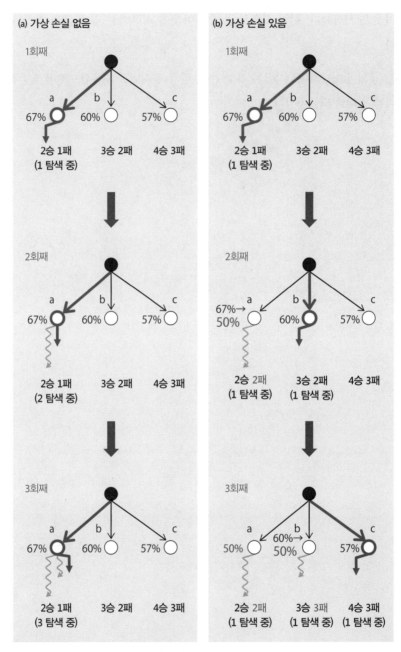

그림 5.9 가상 손실의 유무에 따른 몬테카를로 트리 탐색의 동작 차이. (b)에서는 가상 손실의 효과로 탐색 노드를 흩어 놓을 수 있다

5.4 알파고의 강력함

 여기서는 알파고의 강함에 대해 설명하겠다. 또한, 지금까지 설명해 온 정책 네트워크, 밸류 네트워크, 몬테카를로 트리 탐색 각각의 효과에 대해 설명하겠다.

5.4.1 몬테카를로 트리 탐색, 밸류 네트워크, 정책 네트워크의 조합 효과

이것으로 알파고의 몬테카를로 트리 탐색인 APV-MCTS에 대한 설명이 모두 끝났다. 그럼 마지막으로 몬테카를로 트리 탐색, 밸류 네트워크, 정책 네트워크의 조합 효과는 어느 정도인지 알아보자. 이것도 이 책에서 참고하고 있는 알파고 논문에 기재되어 있다.

그림 5.10 에는 2초간 탐색했을 경우 각 기술이 별도로 동작했을 때와 각 기술을 혼합했을 때의 엘로 평점을 나타내었다.

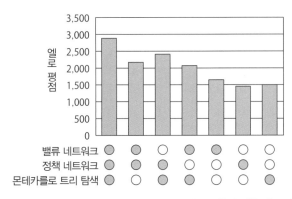

그림 5.10 정책 네트워크, 밸류 네트워크, 몬테카를로 트리 탐색의 조합에 의한 엘로 평점의 차이

※ 출처: 〈Mastering the game of Go with deep neural networks and tree search〉
(David Silver, Aja Huang, Chris J. Maddison, Arthur Guez, Laurent Sifre, George van den Driessche, Julian Schrittwieser, Ioannis Antonoglou, Veda Panneershelvam, Marc Lanctot, Sander Dieleman, Dominik Grewe, John Nham, Nal Kalchbrenner, Ilya Sutskever, Timothy Lillicrap, Madeleine Leach, Koray Kavukcuoglu, Thore Graepel, Demis Hassabis , nature, 2016)에서 인용
URL http://airesearch.com/wp-content/uploads/2016/01/deepmind-mastering-go.pdf

이 평가에서 정책 네트워크, 밸류 네트워크, 몬테카를로 트리 탐색을 각각 단독으로 사용하는 경우는 높아봐야 엘로 평점 1,700점 정도에 머물고 있지만, 두 개의 조합이면 2,000점 이상, 세 개의 방법을 조합하면 3,000점에 육박한다는 것을 나타낸다.

먼저, 알파고의 정책 네트워크의 효과는 주요 수순을 깊게 전개할 수 있다는 점과, 자식 노드의 수를 적게 둘 수 있다는 점 등이 있다. 결과적으로, 몬테카를로 트리를 루트에서 27수 뒤까지 전개되는 예가 나와 있다. 이것은 기존 방식인 자식 노드 전개 시에 노드를 걸러 내는 방법으로서는 도저히 생각할 수 없는 깊이다.

또한, 위의 평가에서는 밸류 네트워크 단독인 경우의 엘로 평점은 몬테카를로 트리 탐색 단독의 엘로 평점보다 높다. 이것은 밸류 네트워크가 몬테카를로 트리 탐색의 승률 평가에 필적하는 성능을 가졌다는 점을 시사한다. 게다가 승률 평가에서 몬테카를로 트리 탐색의 승률과 밸류 네트워크의 승률을 1:1의 비율로 평균 계산한 경우(가중치 계수 λ를 0.5로 한 경우)에 가장 강해진다고 언급하고 있다. 이것은 밸류 네트워크와 몬테카를로 트리 탐색이 서로를 보완하는 효과가 있음을 시사한다.

이상의 고찰에서도 정책 네트워크, 밸류 네트워크, 몬테카를로 트리 탐색의 절묘한 조합이 알파고의 강함에 기여하고 있음을 알 수 있다. 참고로, 앞의 엘로 평점 평가의 결과는 컴퓨터 1대(48CPU, 8GPU)의 경우이지만, 보다 여러 시스템을 클러스터로 구성했을 경우는 3,150점 이상인 것으로 나타났다. 다수의 CPU와 GPU에 의한 병렬 처리 또한 알파고의 강함에 기여하고 있다고 말할 수 있다.

알파고 논문에 따르면 이 3,150점의 구성으로 유럽 챔피언인 판 후이 2단에게 이기는 수준에 도달했다고 한다.

그리고 알파고는 여전히 약진해 나가서 세계 챔피언을 압도적으로 훌쩍 뛰어오른다. 다음 장에서는 이 비밀에 좀 더 다가서고자 한다.

CHAPTER **6**

알파고에서 알파고 제로로

2017년 10월 19일, 마침내 알파고의 전모가 밝혀졌다. 새로운 《네이처》 논문 〈Mastering the game of Go without human knowledge(인간의 지식 없이 바둑을 연구하기)〉가 발표되었다.

새로운 논문에서는 지금까지 비밀의 베일에 싸여 있던 강화 학습 기법을 중심으로 제로부터 바둑 AI를 배울 수 있는 알파고 제로 기술에 대해 설명되어 있다. 논문은 '단 3일에' '제로부터' '1대의 기계로도 동작하는' 최강 바둑 AI가 생긴 것을 어필한다. 알파고 제로는 지금까지 설명한 기존 버전의 알파고를 바탕으로 딥 러닝, 탐색, 강화 학습의 각 기술을 개량하여 만든 것이며, 결코 어렵지 않다. 기존 버전의 알파고에서 알파고 제로에 이르는 기술을 이 장에서 설명한다.

6.1 시작에 앞서

 여기에서는 이 장에서 설명하는 알파고 제로와 이전 장에서 설명한 기존 버전 알파고의 주요 차이점에 대해 간략히 설명한 다음에 이 장의 구성을 소개한다.

알파고 제로는 지금까지 설명해 온 알파고(이하 기존 버전 알파고라고 부른다)를 바탕으로 딥 러닝, 탐색, 강화 학습의 각 기술을 개량하여 만든 것이다. 기존 버전의 알파고가 '시간이 걸리는 처리인 딥 러닝을 어떻게 바둑의 탐색에 잘 활용할 것인가'라는 관점에서 설계된 반면, 알파고 제로는 '어떻게 인간의 지식 없이 바둑 AI를 만들 것인가', '어떻게 게임 고유의 정보를 사용하지 않을까'를 주제로 설계, 개발되었다.

그림 6.1과 같이 기존 버전의 알파고와 비교해서 알파고 제로의 개선점은 주로 세 가지다.

첫째, 알파고 제로는 **듀얼 네트워크**라는 기존 버전 알파고의 정책 네트워크와 밸류 네트워크를 통합한 딥 러닝 모델을 사용하고 있다.

둘째, 알파고 제로의 몬테카를로 트리 탐색 기술은 듀얼 네트워크의 승률 예측 성능이 대폭 향상되었으므로 기존 버전 알파고에서 실시했던 플레이 아웃 처리가 불필요해 단순 명쾌하고 알기 쉽게 처리되어 있다.

셋째, 알파고 제로의 두뇌에 해당하는 듀얼 네트워크의 파라미터는 강화 학습에 의해 획득된다. 이 네트워크를 몬테카를로 트리 탐색에 통합함으로써 최강 바둑 AI '알파고 제로'가 완성된다.

이 장에서는 먼저, 6.2절에서 알파고 제로의 네트워크 구조를, 다음으로 6.3절에서 알파고 제로의 몬테카를로 트리 탐색 방법을 설명한다. 그 후 6.4절에서 네트워크 파라미터를 강화 학습을 통해 획득하는 방법을 설명한다.

메모 | **기존 버전 알파고의 정책 네트워크와 밸류 네트워크**

기존 버전 알파고의 정책 네트워크(2.3절 참고)는 다음의 한 수 예측을 실시하는 딥 러닝의 모델이다. 출력은 바둑판의 19 × 19의 각 위치에 대하여 그 수가 가장 좋은 수가 될 확률이다.

한편, 기존 버전 알파고의 밸류 네트워크(2.3.10항 참고)는 국면 평가를 실시하는 딥 러닝의 모델이다. 출력은 지금의 차례(흑 또는 백)에서 본 승률의 예측값으로, 구체적으로는 -1.0 이상 1.0의 수치로 나타내고, 1.0일 때는 승률 100%, -1.0일 때는 승률 0%임을 나타낸다.

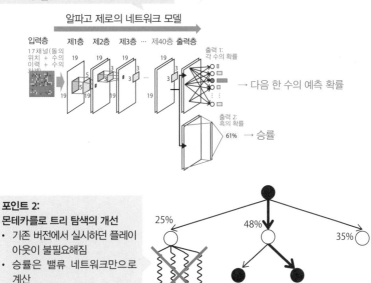

포인트 1:
딥 러닝의 개선
* 정책 네트워크(수의 예측)와 밸류 네트워크(승률 예측)가 하나의 네트워크에 통합
* 잔차 블록을 활용한 40층 이상의 네트워크
  → 6.2절

포인트 3:
강화 학습의 개선
* 네트워크의 파라미터를 정교한 기법에 의해 획득
  → 6.4절

알파고 제로의 네트워크 모델

입력층   제1층 제2층 제3층 … 제40층 출력층

17채널(돌의 위치 + 수의 이력 + 수의 차례)

출력 1: 각 수의 확률
→ 다음 한 수의 예측 확률

출력 2: 흑의 확률
61% → 승률

포인트 2:
몬테카를로 트리 탐색의 개선
* 기존 버전에서 실시하던 플레이아웃이 불필요해짐
* 승률은 밸류 네트워크만으로 계산
  → 6.3절

25%   48%   35%

흑의 승률   흑의 승률
34%   61%

그림 6.1 기존 버전 알파고와 비교해서 알파고 제로의 세 가지 개선점

6.2 알파고 제로에서의 딥 러닝

 여기에서는 알파고 제로에서 사용되는 딥 러닝 모델을 상세하게 설명한다.

알파고 제로에서는 기존 버전 알파고에서 다음의 한 수 예측을 담당하는 정책 네트워크와 승률 예측을 담당하는 밸류 네트워크를 통합한 딥 러닝 모델이 사용된다. 2017년 도판의 《네이처》에서는 이 네트워크를 dual이라고 언급하므로 이 장에서는 **듀얼 네트워크**라고 부르기로 한다.

이 절에서는 알파고 제로의 듀얼 네트워크와 기존 버전 알파고의 정책 네트워크, 밸류 네트워크와의 구조의 차이를 중심으로 설명한다.

메모 | **2016년도판과 2017년도판의 《네이처》 논문에 대하여**

구글 딥 마인드의 멤버는 2017년 10월에 알파고 제로의 구조를 해설한 다음의 새로운 논문을 《네이처》에 발표했다. 이 장은 기본적으로 이 2017년 논문의 해설이다. 이 논문을 앞으로 알파고 제로 논문이라고 하겠다.

〈**Mastering the game of Go without human knowledge(인간의 지식 없이 바둑을 연구하기)**〉
(David Silver, Julian Schrittwieser, Karen Simonyan, Ioannis Antonoglou, AjaHuang, Arthur Guez, Thomas Hubert, Lucas Baker, Matthew Lai, Adrian Bolton, Yutian Chen, Timothy Lillicrap, Fan Hui, Laurent Sifre, George van den Driessche, Thore Graepel, Demis Hassabis, nature, 2017)

URL https://deepmind.com/documents/119/agz_unformatted_nature.pdf

한편, 기존 버전의 알파고에 대해서는 2016년 1월 《네이처》에 논문이 게재되어 있다. 이 2016년 논문을 지금처럼 **알파고 논문**이라고 한다.

〈**Mastering the game of Go with deep neural networks and tree search(심층 신경망과 트리 검색에 의해 바둑을 연구하기)**〉
(David Silver, Aja Huang, Chris J. Maddison, Arthur Guez, Laurent Sifre, George van den Driessche, Julian Schrittwieser, Ioannis Antonoglou, Veda Panneershelvam, Marc Lanctot, Sander Dieleman, Dominik Grewe, John Nham, Nal Kalchbrenner, Ilya Sutskever, Timothy Lillicrap, Madeleine Leach, Koray Kavukcuoglu, Thore Graepel & Demis Hassabis, nature, 2016)

URL https://storage.googleapis.com/deepmind-media/alphago/AlphaGoNaturePaper.pdf

∷ 6.2.1 듀얼 네트워크의 구조

그림 6.2 와 같이 듀얼 네트워크 입력층에서 출력층까지의 구조는 다음과 같이 되어 있다.

- 입력층: 17채널
- 제1층: 3 × 3 크기 256종류의 필터를 가진 컨볼루션층, 배치 정규화, ReLU 활성화 함수
- 제2층~제39층: 19개의 잔차 블록(residual block). 참고로, 각 잔차 블록은 3 × 3 크기 256종류의 필터를 가진 컨볼루션층, 배치 정규화, ReLU 함수 각 두 개로 구성된다.
- 각 수의 예측 확률을 계산하는 **다음의 한 수 예측 부분**과 승률을 예측하는 **승률 예측 부분**으로 나뉜다.
- 다음의 한 수 예측 부분의 구조
  - 다음의 한 수 예측 부분의 제1층: 1 × 1 크기의 두 종류의 필터를 가진 컨볼루션층과 배치 정규화, ReLU 함수
  - 다음의 한 수 예측 부분의 제2층: 362노드에 출력하는 전체 결합층과 소프트맥스 함수
  - 다음의 한 수 예측 부분의 출력: 362노드(361개의 바둑판 위의 위치와 패스 중 하나를 출력하는 확률에 대응한다)
- 승률 예측 부분의 구조
  - 승률 예측 부분의 제1층: 1 × 1 크기 한 종류의 필터를 가진 컨볼루션층과 배치 정규화, ReLU 함수
  - 승률 예측 부분의 제2층: 256노드에 출력하는 전체 결합층과 ReLU 함수
  - 승률 예측 부분의 제3층: 1노드에 출력하는 전체 결합층과 tanh 함수
  - 승률 예측 부분의 출력: 1노드(-1.0 이상 1.0 이하의 값. +1.0은 흑의 승, -1.0은 백의 승에 대응한다)

- **듀얼 네트워크의 구조**
  - 입력은 17채널(0~7수 앞의 흑돌/백돌의 위치, 수의 차례)
  - 총 40층 이상
    - 각 층은 기본적으로 3 × 3의 컨볼루션층 + 배치 정규화 + ReLU로 이루어짐
    - 제2 ~ 39층까지는 숏컷을 갖는 잔차 네트워크(ResNet)
  - 제40층에서는 다음 한 수의 예측 부분와 승률 예측 부분으로 나뉜다.

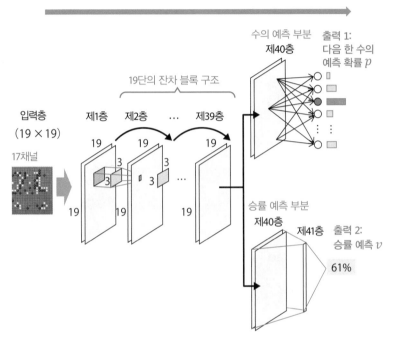

그림 6.2 듀얼 네트워크의 구조. 기존 버전 알파고의 정책 네트워크(제2장 **그림 2.17** 을 참고)와 밸류 네트워크(제2장 **그림 2.26** 을 참고)를 통합한 구조로 되어 있다

듀얼 네트워크의 입력에 관하여

다음은 듀얼 네트워크의 특징적인 부분에 초점을 맞추어 설명하겠다.

먼저, 듀얼 네트워크의 입력에 대해 설명한다. 기존 버전 알파고에서는 48채널인 입력 정보(**그림 6.3** (a) 2.3.4 항 참고)가 듀얼 네트워크에서는 돌의 위치, 이력, 수의 차례의 총 17채널(**그림 6.3** (b))로 되어 있다. 기존 버전 알파고에서 입력 특징으로 사용된 빈 점의 위치, 연과 관련된 호흡점의 수의 정보, 축에 관한 정보 등은 사용하지 않게 되었다. 이들 정보가 있는 편이 학습을 진행하기 쉽다고 생각되지만, 알파고 제로의 '게임 고유

의 정보를 가능한 한 사용하지 않는다'라는 설계 정책에 따라 사용하지 않았다고 생각한다.

(a) 기존 버전 알파고에서 사용된 입력 48채널

입력 채널의 종류	채널 수
흑돌의 위치	1
백돌의 위치	1
빈 곳의 위치	1
k수 앞에 둔 위치(k = 1~8)	8
돌이 있는 경우의 해당 연의 호흡점 수(k = 1~8)	8
거기에 둔 후, 돌을 취할 수 있는가?(취하는 수: k = 1~8)	8
거기에 둔 후에 해당 연을 빼앗길 경우 몇 개의 돌을 빼앗기는가? (돌의 수: k = 1~8)	8
거기에 둔 후의 해당 연의 호흡점의 수(호흡점의 수: k = 1~8)	8
거기에 둔 후 인접하는 상대의 연을 축으로 취할 수 있는가?	1
거기에 놓인 후 인접하는 아군의 연을 축으로 빼앗기는가?	1
합법 수인가?	1
모두 1로 채운다.	1
모두 0으로 채운다.	1
합계	48

(b) 알파고 제로의 듀얼 네트워크에서 사용된 입력 17채널

입력 채널의 종류	채널 수
흑돌의 위치	1
백돌의 위치	1
k수 앞의 흑돌의 위치(k = 1~7)	7
k수 앞의 백돌의 위치(k = 1~7)	7
수의 차례(흑의 차례라면 모두 1, 백의 차례라면 모두 0)	1
합계	17

그림 6.3 (a) 기존 버전 알파고에서 사용된 입력 48채널(2.3.4항 표 2.2)과 (b) 알파고 제로 듀얼 네트워크의 입력 17채널의 내역. (b)가 보다 더 간단하다

한편, 이력의 입력 방법은 기존 버전 알파고(그림 6.3 (a))에서는 $k(= 1\sim8)$수 앞에 두어진 착점 그 자체만 입력하고 있지만, 알파고 제로의 듀얼 네트워크(그림 6.3 (b))에서는 $k(= 1\sim7)$수 앞에 흑, 백 각각의 돌의 위치 정보를 모두 입력한다. 이러한 정보는 직전에 중요하게 된 돌의 위치를 표현할 수 있으며, 연에 관한 정보 등을 보충하는 효과가 있을 것이다.

미묘한 차이이므로 그냥 지나쳐 버릴 수 있지만, 다음의 한 수 예측 부분의 출력을 잘 살펴보면 기존 버전 알파고의 정책 네트워크의 출력인 (19 × 19 =) 361개에 '패스'가 추가되어 출력의 개수가 362개가 되었다. 사실 이 패스는 중요한 의미를 가지고 있다. 왜냐하면 뒤에서 설명하는 바와 같이 알파고 제로에서는 흑의 차례와 백의 차례가 연속해서 패스(착수 포기)한 결과에만(엄밀히 말하면 규정된 수(手)의 수(數)를 넘어선 경우도) 종국한다는 규칙을 채택하고 있기 때문이다.

따라서 나중에 설명할 강화 학습의 셀프 플레이에서 당초의 랜덤 플레이 동안은 이 패스가 우연히 두 번 계속되었을 때에만 종국하게 된다. 그 후 점차 강화 학습이 진행되면 자신이 승리했다고 생각하는 경우에만 패스를 하게 될 것이다. 즉, 이 패스는 알파고 제로의 규칙 환경에서 승리를 선언하기 위한 중요한 수인 것이다.

다음의 한 수 예측 부분과 승률 예측 부분을 통합한 구조

다음은 듀얼 네트워크의 특징인 '다음의 한 수 예측 부분'과 '승률 예측 부분'을 통합한 구조에 대해 설명한다. 여러 태스크에서 모델의 일부를 공유하고 동시에 학습하는 기법을 일반적으로 멀티태스크 학습이라고 한다.

알파고 제로 논문에 따르면 통합한 결과로 다음의 한 수 예측기로서의 성능은 정책 네트워크 단독의 경우보다 떨어지는 것으로 보인다. 그러나 몬테카를로 트리 탐색에 넣은 경우에는 통합된 듀얼 네트워크 쪽의 성능이 높아지는 것 같다. 시행 착오의 결과, 종합적으로는 듀얼 네트워크 쪽이 우수하다는 결론에 이르렀을지도 모른다.

다음 절에서 설명하는 몬테카를로 트리 탐색에서는 듀얼 네트워크의 다음의 한 수 예측 부분이 출력하는 수의 예측 확률 p에 의해 탐색 깊이가 제어되고, 승률 예측 부분이 출력하는 승률 예측 v가 국면 평가 함수가 된다. 게임 트리의 탐색에서 중요한 '탐색 깊이', '국면 평가 함수'라는 두 요소가 여기에서도 등장한다. 알파고 제로는 이 중요한 두 요소가, 통합된 하나의 네트워크 모델에 의해 계산된다는 의미다.

메모 | **멀티태스크(multi-task) 학습**

여러 태스크의 학습에 대해 모델의 일부를 공유하고 동시에 학습하는 기법을 멀티태스크 학습이라고 한다. 모델을 공유함으로써 여러 태스크에 공통하는 요인을 인식이 쉬워져 예측 정확도의 향상을 기대할 수 있다. 듀얼 네트워크의 경우에도 다음의 한 수 예측과 승률 예측의 모델을 일부 공유함으로써 이러한 인식에 필요한 공통의 구조 학습이 진행하기 쉬워진다고 생각한다.

잔차 네트워크

마지막으로, 잔차 네트워크(ResNet)에 대해 좀 더 자세히 설명한다.

잔차 네트워크는 그림 6.4 (a)에 나타낸 잔차 블록이라는 구조를 여러 단으로 겹친 것이다. 듀얼 네트워크에서는 이 잔차 블록을 19단 겹친 것을 사용하고 있다(그림 6.4 (b)).

듀얼 네트워크의 잔차 블록은 이 경우 3 × 3 크기 256종류의 필터를 가진 컨볼루션층(3 × 3 Conv 256)과, 배치 정규화(Bn)(2.3.3항의 메모 참고), ReLU 함수(ReLU)(2.2.5항 참고)를 2회 반복하는 것이 주요 경로인데, 특징적인 것은 이 주요 경로를 통하지 않는 숏컷을 가지고 있다는 점이다(엄밀히 말하면 그림 6.4 (a)처럼 특정 숏컷 종료에서 다음의 숏컷 시작까지의 사이에 ReLU을 두고 있다).

이 숏컷의 존재에 의해, 실은 깊은 네트워크일지라도 얕은 네트워크의 기능을 포함하는 것으로 알려져 있다. 얕은 네트워크만으로 학습할 수 있는 데이터의 경우에는 얕은 단까지의 파라미터만이 중점적으로 학습되어 나머지는 숏컷 경로를 거쳐 실질적으로 의미가 없다.

 메모 | **잔차 네트워크**

잔차 네트워크는 2.2.7항에서 설명한 ResNet과 같은 것이다. 잔차 네트워크에 관해서는 다음의 논문에서 설명하고 있다.

〈Deep Residual Learning for Image Recognition, Computer Vision and Pattern Recognition(CVPR)〉
(Kaiming He, Xiangyu Zhang, Shaoqing Ren, Jian Sun, 2016)
URL https://www.cv-foundation.org/openaccess/content_cvpr_2016/papers/He_Deep_Residual_Learning_CVPR_2016_paper.pdf

(a) 잔차 블록의 구조 상세

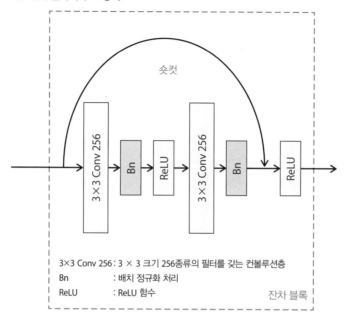

3×3 Conv 256 : 3 × 3 크기 256종류의 필터를 갖는 컨볼루션층
Bn   : 배치 정규화 처리
ReLU   : ReLU 함수

잔차 블록

(b) 듀얼 네트워크는 잔차 블록을 19회 반복한다.

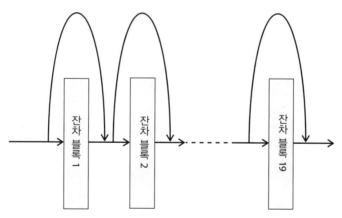

그림 6.4 듀얼 네트워크의 잔차 네트워크 부분에 대한 상세 설명. (a)는 잔차 블록의 상세. (b) (a)에 나타낸 잔차 블록의 구조를 19회 반복하고 있다

듀얼 네트워크의 규모와 계산량

기존 버전 알파고 정책 네트워크의 경우와 마찬가지로 듀얼 네트워크의 컨볼루션층의 덧셈 횟수와 파라미터의 개수를 계산하여 보자. 간단하게 하기 위해 여기에서는 듀얼 네트워크를 3 × 3 크기의 컨볼루션층이 39층 있다고 간주하여 계산한다. 이 가정하에서 다음과 같이 계산된다.

- 컨볼루션의 덧셈 횟수:

  19 × 19 × 3 × 3 × 256 × 256 × (층 수: 39) = 약 83억 (회)

- 필터 가중치 파라미터의 갯수:

  3 × 3 × 256 × 256 × (층 수: 39) = 약 2,300만 (개)

덧셈 횟수 및 파라미터 개수가 함께 기존 버전 알파고에서 사용된 필터 192장인 SL 정책 네트워크의 계산량(2.3.6항 참고)보다 약 6배다.

∙∙ 6.2.2 듀얼 네트워크의 학습

여기에서는 듀얼 네트워크의 파라미터(θ라고 한다)의 지도 학습 방법에 대해 설명한다. 듀얼 네트워크의 지도 학습은 2.3.8절에서 언급한 정책 네트워크의 지도 학습(그림 2.24 참고)과 기본적으로 동일하며, 오차 함수 L_θ의 경사를 이용하여 오류 역전파법에 의해 식 6.1 과 같이 파라미터를 갱신한다. a는 학습률이다.

$$\theta \rightarrow \theta - \alpha \cdot \Delta\theta, \quad \Delta\theta = \frac{\partial L_\theta}{\partial \theta}$$

식 6.1 듀얼 네트워크의 파라미터 θ의 순차 갱신식

단, 듀얼 네트워크는 수 a가 출력인 확률 $p(s, a)$와 흑의 승률 $v(s)$라는 두 개의 출력이 있으므로 오차 함수 L_θ의 계산 방법은 정책 네트워크와는 다르다.

듀얼 네트워크에 대한 정답 데이터는 (π, z)의 쌍으로 구성된다. 여기에서 첫 번째 정답 데이터 π는 어떤 국면 s에서 각 수 a가 정답이 될 확률을 나타낸다. 이것은 정책 네트워크의 정답 데이터와 마찬가지로, 강한 플레이어가 둔 수를 정답으로 하는 경우 강한 플레이어의 수 a^*만을 100%로 하고, 나머지 수의 확률은 0%로 생각한다. 나중의 강화 학습 시에는 좀 더 정교한 확률 분포를 이용한다.

다음으로 두 번째 정답 데이터 z는 어떤 국면에 대한 최종적인 승패(흑이 승이라면 +1, 백이 승이라면 -1)를 나타낸다. 이것은 밸류 네트워크의 정답 데이터와 같으며, 이 국면에서 강한 플레이어끼리 두었을 때 최종적인 승패로 생각하면 좋을 것이다.

이 조건하에서 가중치 파라미터를 θ로 하는 듀얼 네트워크 $f_\theta(s)$의 출력 쌍 (p, v)를 정답 데이터의 쌍 (π, z)에 근접하게 하는, 즉 (p, v)와 (π, z)의 오차를 최소화하도록 파라미터를 갱신한다는 방침이다. 자세한 내용은 Appendix 1 A1.1.3항에서 설명한다.

듀얼 네트워크의 학습 효과

알파고 제로 논문에서는 위에서 설명한 듀얼 네트워크를 기존 버전 알파고와 마찬가지로 3,000만 국면을 사용하여 지도 학습한 경우 강한 플레이어 수와의 일치율이 60.4%가 된 것으로 나타내고 있다. 이것은 최고 57.0%였던 기존 버전 알파고의 일치율(2.3.9항 참고)보다도 높은 값이다. 잔차 블록을 도입하고 네트워크의 깊이를 깊게 한 효과라고 말할 수도 있겠다. 실제로는 지도 학습이 아닌 강화 학습을 사용하여 듀얼 네트워크의 파라미터를 학습해 나간 것이지만, 그 기법에 대해서는 6.4절에서 언급하기로 하겠다.

듀얼 네트워크의 학습 부분을 작성하기

그림 6.5 에 기존 버전 알파고의 정책 네트워크의 경우(2.4.2항 참고)와 마찬가지로 듀얼 네트워크를 Chainer로 기술한 경우의 네트워크 정의 부분의 예를 나타내었다. Chainer을 사용하면 지금까지 설명한 듀얼 네트워크의 구조를 비교적 간단하게 작성할 수 있다. 상세한 설명은 생략하겠지만, 정책 네트워크의 경우와 마찬가지로 (a) 부분에 컨볼루션, 배치 정규화, 전체 결합 등의 처리를 정의해 두고, (b) 부분에서 이러한 재료를 조립해 나간다.

(a) 각 층의 크기와 형태의 정의 부분

```python
def __init__(self, train=True):
  super(CNN, self).__init__(
    conv0 = L.Convolution2D(17, 256, 3, pad=1),
    conv1 = L.Convolution2D(256, 256, 3, pad=1),
    conv2 = L.Convolution2D(256, 256, 3, pad=1),
      …
    conv38 = L.Convolution2D(256, 256, 3, pad=1),

    bn0 =L.BatchNormalization(256),
    bn1 =L.BatchNormalization(256),
      …
    bn38=L.BatchNormalization(256),

    conv_p1 = L.Convolution2D(256, 2, 1),
    bn_p1 = L.BatchNormalization(2),
    fc_p2 = L.Linear(19*19*2, 19*19),

    conv_v1 = L.Convolution2D(256, 1, 1),
    bn_v1 = L.BatchNormalization(1),
    fc_v2 = L.Linear(19*19, 256),
    fc_v3 = L.Linear(256, 1),)
```

(b) 네트워크 접속의 정의 부분

```python
def __call__(self, x):
  h0 = F.relu(self.bn0(self.conv0(x)))
  h1 = F.relu(self.bn1(self.conv1(h0)))
  h2 = F.relu(self.bn2(self.conv2(h1)) + h0)
  h3 = F.relu(self.bn3(self.conv3(h2)))
  h4 = F.relu(self.bn4(self.conv4(h3)) + h2)
    …
  h37 = F.relu(self.bn37(self.conv37(h36)))
  h38 = F.relu(self.bn38(self.conv38(h37)) + h36)

  #policy output
  h_p1 = F.relu(self.bn_p1(self.conv_p1(h38)))
  out_p = self.fc_p2(h_p1)

  #value output
  h_v1 = F.relu(self.bn_v1(self.conv_v1(h38)))
  h_v2 = F.relu(self.fc_v2(h_v1))
  out_v = F.tanh(self.fc_v3(h_v2))
  return out_p , out_v
```

잔차 블록

그림 6.5 듀얼 네트워크를 Chainer로 기술한 경우의 네트워크 정의 부분. 2.4.2항의 리스트 2.2 , 리스트 2.3 에 나타낸 기존 버전 알파고 정책 네트워크의 코드와 비교하면 잔차 블록이 사용되고 있는 점, 출력이 갈라져 있는 점이 큰 차이다

:: 6.2.3 알파고 제로의 딥 러닝 정리

이 절에서 설명한 바와 같이 딥 러닝은 사람의 직관을 대체하는 기능을 가졌다고 말할 수 있다. 바둑의 경우 국면 평가 함수 작성을 위한 특징량 설계가 매우 어려웠지만, 알파고 제로는 마침내 돌의 배치와 이력 정보만으로 국면을 평가하는 방법을 개발했다. 사람의 대국관에 상당하는 바둑의 국면 평가 함수를 만든다는, 기존에 불가능이라고 여겨졌던 과제가 딥 러닝에 의해 훌륭하게 해결된 것이다.

6.3 알파고 제로에서의 몬테카를로 트리 탐색

여기에서는 알파고 제로에서 사용되고 있는 몬테카를로 트리 탐색 기법을 상세하게 설명한다.

이 절에서는 정확도가 높은 듀얼 네트워크를 얻었다고 했을 때, 이 듀얼 네트워크를 활용하는 몬테카를로 트리 탐색(MCTS)에 대해 설명한다. 특히, 알파고 제로의 MCTS와 기존 버전의 MCTS의 차이점을 중심으로 설명한다.

 메모 | **기존 버전의 MCTS**

MCTS는 랜덤 시뮬레이션을 반복하여 최종적으로 루트 국면에서 가장 시뮬레이션 횟수가 큰 수를 선택하는 방법이었다. 이 기술은 멀티 암트 밴딧 문제(3.3절 참고)에서 사용되는 UCB 알고리즘을 게임 트리 탐색으로 확장한 방법이며, 각 시뮬레이션에서는 그 노드의 차례에서 본 낙관적인 승률 예측값(승률 + 바이어스)이 큰 수를 선택(selection)하여 트리를 내려간다. 그리고 잎 노드(단말 국면)에 도달한 후에는 플레이 아웃을 실행하여 그 노드의 승률을 평가(evaluation)하고 결과를 갱신(backup)하면서 다시 루트 노드까지 올라간다. 또한, 시뮬레이션 횟수가 일정한 값을 초과한 노드는 자식 노드를 전개(expansion)한다.

이 선택, 전개, 평가, 갱신으로 구성된 시뮬레이션 과정을 반복함으로써 결과적으로 더 중요한 수를 깊게 전개할 수 있는 것이 MCTS의 특징이었다(4.4절 참고).

이에 반해 기존 버전 알파고에서는 선택 과정에서 승률의 평가에 밸류 네트워크 및 플레이 아웃의 승률 평가의 가중치 합을 사용하고, 바이어스의 평가에 정책 네트워크의 '다음의 한 수 예측 확률'을 사용했다(5.2절 참고).

⠿ 6.3.1 알파고 제로의 몬테카를로 트리 탐색 개요

알파고 제로의 MCTS(그림 6.6)와 기존 버전 알파고 MCTS의 가장 큰 차이점은 플레이 아웃(4.4.2항의 메모 참고)이라 불리는 '난수를 바탕으로 종국까지 수를 진행해 승패를 얻는 과정'이 없다는 점이다. 알파고 제로에서는 기존의 여러 차례 실시한 플레이 아웃 대신에 한 번만 듀얼 네트워크를 계산하여 승률을 예측하고 있다. 듀얼 네트워크에 의한 승률 예측의 정확도가 상승했으므로 플레이 아웃이 필요하지 않게 된 것이라고 생각한다. 결과적으로, 시뮬레이션 1회로 승률을 얻을 수 있으므로 시뮬레이션 1회마다 새로운 노드를 한 개 배포할 수 있게 되었다.

(a) **Step 1**: 루트 노드에서 아크 평가의 낙관치($Q(s, a) + u(s, a)$)가 최대가 되는 수 a를 따라 트리를 내려간다.

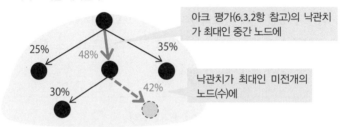

(b) **Step 2**: 새로운 노드를 만들고 듀얼 네트워크에 의해 p, v를 계산한다.

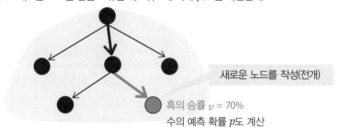

(c) **Step 3**: 각 노드의 승률을 갱신하면서 트리를 올라간다.

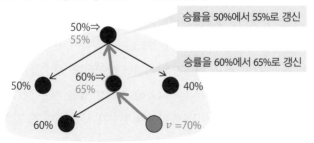

그림 6.6 알파고 제로의 몬테카를로 트리 탐색. (a) 루트 노드에서 아크 평가의 낙관치($Q(s, a) + u(s, a)$)가 최대가 되는 수 a를 따라 트리를 내려간다. (b) 새로운 노드를 만들고 듀얼 네트워크에 의해 p, v를 계산한다. (c) 각 노드의 승률을 갱신하면서 트리를 올라간다

⠶ 6.3.2 몬테카를로 트리 탐색의 플로 차트

다음으로, 몬테카를로 트리 탐색의 처리에 대해 자세히 살펴보자.

알파고 제로의 몬테카를로 트리 탐색에서는 그림 6.7 의 플로 차트에서 나타낸 바와 같이 Step 1~3로 구성된 시뮬레이션 처리를 반복한다.

Step 1(선택 처리)

먼저, Step 1에서는 국면 s에서 아래 식으로 계산되는 아크 평가치 $Q(s,a) + u(s,a)$가 최대가 되는 수 a를 거쳐서 트리를 내려간다. 또한, 평가라는 용어는 혼동을 야기하므로 선택 처리에 의한 각 수의 평가는 '아크 평가'라고 부르기로 한다. 한편, 국면(노드)를 평가하는 경우 '국면 평가'라고 부르겠다.

아크 평가치: $Q(s,a) + u(s,a)$

$$Q(s,a) = \frac{W(s,a)}{N(s,a)},$$

승률

$$u(s,a) = c_{puct} \cdot p(s,a) \frac{\sqrt{\sum_b N(s,b)}}{1 + N(s,a)}$$

수 a의 예측 확률   바이어스

식 6.2 아크 평가치의 계산 방법

여기에서 $Q(s,a)$는 승률이다(식 6.2). $u(s,a)$는 듀얼 네트워크를 출력하는 수 a의 예측 확률과 바이어스의 곱으로 되어 있다. 바이어스는 수 a에서 시작하는 시뮬레이션의 횟수가 적을 때에는 큰 값이 되고, 횟수가 많아지면 작아진다. 즉, 신뢰 구간의 크기를 나타내는 것으로 간주할 수 있다. 따라서 $u(s,a)$ 전체로 봤을 때는 예측 확률 $p(s,a)$가 크거나 혹은 수 a에서 시작하는 시뮬레이션의 횟수가 작을 때에 큰 값이 된다. 마지막으로, c_{puct}는 승률 $Q(s,a)$와 $u(s,a)$의 균형을 결정하는 파라미터를 나타낸다. 이상의 계산 내용은 승률 $Q(s,a)$가 듀얼 네트워크의 결과만으로 평가되는 것을 제외하면 기존 버전 알파고의 선택 처리(5.2절 그림 5.5 Step 1 참고)와 동일하다.

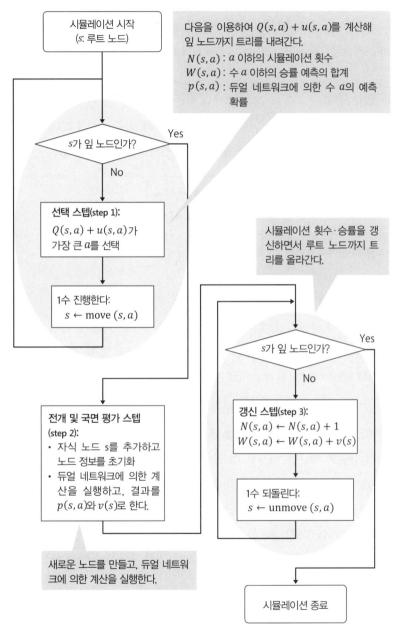

시뮬레이션 시작
(*s*: 루트 노드)

다음을 이용하여 $Q(s,a) + u(s,a)$를 계산해
잎 노드까지 트리를 내려간다.
$N(s,a)$: a 이하의 시뮬레이션 횟수
$W(s,a)$: 수 a 이하의 승률 예측의 합계
$p(s,a)$: 듀얼 네트워크에 의한 수 a의 예측
확률

*s*가 잎 노드인가?

Yes

No

선택 스텝(step 1):
$Q(s,a) + u(s,a)$가
가장 큰 a를 선택

시뮬레이션 횟수·승률을 갱
신하면서 루트 노드까지 트
리를 올라간다.

1수 진행한다:
$s \leftarrow$ move (s,a)

*s*가 잎 노드인가?

Yes

No

전개 및 국면 평가 스텝
(step 2):
• 자식 노드 s를 추가하고
노드 정보를 초기화
• 듀얼 네트워크에 의한 계
산을 실행하고, 결과를
$p(s,a)$와 $v(s)$로 한다.

갱신 스텝(step 3):
$N(s,a) \leftarrow N(s,a) + 1$
$W(s,a) \leftarrow W(s,a) + v(s)$

1수 되돌린다:
$s \leftarrow$ unmove (s,a)

새로운 노드를 만들고, 듀얼 네트워
크에 의한 계산을 실행한다.

시뮬레이션 종료

그림 6.7 알파고 제로의 몬테카를로 트리 탐색의 시뮬레이션 1회의 처리에 대한 플로 차트. 5.2절의
그림 5.6 에 나타낸 기존 버전 알파고가 채용한 APV-MCTS의 플로 차트와 비교하면 간단하다

Step 2(전개 및 국면 평가 처리)

Step 2에서는 자식 노드 s'를 전개하여 듀얼 네트워크 f_θ에 의해 $p(s', a)$, $v(s')$를 계산한다. 기존 버전 알파고에서는 노드 전개의 빈도는 $n(= 40)$ 시뮬레이션에 1회였지만, 알파고 제로에서는 매번 노드가 만들어진다.

Step 3(갱신 처리)

Step 3에서는 루트 노드까지 도중의 모든 노드 s에 대해 승률의 합계 $W(s, a)$와 시뮬레이션 횟수의 합계 $N(s, a)$를 식6.3과 같이 갱신하면서 트리를 올라간다.

$$N(s,a) = N(s,a) + 1$$
$$W(s,a) = W(s,a) + v(s)$$

식 6.3 시뮬레이션 횟수의 합계 $N(s,a)$와 승률의 합계 $W(s,a)$

이 처리에 의해 결과적으로 $N(s,a)$와 $W(s,a)$에 각각 국면 s의 수 a부터 시작하는 시뮬레이션의 횟수와 승률의 합계가 보관되는 것을 확인하길 바란다. 기존 버전의 알파고에서는 밸류 네트워크에 의한 승률 평가와 플레이 아웃의 승률 평가가 모두 필요했지만(그림5.6 Step 4 참고), 알파고 제로는 듀얼 네트워크가 출력하는 승률 평가 $v(s)$에 관한 것만으로도 괜찮기 때문에 간단하다.

이 갱신 처리의 결과로 $W(s,a)/N(s,a)$에 의해 해당 국면 s의 수 a부터 시작하는 모든 시뮬레이션 승률의 평균을 계산할 수 있다. MCTS의 중요한 변화가 중점적으로 전개되는 성질과 결부하면 시뮬레이션을 거듭할수록 $W(s,a)$와 $N(s,a)$에 의한 승률의 정확도가 높아질 것으로 생각된다. 참고로, 알파고 제로의 MCTS에서는 승부가 날 때까지 플레이 아웃을 하고 있는 것이 아니라, 단순히 듀얼 네트워크의 승률 예측에 근사하고 있으므로 기존의 MCTS에서 보인 이론적으로 최선 수에 수렴하는 성질(4.4.4항 메모 참고)은 없다.

Step 4(최종적인 수의 선택 처리)

알파고 제로에서는 위의 Step 1~3의 시뮬레이션 처리를 N회(예를 들어, 1,600회) 반복한 후에 루트 국면에 있어서 가장 시뮬레이션 횟수가 많았던 수를 채용한다(Step 4). 이 점도 기존 버전 알파고와 같다.

∷ 6.3.3 알파고 제로의 몬테카를로 트리 탐색 정리

알파고 제로의 몬테카를로 트리 탐색에서는 듀얼 네트워크의 승률 예측의 정확도가 향상됨에 따라 플레이 아웃이 불필요하게 된 점이 최대의 포인트다. 또한, 이 플레이 아웃을 없앰으로써 초당 생성할 수 있는 노드 수가 늘어난 점도 큰 장점이다. 알파고 제로에서는 TPU라는 강력한 하드웨어를 사용하는 것도 효과가 있어서 4,000노드/초 정도의 속도로 노드를 생성할 수 있다. 결과적으로 꽤 깊게 읽을 수 있음을 알 수 있다.

이 검색 기술은 더 이상 MCTS라기보다는 기존형의 장기 등에서 사용되었던 검색 기술에 가까운 이미지다. 실제 아크 평가의 낙관값이 가장 좋은 순서로 한 개씩 노드를 추가하고, 추가한 노드를 국면 평가하는 것을 반복하고 있을 뿐이므로 일종의 최선 우선 탐색으로 간주될 수 있다.

 메모 | **최선 우선 탐색(Best-first search)**

깊이 우선 탐색, 너비 우선 탐색 등과 대등한 트리의 탐색 방법 중의 하나다. 최선 우선 탐색은 어떤 평가 기준을 바탕으로 가장 바람직한 노드부터 순서대로 탐색해 나가는 방법이다.

알파고 제로의 몬테카를로 트리 탐색은 지금까지의 검색 결과($W(s, a), N(s, a)$)와 그 노드에서 계산된 값($p(s, a), v(s)$)만으로 탐색 순서가 결정되며, 가장 바람직한 노드를 매번 전개하고 있으므로 일종의 최선 우선 탐색이라고 말할 수 있을 것이다.

즉, 알파고 제로의 MCTS에 의한 예측 방법은 압도적인 물량으로 넓고 깊게 탐색해 나가기보다는 유망한 지점만을 선택적으로 깊게 읽어 가는 기법이다. 인간의 사고 방식에 근접했다고도 말할 수 있을 것이다.

6.4 알파고 제로에서의 강화 학습

 여기에서는 알파고 제로에서 사용되고 있는 강화 학습 기법에 대해 상세히 설명한다.

지금까지 정확도가 높은 듀얼 네트워크를 지닌 알파고 제로의 탐색 방법에 대해 설명하였다. 이후에는 듀얼 네트워크의 좋은 파라미터를 어떻게 학습하는가라는 문제가 남아 있다. 알파고 제로는 이 문제를 강화 학습을 통해 해결하고 있다.

그림 6.8 과 같이 알파고 제로의 강화 학습은 처음에는 랜덤 플레이를 하므로 매우 약한 상태에서 시작된다. 이 상태에서 셀프 플레이를 반복하고, 그 셀프 플레이의 결과를 바탕으로 듀얼 네트워크의 파라미터 θ를 계속 갱신해 나감으로써 점점 강해지는 방식이다. 이 강화 학습을 실현하려면 셀프 플레이에서 보다 이기기 쉬운 수를 선택하기에 좋은 파라미터 갱신 방법을 창출해야 한다.

 메모 | 셀프 플레이(자기 대전)

셀프 플레이란, 여기에서는 흑돌의 바둑 AI와 백돌의 바둑 AI의 자기 대전을 뜻하며, 1수째부터 승패가 결정될 때까지 1수씩 각각의 AI가 번갈아 두는 것을 말한다. 이 장에서 셀프 플레이의 목적은 두 가지가 있다.

첫 번째 목적은 다른 AI를 이용한 자기 대전을 반복하여 어느 AI가 강한 것인지를 결정하는 것이다. 이것은 대전 수를 늘려서 승패를 계산하는 것만으로 평가할 수 있다. 나중에 언급할 새로운 파라미터 평가 부분에서는 이 첫 번째 목적으로 셀프 플레이가 이루어지고 있다.

셀프 플레이의 두 번째 목적은 강화 학습을 위한 기보를 얻는 것이다. 특정 AI를 이용한 경우의 승패를 얻음으로써 이 AI를 보다 이기기 쉽도록 파라미터 갱신의 방향성(경사)을 얻는 것이 목적이다. 예를 들어, 이긴 쪽의 수를 보다 쉽게 두도록, 지는 쪽의 수를 보다 덜 두게 하도록 강화 학습을 실시할 것을 고려할 수 있다. 나중에 언급할 알파고 제로의 강화 학습에서는 셀프 플레이 부분의 각 수의 탐색 결과를 바탕으로 독창적인 방법을 통해 파라미터 갱신을 실시하는 메커니즘이 사용되고 있다.

- **강화 학습이란?**
  - AI가 성공 경험을 바탕으로 행동을 개선해 나가는 비지도 학습의 일종
    - 교사 데이터가 없는 경우(프로를 초과하는 경우) 등에 유효
- **알파고 제로에서는**
  - '셀프 플레이' ⇒ '가능한 한 이긴 쪽의 수를 쉽게 두도록 파라미터 갱신'을 반복
  - 랜덤 플레이의 초기 상태에서 교사 없이 프로를 뛰어넘는 수준까지 학습하는 데 성공

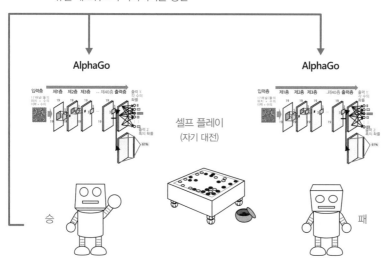

그림 6.8 알파고 제로의 강화 학습 기법

그럼 어떤 강화 학습을 사용하면 좋을까? 가장 간단한 방법은 기존 버전 알파고에서 SL 정책 네트워크에서 RL 정책 네트워크를 만든 것처럼 셀프 플레이의 승패를 바탕으로 정책 경사법(3.6.2항 참고)을 실시하는 것을 고려할 수 있다. 다만, 구글 딥 마인드 계산기 자원을 가지고도 이 직구 승부의 정책은 어려웠을지도 모른다.

사실 알파고 제로에는 지금까지 별로 본 적이 없는 독창적인 강화 학습 기법이 사용되고 있다. 여기에서는 단계별로 설명해 나가겠다.

:: 6.4.1 알파고 제로의 강화 학습 기법

그림 6.9 에서는 알파고 제로의 강화 학습 플로 차트를 나타내고 있다. 알파고 제로의 강화 학습은 셀프 플레이 부분, 파라미터 갱신 부분, 새로운 파라미터 평가 부분 셋으로 구성되어 있다.

먼저, 셀프 플레이 부분에서는 현재 가장 강한 파라미터(잠정 최강 파라미터) θ^*에 의한 듀얼 네트워크 f_{θ^*}를 이용한 셀프 플레이가 실시된다(Step 2).

다음으로, 학습 부분에서는 Step 2에서 얻은 셀프 플레이의 정보(구체적으로는 z와 π)를 사용하여 파라미터를 갱신하고 새 파라미터 θ'를 얻는다(Step 3). 마지막으로, 새로운 파라미터 평가 부분에서는 잠정 최강의 파라미터 θ^*를 이용한 듀얼 네트워크 f_{θ^*}와, Step 3에서 얻은 새로운 파라미터 θ'를 이용한 듀얼 네트워크 $f_{\theta'}$에 의한 대전을 실시하고, $f_{\theta'}$ 측이 충분히 역전했을 경우에는 θ^*을 새로운 파라미터 θ'로 대체하는 처리를 실시한다(Step 4).

잠정 최강 파라미터 θ^*의 변화에 주목해 보면, Step 1에서 무작위로 초기화된 θ^*는 Step 3의 파라미터 갱신 부분에서 갱신되고, 갱신 결과에 따른 강도가 의미 있다고 인정되는 경우에는 새로운 θ^*로 채용된다(Step 4). 강화 학습을 통해 알파고가 강해지는 현상은 이 θ^*가 점점 강력한 파라미터로 갱신됨으로써 실현된다.

또한 여담이지만, 파라미터 θ^*의 갱신 프로세스는 인간의 플레이어가 경험을 바탕으로 직관을 갈고 닦는 과정과 비슷하다고 말할 수 있다. 프로 바둑 기사는 대부분의 경우 순식간에 좋은 수를 알아낼 수 있다. 이것은 평소 수련의 성과라고 말할 수 있다.

또한, 이 갱신 프로세스는 수작업으로 바둑 AI를 개발하는 경우도 비슷하다. 인간의 손으로 개발할 때는 새로운 아이디어에 따라 코드를 다시 작성한 후, 잠정 최강 버전과 새로운 아이디어 구현 버전에 의한 대전을 실시하여 새로운 아이디어 측이 충분히 역전한 경우에 잠정 최강 파라미터를 대체한다.

알파고 제로의 강화 학습 메커니즘은 인간의 플레이어와 개발자의 시행 착오 과정을 듀얼 네트워크의 파라미터 갱신 처리에 도입하여 자동화한 것으로 볼 수도 있다.

다음 그림 6.9 에서는 이해하기 쉽도록 순차적으로 설명하고 있지만, 실제로는 셀프 플레이 부분과 파라미터 갱신 부분, 새로운 파라미터 평가 부분이 비동기 병렬로 실행되며, 파라미터 갱신 부분, 새로운 파라미터 평가 부분은 셀프 플레이 부분이 25,000회 셀프 플레이를 끝나기를 기다리는 것이 아니라 순차적 학습·평가를 실시하고 있다. 이 병렬화의 아이디어는 5.3절에서 설명한 기존 버전 알파고 병렬 처리의 개념과 동일하다.

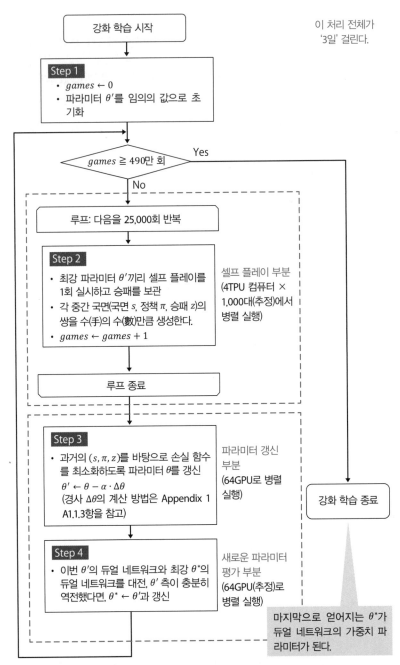

강화 학습 시작

이 처리 전체가
'3일' 걸린다.

Step 1
- $games \leftarrow 0$
- 파라미터 θ'를 임의의 값으로 초기화

$games \geq$ 490만 회 — Yes

No

루프: 다음을 25,000회 반복

Step 2
- 최강 파라미터 θ'끼리 셀프 플레이를 1회 실시하고 승패를 보관
- 각 중간 국면(국면 s, 정책 π, 승패 z)의 쌍을 수(手)의 수(數)만큼 생성한다.
- $games \leftarrow games + 1$

셀프 플레이 부분
(4TPU 컴퓨터 ×
1,000대(추정)에서
병렬 실행)

루프 종료

Step 3
- 과거의 (s, π, z)를 바탕으로 손실 함수를 최소화하도록 파라미터 θ를 갱신
$\theta' \leftarrow \theta - \alpha \cdot \Delta\theta$
(경사 $\Delta\theta$의 계산 방법은 Appendix 1 A1.1.3항을 참고)

파라미터 갱신
부분
(64GPU로 병렬
실행)

강화 학습 종료

Step 4
- 이번 θ'의 듀얼 네트워크와 최강 θ^*의 듀얼 네트워크를 대전, θ' 측이 충분히 역전했다면, $\theta^* \leftarrow \theta'$과 갱신

새로운 파라미터
평가 부분
(64GPU(추정)로
병렬 실행)

마지막으로 얻어지는 θ^*가
듀얼 네트워크의 가중치 파
라미터가 된다.

그림 6.9 알파고 제로의 강화 학습 플로 차트. 셀프 플레이 부분, 파라미터 갱신 부분, 새로운 파라미터 평가 부분의 세 가지 부분의 반복으로 이뤄졌다

강화 학습에서의 셀프 플레이 부분의 처리

셀프 플레이 부분의 목적은 듀얼 네트워크 f_θ^*를 이용한 몬테카를로 트리 탐색에 따라 고품질의 다양한 기보를 가능한 한 많이 생성하는 것이다.

셀프 플레이 1수당 처리는 실제 탐색 시와 동일한 처리인 것이 바람직하므로 기본적으로는 6.3절에서 언급한 것과 거의 같은 방식으로 MCTS를 실행한다. MCTS는 1수당 1,600번의 시뮬레이션을 수행하고, 그 결과를 바탕으로 다음의 한 수를 결정한다.

참고로, 일반적 MCTS에서는 최종적인 수의 선택(6.3.2항 Step 4)으로 시뮬레이션 횟수가 가장 큰 자식 노드의 수을 선택하지만, 셀프 플레이 시의 MCTS는 첫수에서 30수째까지 한정해서 시뮬레이션 횟수에 비례한 확률로 자식 노드의 수를 선택한다. 또한, 30수째까지로 한정하지 않고, 최종적인 수의 선택에서는 난수를 이용하여 시뮬레이션 횟수가 최대인 노드 이외의 것을 선택하는 궁리도 실시하고 있다.

이것은 알파고 제로 기법의 경우 말단 노드의 평가에서 플레이 아웃 없이 밸류 네트워크만으로 평가하므로 각 시뮬레이션에서 확률적 요소가 없어져 버린 것에 기인한다. 결과적으로, 알파고 제로의 시뮬레이션은 동일 국면에서는 매번 같은 검색 결과가 되어 버린다. 한편, 셀프 플레이에서는 기보의 다양성이 중요하므로 최종 루트 노드의 수의 선택에서 확률 요소를 넣고 있다.

또한, 셀프 플레이를 짧은 수(手)의 수(數)로 종료시키기 위한 궁리로, 승률이 5% 이하가 되면 투료(졌다고 인정하는 것)로 간주하는 처리가 들어 있다.

이상의 결과를 바탕으로 한 수마다 각 루트 국면 s에 대한, 각 수 a가 시뮬레이션된 횟수 $N(s, a)$와 최종적인 승패 z을 보관해 둔다. 최종적으로 어느 수를 생성했는지뿐만 아니라 루트 노드에서 각 후보 수를 시뮬레이션한 횟수를 보존해 학습에 사용하는 부분은 지금까지 없었던 발상이다.

여기에서는 알파고 제로의 셀프 플레이의 종료 판정 방법, 승패의 판정 방법에 대해서 보충한다. 기존 바둑의 몬테카를로 트리 탐색에서는 자신의 집을 메우지 않는다는 조건하에 더 이상 둘 수 없다면 패스(착수 포기)라는 식의 규칙을 넣어 두는 것이 일반적이다.

그럴 경우 랜덤의 셀프 플레이라고 해도 500수 정도면 서로 패스할 수밖에 없어 종국을 하게 된다. 여기서 집을 메우지 않는다는 것이 중요한데, 자신의 집을 계속 메워 버리면 살아 있는 돌도 언젠가는 죽는 돌이 되어 상대에게 빼앗겨 버린다. 이것을 반복하면 셀프 플레이는 영원히 끝나지 않는다.

그런데 알파고 제로는 이 '집을 메우지 않는다'는 정도의 지식조차도 무시하는 것을 꺼리지 않는다. 그 대신 패스가 흑의 차례와 백의 차례 두 손이 연속되면 종국(그게 없으면 722수에서 종국)이라는 규칙만을 도입했다. 단, 우연히 패스가 연속해서 나타나면 초반이라도 종국을 해버리므로 종국 시에 승패를 잘 판단할 필요가 있다. 이에 대해서는 Tromp-Taylor Rules라는 애매성이 없는 규칙을 적용하고 있다. 이 규칙은 중국 규칙(1.4.1절의 그림 1.2 참고)에 가까운 것이지만, 각 수의 점수는 자신의 돌 수와 자신의 돌만에 접하는 빈 점의 수와의 합계로 정의한다.

아마도 '집을 메우지 않는다는 조건하에서 놓을 수가 없어지면 패스'라는 것이 구현이 편하고, 강화 학습도 빨리 수렴할 것이라 생각되지만, 알파고 제로는 여기에서도 필요 최소한의 지식 이외는 사용하지 않는다는 것을 고집하고 있다.

강화 학습에서의 파라미터 갱신 부분의 처리

파라미터 갱신 부분의 목적은 셀프 플레이의 결과에 따라 현재의 듀얼 네트워크 파라미터를 더 나은 파라미터로 갱신하는 것이다.

앞의 50만 회의 셀프 플레이 중에서 무작위로 $A(= 2{,}048)$개의 학습 데이터를 추출한다.

6.2.2항에서 본 바와 같이 듀얼 네트워크의 지도 학습에는 다음으로 어느 수를 선택할 것인가라는 정답 데이터 π와 승률의 정답 데이터 z가 필요했다. 이 중 z에 관해서는 셀프 플레이의 승패를 이용하면 된다. 한편, π에 관해서는 일반적인 지도 학습의 경우 정답 수(강한 플레이어가 둔 수)만을 100%로 하고, 나머지를 0%로 하는 방식(이하 '0 - 1 방식'이라고 한다)을 채용하는 경우가 많다. 이에 반해 알파고 제로의 강화 학습에서는 모든 후보 수에 확률값을 매긴 벡터를 이용하는 방식(이하 '확률 분포 방식'이라고 한다)을 채택한다는 점이 특징이다.

이 확률 분포 방식에서의 각 수 a의 확률 π_a는 MCTS의 결과를 최대한 활용하여 셀프 플레이 부분에서 얻어진 시뮬레이션 횟수의 정보 $N(s, a)$를 이용하여 **식 6.4**와 같이 계산한다.

$$\pi_a = \frac{N(s,a)^{1/\gamma}}{\sum_b N(s,a)^{1/\gamma}}$$

식 6.4 확률 분포 방식에서의 각 수 a의 확률 π_a

여기에서 γ는 **온도 파라미터**라고 불리는 수의 편차를 제어하는 파라미터로 되어 있다. $\gamma = 0$의 극한을 고려하면 $N(s, a)$가 최대인 수 a를 100% 선택하게 되고, 이것은 MCTS의 사고와 동일하다. 한편, $\gamma = 1$로 하면, $N(s, a)$의 크기에 비례하여 수 a를 선택하게 된다. 알파고 제로에서는 사실 이 γ를 적절히 조정하면서 시뮬레이션을 실행해, 얻을 수 있는 기보의 다양성을 조정하고 있다.

여기에서 $\gamma = 1$인 경우를 구체적으로 살펴보자. 예를 들어, 수의 후보로 a_1, a_2, a_3의 세 후보가 있어 MCTS의 결과로 시뮬레이션 100회 중 a_1이 30회, a_2가 50회, a_3가 20회 실행되었다고 하자. 이때 각 수의 확률 분포 π는 $\pi = \{30\%, 50\%, 20\%\}$가 된다. 확률 분포 방식에서는 이 π를 그대로 정답 데이터로 한다.

한편, 0 – 1 방식을 채택하는 경우(이것은 $\gamma = 0$의 경우에 해당한다) 확률이 최대가 되는 a_2만을 100%로 해서 정답 데이터를 $\pi = \{0\%, 100\%, 0\%\}$로 한다. 한 개의 수만이 매우 좋은 수인 경우는 이래도 상관없지만, 여러 유력 후보가 있는 경우는 너무 극단적일지도 모른다.

학습의 결과에서 얻고 싶은 것은 MCTS의 수를 전개할 때의 다음의 한 수에 대한 예측 확률이므로 각 수의 확률 분포 자체를 정답 데이터로 두는 편이 좋을 것이다. 모든 후보에 확률값을 부여한 확률 분포 방식의 π을 사용하면 0 – 1방식의 π를 사용하는 것보다 정보량이 증가하므로 학습을 진행하기 쉬울 것이라고 생각한다.

또한, 확률 분포 방식의 π를 정답 데이터로 하는 경우도 손실 함수는 A1.1.3항의 방법으로 계산할 수 있으며, 6.2.2항의 **식 6.1**을 사용하여 파라미터 θ를 갱신한다.

강화 학습에서의 새로운 파라미터 평가 부분에 대한 처리

새로운 파라미터 평가 부분의 목적은 셀프 플레이 및 파라미터 갱신 처리에서 얻은 새로운 파라미터 θ'이 원래의 파라미터 θ^*보다도 우수한지를 판정하는 것이다. 파라미터 갱신 처리를 1,000회 실행할 때마다 다음의 판정 처리를 실시한다.

구체적으로는 이번에 얻은 듀얼 네트워크 $f_{\theta'}$와 기존 최강의 듀얼 네트워크 f_{θ^*} 사이에서 400회 자기 대전(셀프 플레이)시킨다. 셀프 플레이 부분의 경우와 마찬가지로 1수 진행하기 위해 1,600회의 시뮬레이션을 실행한다.

그 결과 $f_{\theta'}$측이 f_{θ^*}에 대해 220승 이상 이긴 경우는 θ^*에서 θ'으로 잠정 최강의 파라미터를 갱신한다. 여기에서 220승이라는 숫자는 다소 대략적으로 말하자면 약 98%의 확률로 강해진 경우에 해당한다.

❖❖ 6.4.2 강화 학습의 계산 시간

다음으로, 알파고 제로의 강화 학습 계산 시간에 대해 자세히 살펴보도록 하자.

6.4.1항에서 설명한 바와 같이 알파고 제로의 강화 학습은 셀프 플레이 부분, 파라미터 갱신 부분, 새로운 파라미터 평가 부분의 세 가지로 구성되는데, 강화 학습에 필요한 시간의 대부분은 셀프 플레이 부분에서 소요된다. 알파고 제로 논문에 따르면 셀프 플레이에서 1수당 1,600회의 시뮬레이션을 실행하며, 계산 시간은 0.4초 정도라고 한다.

이 경우 490만 국의 셀프 플레이에서 1국의 셀프 플레이가 150수에서 종료했다고 가정하면 식 6.5와 같이 10년 가까이 걸릴 수 있다.

$$0.4(\,초\,/\,수\,) \times 150(\,수\,/\,국\,) \times 490(\,국\,) \sim 2.9억\ 초$$
$$\sim 3400일$$
$$\sim 9.3년$$

식 6.5 490만 국의 셀프 플레이에 필요한 계산 시간(병렬 처리를 하지 않은 경우)

이것이 3일에 끝났다는 것은 1,000대 가까운 병렬화를 실시한 것으로 추정된다.

한편, 1,600회의 시뮬레이션을 0.4초로 마쳤다는 속도는 알파고 논문의 수준과 비교해도 압도적인 속도다. 한 번의 시뮬레이션 중에서 가장 무거운 처리는 듀얼 네트워크를 계산하는 부분으로 시뮬레이션 1회당 1회 실행된다. 6.2.1항에서 듀얼 네트워크의 계산량이 기존 버전 알파고의 정책 네트워크와 비교하면 약 6배의 계산량(부분합(sum-of-product) 연산의 양)이 되는 것을 설명하였다. 참고로, 기존 버전 알파고에서 정책 네트워크의 전방향 계산이 5밀리초 정도 걸렸던 것(2.3.6항 참고)을 이용해 보자. 그 경우 1,600회의 계산에는 식 6.6과 같은 시간이 걸리게 된다.

$$5.0(\text{밀리초} / \text{시뮬레이션}) \times 6 \times 1,600(\text{시뮬레이션}) = 48\text{초}$$

식 6.6 1,600회의 시뮬레이션에 필요한 계산 시간(기존 버전의 정책 네트워크의 경우)

알파고 제로에서는 이 계산을 0.4초, 즉 100배 이상 빠르게 계산할 수 있다. 이것은 무엇을 의미할까?

이것은 필자의 상상에 지나지 않지만, 아마도 GCP(Google Cloud Platform)에서 사용 가능한 TPU를 네 개 탑재한 컴퓨터를 사용하지 않았을까 싶다. TPU는 기존의 GPU에 비해 최대 30배 정도 빠르게 처리할 수 있다고 알려져 있다. 30배 빠른 TPU를 네 개 사용하면 위의 차이인 100배와 거의 일치하게 된다.

즉, 정리하면 알파고 제로의 강화 학습에서는 'TPU를 네 개 탑재한 컴퓨터'를 '1,000대 정도 병렬로' 함으로써 계산이 3일 만에 끝나지 않았나 싶다.

덧붙여서, 이 계산을 CPU가 한 개밖에 없는 컴퓨터에서 하면 어떻게 될까? 기존의 GPU는 CPU의 20배 이상 고속이라고 추정(2.3.6항 참고)하였다. 또한, TPU는 기존의 GPU보다 30배 정도 빠르고, 이것이 네 개 탑재된 시스템을 1,000대 사용했다는 것이다. 모두 곱하면 식 6.7과 같이 2만 년 가까이 걸린다는 계산이 된다.

$$3(\text{일}) \times 20(\text{배}) \times 30(\text{배}) \times 4(\text{개}) \times 1,000(\text{대}) = 720 \text{만} (\text{일})$$
$$\sim 1.97\text{만 년}$$

식 6.7 CPU가 한 개밖에 없는 컴퓨터에서의 계산 시간

구글 딥 마인드가 3일이면 할 수 있었다고 말하는 계산량이 실은 엄청나게 방대한 것이였음을 이런 대략적인 계산에서라도 알게 되었을 것이라 생각한다.

참고로, 여기서 설명한 알파고 제로의 강화 학습을 재현하는 것은 방대한 계산량이므로 매우 어렵다고 여겨지고 있었지만, 분산 컴퓨팅을 이용한 Leela Zero 프로젝트에 의한 재현이 시도되고 있다.

 메모 | **Leela Zero 프로젝트**

Leela Zero 프로젝트는 분산 컴퓨팅에 의해 알파고 제로의 강화 학습을 재현하려는 시도다. 즉, 전 세계 참가자의 컴퓨터의 잉여 처리 능력 등을 이용하여 학습 작업을 공동으로 실시하려는 시도다.

참가자는 다음의 웹사이트에서 알파고 제로의 강화 학습에 해당하는 코드를 다운로드할 수 있다. Leela Zero는 임의의 상태에서 차근차근 강해져, 2018년 7월 현재의 상황은 이미 최고의 프로 바둑 기사의 수준에 접근하고 있는 것 같다. 또한, Leela는 알파고 이전부터 있었던 강호 바둑 AI의 명칭으로, 본 프로젝트도 Leela의 개발자가 주최하고 있다.

URL https://github.com/leela-zero/leela-zero

✦✦ 6.4.3 알파고 제로의 강화 학습은 무엇을 하고 있나?

그럼 어떤 구조로 듀얼 네트워크 f_θ의 파라미터 θ는 강한 파라미터가 되어 가는 것일까? 실은 국면 평가 함수의 질을 높이면 검색의 질이 높아지고, 깊이 제어의 질을 높이면 검색의 질이 높아진다는 게임 트리 탐색의 성질을 잘 활용하고 있다. 여기에서는 그 구조를 승률 예측 부분과 다음의 한 수 예측 부분으로 나누어 생각해 보자.

 메모 | **게임 트리 탐색의 성질**

4.3.2항에서 언급한 바와 같이 게임 트리 탐색에서 중요한 것을 단적으로 말하면 다음의 두 가지로 집약된다.

- 어떻게 중요한 수를 깊게 읽을까?
- 잎 노드(말단 국면)를 어떻게 정확하게 평가할까?

전자에 대해서는 중요한 변화를 깊게 읽기 위한 기법이 중요하고, 후자에 대해서는 승률을 정확하게 예측할 수 있는 '평가 함수'가 중요하다. 게임 트리 탐색에서 보다 더 깊은 탐색이 중요함과 동시에 평가 함수의 정확도도 마찬가지로 중요하다.

먼저, 알기 쉬운 승률 예측 부분의 파라미터 v부터 고려한다. 그림 6.10 (a)에 나타낸 바와 같이 먼저, 파라미터 갱신 부분에서의 국면 s의 처리에 주목하면 듀얼 네트워크 f_θ의 승률 예측 v를 학습하고, 루트 노드의 승률 z에 근접할 수 있도록 새로운 파라미터 θ'을 학습한다(그림 6.10 (a-1)).

그러면 다음의 셀프 플레이 부분의 시뮬레이션에서는 새로운 듀얼 네트워크 f_θ에 의해 잎 노드 s의 승률 예측 v를 계산한다. 따라서 이 v의 정확도는 전 회의 시뮬레이션보다도 높아질 것으로 기대할 수 있다(그림 6.10 (a-2)). 한편, 최종적으로 계산되는 루트 노드의 승률 z_{new}는 잎 노드의 승률의 평균값으로 결정되므로 z_{new}의 정밀도도 이전보다 높아질 것으로 생각된다(그림 6.10 (a-3)). 그러면 다음의 파라미터 갱신 부분에서는 정밀도가 높아진 z_{new}에 맞추도록 갱신하게 된다. 이러한 파라미터 갱신 부분과 셀프 플레이 부분의 반복에는 정상적인 피드백 구조가 있고, θ의 정확도는 점점 높아질 것으로 기대할 수 있다.

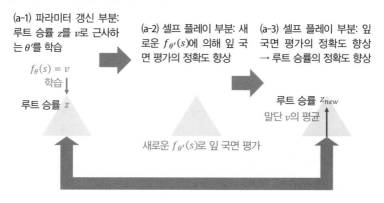

(a) 승률 예측에 관한 정상적인 피드백

(a-1) 파라미터 갱신 부분: 루트 승률 z를 v로 근사하는 θ'를 학습

(a-2) 셀프 플레이 부분: 새로운 $f_{\theta'}(s)$에 의해 잎 국면 평가의 정확도 향상

(a-3) 셀프 플레이 부분: 잎 국면 평가의 정확도 향상 → 루트 승률의 정확도 향상

$f_\theta(s) = v$ 학습
루트 승률 z

루트 승률 z_{new}
말단 v의 평균

새로운 $f_{\theta'}(s)$로 잎 국면 평가

(b) 다음의 한 수에 관한 정상적인 피드백

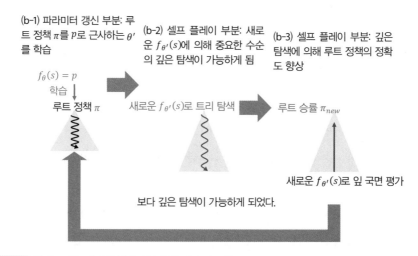

(b-1) 파라미터 갱신 부분: 루트 정책 π를 p로 근사하는 θ'를 학습

(b-2) 셀프 플레이 부분: 새로운 $f_{\theta'}(s)$에 의해 중요한 수순의 깊은 탐색이 가능하게 됨

(b-3) 셀프 플레이 부분: 깊은 탐색에 의해 루트 정책의 정확도 향상

$f_\theta(s) = p$ 학습
루트 정책 π

새로운 $f_{\theta'}(s)$로 트리 탐색

루트 승률 π_{new}

새로운 $f_{\theta'}(s)$로 잎 국면 평가

보다 깊은 탐색이 가능하게 되었다.

그림 6.10 알파고 제로의 강화 학습에서의 두 가지 피드백 구조

다음은 '다음의 한 수 예측 부분'의 파라미터에 관해서인데, 이것도 마찬가지로 정상적인 피드백 구조가 있는 것을 보고 가자. **그림 6.10** (b)에 나타낸 바와 같이 먼저, 파라미터 갱신 부분에 있는 어떤 국면 s의 처리에 주목하면 듀얼 네트워크 f_θ의 다음의 한 수 예측 확률 p를 루트 노드 $N(s, a)$의 분포 π에 접근할 수 있도록 새로운 파라미터 θ'를 학습한다(**그림 6.10** (b-1)). 그러면 다음의 셀프 플레이 시뮬레이션의 선택 처리에서는

$p = f_{\theta'}$에 근거한 바이어스를 이용하기 위해 보다 중요한 전개를 보다 깊게 읽는 것을 기대할 수 있다(그림 6.10 (b-2)). 한편, 최종적으로 계산되는 루트 노드의 $N(s, a)$의 분포 π_{new}는 보다 중요한 전개를 깊게 읽은 결과로 얻을 수 있으므로 원래 π의 정밀도보다 높아질 것으로 생각된다(그림 6.10 (b-3)). 이처럼 '다음의 한 수 예측'의 관점에서도 정상적인 피드백 구조가 있어 θ의 정확도는 점점 높아질 것으로 기대할 수 있다.

즉, 이들은 국면 평가 함수의 질을 올리면 탐색의 질도 올라가고, 깊이 제어의 질을 올리면 탐색의 질도 상승한다는 탐색의 기본 원리를 잘 이용하고 있다. 특히, 깊은 탐색의 결과로 얻어진 평갓값을 다시 국면 평가 함수의 학습 대상으로 하면 외관상의 탐색 깊이가 점점 깊어질 것 같다는 생각이 든다.

정말로 이런 정상적인 피드백은 발생할 것일까? 실제로 이상의 논쟁은 가설에 불과해 시도하지 않고서는 뭐라고 말할 수 없다. 경우에 따라 승률 예측 파라미터의 갱신이 잘못된 방향으로 진행되어 승률이 낮은 국면을 승률이 높은 것으로 잘못 인식할 가능성이 있다. 또한, 다음의 한 수 예측 파라미터도 중요하지 않은 국면을 깊이 탐색하게 될 가능성이 있다. 알파고 제로의 개발자들도 다양한 가설 및 아이디어를 시도하는 가운데, 이번 강화 학습의 프레임워크에 도달한 것이라고 생각한다.

⠿ 6.4.4 강화 학습의 효과

알파고 제로의 강화 학습의 효과에 대해서는 알파고 제로 논문에 거론된 그림 6.11 을 보는 것이 좋을 것이다. 랜덤 플레이의 초기 상태는 **엘로 평점**(1.2.1항 메모 참고)으로 하면 -3,500점 정도에 해당하는 것 같다. 여기에서 강화 학습을 진행해 시작부터 24시간 후에는 3,000점 정도(프로 수준)에 도달했다. 또한, 시작부터 36시간 후에는 2016년 3월에 이세돌 9단과 대전한 시점의 알파고(향후 AlphaGo Lee라고 부르겠다)를 넘었고, 시작부터 72시간 후에는 인류 최강 수준을 넘는 4,500점 정도에 도달했다고 한다.

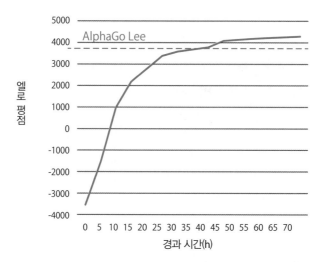

그림 6.11 알파고 제로의 강화 학습의 결과. 알파고 제로 논문의 그림을 일부 수정하였다. 처음에는 랜덤 파라미터인 평점 −3,500점에서 시작하지만, 점차 강해져 72시간 후에는 인류 최강 수준에 도달한다

출처: 〈Mastering the game of Go without human knowledge〉(David Silver, Julian Schrittwieser, Karen Simonyan, Ioannis Antonoglou, Aja Huang, Arthur Guez, Thomas Hubert, Lucas Baker, Matthew Lai, Adrian Bolton, Yutian Chen, Timothy Lillicrap, Fan Hui, Laurent Sifre, George van den Driessche, Thore Graepel, Demis Hassabis, nature, 2017), Figure 3에서 인용

URL https://deepmind.com/documents/119/agz_unformatted_nature.pdf

6.4.5 알파고 제로의 강화 학습 정리와 그 후의 진전

게임 AI에 강화 학습을 적용할 때의 장점은 지도 학습의 경우 필수가 되는 훈련 데이터가 필요없다는 점을 들 수 있다. 따라서 원래 플레이 데이터를 얻기 어려운 게임이나 이미 강해져 교사 데이터를 만들기 어려운 AI에 대해서는 효과적인 기술이다. 한편, 강화 학습을 적용하는 다른 장점으로, 아무런 지식도 없는 상태에서 사람과 비슷한 지식 수준이나 지금까지 알려지지 않았던 새로운 지식을 획득할 수 있다는 점을 들 수 있다.

이전부터 바둑이나 장기에 대해서는 기존 버전보다도 약간 강한 AI를 만들기 위한 강화 학습 기법이나 아무런 지식도 없는 상태에서 약간 강해지는(예를 들어, 장기의 말의 가치를 학습하는) 식의 강화 학습법이 알려져 있었다. 이에 반해 알파고 제로는 지식이 전혀 없는 상태에서 프로 바둑 기사를 훨씬 뛰어 넘는 수준까지 '단번에' 강하게 하는 매우 강력한 강화 학습 프레임워크를 만들었다. 또한, 강화 학습 중에 얻은 새로운 지식의 예로 알파고 제로 논문은 지금까지 알려지지 않았던 새로운 정석을 알파고 제로가 만들어 낸 것에 대해서도 언급하고 있다. 알파고 제로는 '경험으로 배우는' 강화 학습 기술의 집대성이라고 말할 수 있다.

또한, 구글 딥 마인드는 2017년 12월에 장기와 체스에서도 알파고 제로와 같은 강화 학습법(이것을 알파제로라고 부르고 있다)으로 제로부터 최강 수준의 AI로, 제로부터 기존 최강 소프트웨어 수준의 AI를 만들 수 있다는 논문을 공개하였다. 실제로 논문 중에서는 기존 최강 장기 소프트웨어인 'Elmo'와 최강 체스 소프트웨어인 'Stockfish'에 대해 하루 정도 강화 학습을 통해 역전할 수 있다는 실험 결과가 있다.

또한, 2018년 2월, 몬테카를로 트리 탐색의 파라미터 갱신 처리 자체를 적응적으로 변화시키는 MCTSnet이라고 불리는 기술을 공개하였다. 이 기술 자체는 보드 게임이 아니라 창고지기(sokoban)라는 컴퓨터 퍼즐 게임을 푸는 데 효과적이었다.

 메모 │ **체스나 장기에서도 알파고 제로와 동일한 기법이 잘 통용된다는 것을 나타낸 '알파제로'에 관한 논문**

〈Mastering Chess and Shogi by Self-Play with a General Reinforcement Learning Algorithm〉

(David Silver, Thomas Hubert, Julian Schrittwieser, Ioannis Antonoglou, Matthew Lai, Arthur Guez, Marc Lanctot, Laurent Sifre, Dharshan Kumaran, Thore Graepel, Timothy Lillicrap, Karen Simonyan, Demis Hassabis, 2017)

URL https://arxiv.org/pdf/1712.01815.pdf

 메모 │ **MCTSnet에 관한 논문**

알파고 제로의 몬테카를로 트리 탐색(MCTS)에서 Selection, Backup, 최종적인 수의 선택 등의 처리를 고정 계산식으로 하는 것이 아니라 딥 러닝 모델을 적용하여 학습하는 방법에 대해 다음의 논문에 기술되어 있다. 창고지기(sokoban) 게임의 강화 학습에 성공했다는 내용이다.

〈Learning to Search with MCTSnets〉

(Arthur Guez, Théophane Weber, Ioannis Antonoglou, Karen Simonyan, Oriol Vinyals, Daan Wierstra, Rémi Munos, David Silver, 2017)

URL https://arxiv.org/pdf/1802.04697.pdf

알파고에서 이번에 사용된 것과 같은 강화 학습 기법을 사용하면 새로운 문제에 대한 해결책을 AI 스스로가 만들어 낼 수 있을지도 모른다. 책 집필 시점(2018년 7월)에는 방대한 계산량이 필요했지만, 계산량 문제가 해결되면 게임 개발 구현 공수의 삭감이나 실제 문제의 해결 등으로 응용되어 퍼져 갈 것이다.

6.5 알파고 제로의 강력함

이 절에서는 기존 버전 알파고에서 알파고 제로에 이르기까지의 그 강력함의 변천에 대해 설명한다.

마지막으로, 알파고 제로의 강함의 변천에 대해 알파고 제로 논문을 바탕으로 다뤄 보자. 알파고 제로 논문에서는 알파고의 진화 과정을 다음의 4단계로 나누어 이들 4단계를 1수에 4초 이내의 규칙으로 반복 대전시킴으로써 강함의 지표인 엘로 평점을 산출한다.

- 기존 버전 알파고(AlphaGo Fan)
- 이세돌 대전 버전(AlphaGo Lee)
- 마스터(AlphaGo Master)
- 알파고 제로(AlphaGo Zero)

참고로, 마지막의 알파고 제로(AlphaGo Zero)에서는 6.2절에서 설명한 19단이 아니라 39단의 잔차 블록을 가진 듀얼 네트워크가 사용된다. 즉, 전체 80층 정도의 듀얼 네트워크를 이용하였다.

그림 6.12 (a)에는 최종적으로 얻어진 엘로 평점과 네 가지 버전에 대한 상세 및 대전 시의 하드웨어 구성을 나타내며, **그림 6.12** (b)에 대전의 결과 얻어진 엘로 평점을 나타낸다.

AlphaGo Fan, AlphaGo Lee에 대해서는 당시의 실력을 재현하기 위해 당시 사용된 하드웨어 구성을 그대로 사용한다. 한편, AlphaGo Master, AlphaGo Zero에 대해서는 4TPU 컴퓨터 한 대에서 동작시키고 있다. 결과적으로, AlphaGo Zero의 평점은 5,185점에 이른다. 이것은 인류 최강 플레이어 평점을 높게 추정해서 4,000점이었다 해도 1,000회에 한 번 정도밖에 이길 수 없는 수준이다.

(a) 알파고의 네 가지 버전의 평점

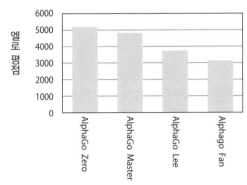

(a) 알파고의 네 가지 버전의 평점

※ **출처:** 〈Mastering the game of Go without human knowledge〉(David Silver, Julian Schrittwieser, Karen Simonyan, Ioannis Antonoglou, Aja Huang, Arthur Guez, Thomas Hubert, Lucas Baker, Matthew Lai, Adrian Bolton, Yutian Chen, Timothy Lillicrap, Fan Hui, Laurent Sifre, George van den Driessche, Thore Graepel, Demis Hassabis, nature, 2017), Figure 4에서 인용

URL https://deepmind.com/documents/119/agz_unformatted_nature.pdf

(b) 알파고의 네 가지 버전의 상세

	대전 성적	사용된 기술	대전에 사용한 HW 사양
AlphaGo Fan	2015년 10월에 판 후이 2단에게 승리	알파고 논문(이 책 5장까지 설명한 것)	176GPU, 48TPU
AlphaGo Lee	2015년 10월에 판 후이 2단에게 승리	AlphaGo Fan과는 다음과 같은 점에서 차이가 있다. • 자기 대전에 의한 강화 학습을 통해 얻은 정책 네트워크를 이용 • 14층보다 깊은 네트워크를 이용	176GPU, 48TPU
AlphaGo Master	2017년 1월에 바둑 대전 사이트에서 60승 0패로 인간에게 승리	AlphaGo Zero와는 다음과 같은 점에서 차이가 있다. • MCTS에는 AlphaGo Fan 수준의 특징량을 이용한 플레이 아웃을 이용	4TPU
AlphaGo Zero	AlphaGo Master에 89승 11패	AlphaGo Master에 89승 11패(단, 잔차 블록 39단의 네트워크를 이용)	4TPU

그림 6.12 | 알파고의 (a) 강함의 변천과 (b) 각 버전의 개요(모두 알파고 제로 논문에서 인용)

6.6 알파고 제로는 지식 없이 만들 수 있을까?

 이 절에서는 알파고 제로의 캐치 프레이즈인 '단 3일 만에', '처음부터', '한 대의 컴퓨터로도 동작한다'라는 각각의 포인트에 대한 필자의 견해를 이야기하고자 한다.

이 장에서는 지금까지 알파고 제로에서 사용되는 딥 러닝, 탐색, 강화 학습의 각 기술에 대해 설명하였다. 모든 방법이 지금까지의 바둑 AI에 관한 연구와 기존 버전 알파고의 기술과 지식을 이용한 것임을 설명해 왔다. '알파고 제로'라는 이름이 붙어 있긴 하지만, 정말 지식이 제로부터 만들어진 것은 아님을 이해했을 것이라 생각한다. '알파고 제로' 또한 인간의 창의력과 시행착오의 산물이다.

여기에서는 알파고 제로의 캐치 프레이즈인 '단 3일 만에', '처음부터', '한 대의 컴퓨터로도 동작한다'라는 각각의 포인트에 대한 저자의 견해를 이야기하고자 한다.

알파고 제로의 강화 학습은 단 3일로 끝났는가?

알파고 제로 논문에 따르면 알파고 제로의 학습 과정은 분명 72시간에 끝났다고 한다. 그러나 이 3일이라는 숫자는 저자의 추측으로는 4TPU 탑재 머신 1,000대 정도의 환경을 사용한 결과다. 이에 대해 CPU 한 개의 머신을 사용한 경우 저자의 추정으로는 2만 년 가까이 걸릴 것 같다. 구글 딥 마인드의 컴퓨팅 리소스에는 탄복할 수밖에 없다지만, 3일이라는 말로 간단히 계산할 수 있다는 의미가 아니라는 점을 강조하고 싶다.

알파고 제로는 사람의 지식을 사용하지 않고 제로부터 학습했는가?

알파고 제로의 논문에 따르면 최종적으로 만들어진 강화 학습 프레임워크는 분명히 대부분의 경우 바둑의 지식 없이 움직이고 있다. 단, 프레임워크의 내용을 살펴보면, 듀얼 네트워크 구조의 제공 방법, 새로운 MCTS의 개념, 강화 학습의 훈련 데이터 π_v의 제공 방법 등은 지금까지의 연구 결과를 바탕으로 정교하게 설계된 것이다. 또한, 논문에 나타나지 않은 부분은 이번 기술에 이르기까지 다양한 시행 착오와 파라미터 튜닝이라는 장인의 노력이 포함된 것이라고 생각한다. 결코 알파고 제로가 스스로의 힘만으로 강해진 것은 아니라는 점을 강조하고 싶다.

알파고 제로는 컴퓨터 한 대로도 강한가?

알파고 제로의 논문에 따르면 최강 수준의 인간 플레이어를 압도한 AI는 확실히 컴퓨터 한 대였다고 한다. 그러나 여기서의 컴퓨터 한 대는 4TPU 탑재 머신을 가리킨다. 이것은 저자의 추정으로 CPU 2,400개의 병렬에 해당하는 방대한 계산량이다. 결코 우리가 쉽게 보는 일반 컴퓨터상에서는 알파고 제로의 강력함을 재현할 수 없다고 강조하고 싶다.

이상과 같이 다소 과장된 점이 있는 것같이 보이지만, 게임 AI에서 가장 큰 난관 중 하나인 '바둑'이 강화 학습을 바탕으로 돌파했다는 것은 사실이다. 게임 AI는 컴퓨터 하드웨어와 머신 러닝 및 강화 학습 기술의 발전과 함께 진보했으며, 그 집대성인 알파고 제로의 등장에 의해 AI의 첫 모티브로서의 역할을 마쳤다고 봐도 무방할 것이다.

6.7 알파고나 알파고 제로에 약점은 있을까?

 여기에서는 알파고와 알파고 제로의 약점 가능성에 대해 설명하고자 한다.

6.7.1 알파고와 알파고 제로의 약점 가능성

지금까지 오로지 알파고와 알파고 제로의 강력함과 대단함만을 강조하였다. 그렇다면 알파고나 알파고 제로의 약점은 없는 것일까? 표면상에 드러난 기보가 적어서 뭐라 말할 수 없는 부분도 있지만, 약점의 가능성에 대해서도 조금 이야기하고 싶다.

알파고는 몬테카를로 트리 탐색 기반이므로 수상전[5] 등, 좋은 수가 한 수밖에 없는 수순이 오래 지속될 경우에 취약할 것이다.

이 책이 참고하고 있는 알파고 논문에 따르면 27수 앞까지 트리를 전개할 수 있는 경우가 있다고 하는데, 이것은 정책 네트워크에서 꽤 높은 확률이 붙는 수순일 것이다. 정책 네트워크와 같은 확률적인 평가에서는 아무래도 중요한 수에 낮은 확률이 붙는 경우가 있다. 따라서 중요한 수를 잘 집어내지 않고, 깊게 탐색할 수 없는 경우가 나온다.

'신의 한 수'라고 불리는 제4국에 등장한 이세돌 9단의 78수째에 대한 응수를 알파고가 끝까지 읽을 수 없었던 것도 변화 수순 중에서 '귀삼수(석탑 조이기)'라 불리는 10수를 넘는 정석이 얽혀 있었기 때문이라고도 한다. 또한, 패싸움의 수순도 수십 수에 달하는 경우가 있어서 약할 것이다.

---

5   역주 수상전(手相戰): 바둑 용어로, 완생하지 못하고 있는 고립된 돌끼리 사활을 다투는 상황 및 그 과정을 의미한다.
    URL https://ko.wikipedia.org/wiki/수상전

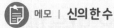

메모 | **신의 한 수**

이세돌 9단이 알파고와의 대전 제4국에서 백의 차례 78수째에 둔 끼어넣기(상대의 돌 사이에 끼어 들어 두는 것)의 한 수는 알파고를 혼란시켜 역전을 이끄는 한 수가 되었다. 따라서 관계자들 사이 에서는 '신의 한 수'라고 불린다.

또한, 몬테카를로 트리 탐색에는 '유리해지면 항상 최선의 수라고는 말할 수 없는 느슨 한 수를 둔다'는 경향이 있다. 이것은 몬테카를로 트리 탐색이 얼마나 많이 이길 것인가 가 아니라 단순히 승패만을 평가하고 있는 것에 기인한다. 결과적으로 유리한 경우에 는 보다 더 많이 이기려는 것이 아니라 '승리만 하면 뭐든 좋다'는 식의 수가 계속되는 경우가 있다. 이것은 만일 사람 측이 불리하게 되었다고 해도 거기에서 불리가 보다 확 대될 것이라고 단정할 수 없다는 것이다. 이런 부분에 들어갈 틈이 있을지도 모른다.

또한, 향후 알파고나 알파고 제로의 소프트웨어가 공개되는 등으로 충분히 대전할 기 회가 주어지면 사람과의 대전에서는 생각할 수 없는 약점이 발견될 가능성도 있다. 합 리적인 수는 아니지만, 컴퓨터의 실수를 이끌어 내는 전략을 안티 컴퓨터 전략이라고 한다. 이미 톱 프로의 실력을 넘었다고 말하는 장기도 '일부러 유인하는 틈을 만들어 각⁶을 두게 한 후 생포한다'는 안티 컴퓨터 전략에 따라 최근에는 사람이 AI에 선전하 는 예도 있다.

참고로, 알파고 기술을 발표한 후 2년 이상 경과한 지금(2018년 7월 시점), 알파고 기술을 채택한 많은 바둑 AI가 등장하고 있으며, 그중 일부는 톱 프로의 수준을 넘어섰다.

이러한 소프트웨어와 인간 플레이어와의 대전이나 소프트웨어끼리의 대전에서 알파고 나 알파고 제로 기술의 약점이 명확해질 가능성도 있을 것이다.

---

6 역주 각(角): 일본 장기에서 말의 한 종류

6.8 알파고 제로의 향후 미래

 여기에서는 알파고 제로 이후의 바둑계의 미래와 인공지능의 과제에 대해 개인적인 의견을 언급한다.

6.8.1 바둑계의 미래는 어떻게 될까?

바둑 AI는 톱 프로의 수준을 초과하였다. 그럼 바둑계는 앞으로 어떻게 될 것인가? 또한, 바둑 기사라는 직업은 어떻게 될 것인가?

이 질문의 대답이 어떻게 될지는 모르겠지만, 이미 AI가 최고의 프로 수준을 넘어선 체스계의 예를 살펴보도록 하자. 먼저, 1997년에 체스 AI인 딥 블루(1.1.1절의 메모 참고)가 세계 챔피언 가리 카스파로프(1.1.1절의 메모 참고)를 쓰러트렸음을 이미 언급했다.

그러나 그 후 '체스 인구가 극단적으로 감소하고 있다', '인간 톱 플레이어의 위엄이 사라지고 있다'는 징조는 특별히 없는 것 같다. 하지만 체스의 습득과 연구를 위해 AI를 이용하는 것은 이젠 당연시되고 있다. 오히려 AI를 도입할 수 없는 플레이어는 탈락하므로 AI를 이용하는 것에 거부감이 적은 편인 젊은 톱 플레이어의 엘로 평점이 이전보다 높아지는 경향이 있는 것 같다. 또한, 이젠 새로운 정석의 대부분을 AI가 창출하고 있다.

이상의 AI 대두 이전과 그 이후 체스계의 변화에 대한 이야기는 다음의 참고문헌에 상세히 설명되어 있다. 또한, 바둑이나 장기의 세계에서도 AI를 연구에 도입하는 프로 기사가 증가하고 있으며, 최근에는 AI가 많은 정석을 만들어 내고 있다.

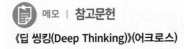
:: 6.8.2 AI의 과제

알파고에 사용된 딥 러닝과 강화 학습은 지금도 무서운 기세로 발전하고 있다. 그럼, AI는 앞으로 어떻게 될 것인가?

최근 세간에서는 'AI에 의해 ○○에 성공했다'라는 기사와 정보가 넘쳐나고 있다.

실제로 딥 러닝에 의해 화상 인식, 음성 인식, 자연어 처리 등의 있어 주요한 태스크들은 이전에는 생각할 수 없었던 인식률을 달성하고 있으며, 일부 분야에서는 인간의 인식 능력을 계속 초과하고 있다. 또한, "2045년에는 인공지능이 인간의 지능을 초과하는 특이점(싱귤래리티)이 온다"라는 예측도 화제가 되고 있다. 이러한 정보의 홍수 속에서 우리는 대량의 데이터에 AI를 적용하면 순식간에 유익한 지식을 꺼낼 수 있는 만능 AI를 만들 수 있을 것 같은 착각에 빠지기 십상이다.

메모 | **싱귤래리티(singularity)**

AI가 인간의 지능을 넘어서는 전환점(기술적 특이점)을 말한다. 미국의 미래 학자 레이 커즈와일(Ray Kurzweil)이 제창했다.

하지만 여기까지 이 책을 읽은 독자들은 지금 현재의 AI의 '머신 러닝'은 단순히 파라미터 튜닝에 불과하며, 인간의 '학습'과는 다름을 눈치챘을 것이다. 알파고는 개발자의 창의력과 시행착오의 산물이며, 결코 스스로 지성을 획득한 것은 아니다. 인간의 힘을 빌리지 않고 AI가 스스로 창의력을 발휘하여 무언가를 창조하는 일은 아직 꿈 같은 이야기다.

AI 기술이 앞으로 극복해야 할 과제로 다음의 세 가지를 들 수 있다.

모델화의 과제

이 책의 중심적인 주제였던 바둑의 '다음의 한 수' 태스크를 봐도 알 수 있듯이 복잡한 태스크에 대해서는 AI 모델화는 수작업에 의존하는 비중이 크다. 예를 들어, 제2장에서 언급한 기존 버전 알파고의 정책 네트워크 구조를 보면 다음과 같은 의문이 솟는다.

- 왜 입력은 48채널인가?
- 왜 입력은 0 - 1인가?
- 왜 13층인가?
- 왜 필터는 192장인가?

또한, 기존 버전 알파고의 정책 네트워크와 밸류 네트워크를 바탕으로 만들어졌다고 생각되는 알파고 제로의 듀얼 네트워크에 대해서도 다음과 같은 새로운 의문이 솟아오른다.

- 왜 입력은 17채널인가?
- 왜 다음의 한 수 예측 부분과 승률 예측 부분을 분기시켰는가?
- 왜 다음의 한 수 예측 부분에는 전체 결합층이 있는가?

위의 질문에 대답할 수 있는 사람은 참을성 있게 시행착오를 반복한 개발자만이고, 그 배후에는 수많은 노하우가 숨어 있다.

또한, 몬테카를로 트리 탐색에서는 '땅 크기의 차이'가 아니라 굳이 정보를 줄여서 '승패'를 결과로 채용한 것이 바둑 AI의 혁신을 주도하는 것임을 이미 4장의 4.5절에서 언급하였다.

또한, 강화 학습에 있어서도 강해질 것이라 생각했던 모델이 반드시 강해지지 않을 수도 있다는 것을 이미 3장의 3.6.3항에서 언급했다.

이러한 의외의 AI의 행동을 '발견'한 것은 바로 인간이다. 또한, 이 장에서 엿본 알파고의 절묘한 모델의 조합을 생각한 것도 인간이다.

현재로서는 이런 통찰력을 기반으로 하는 창의력과 시행착오는 인간의 영역이다. 인간에 의한 지원이 전혀 없이 AI 자신이 목적에 맞는 모델을 실현하는 것은 여전히 어려운 듯하다.

능숙하지 못한 태스크의 존재

컴퓨터는 규칙과 목표가 확실히 정해진 태스크에 능력을 발휘할 수 있다. 예를 들어, 강한 바둑 AI를 만드는 것은 이 범주다.

한편, '약한 AI를 어떻게 만들 것인가'라는 문제는 의외로 어렵다. 접대 마작은 아니지만, 그냥 지기만 하는 것이 아니라 상대를 기분 좋게 승리하게 하지 않으면 안 된다. 이러한 과제는 명확한 지표의 제작이 꽤 어렵다.

또한, AI는 시시각각 규칙이 바뀌는 태스크가 어렵다. 딥 러닝의 경우 방대한 파라미터를 학습하기 위해 방대한 학습 데이터가 필요하다고 제2장 2.3.7항에서 언급했다. 대량의 학습 데이터를 얻기 위해서는 규칙이 변함없는 장기간 데이터를 계속 채취하는 것이 바람직하다고 되어 있다. 바둑이나 장기 등 게임의 세계에서는 옛날부터 규칙이 거의 변하지 않았으므로 AI의 학습에 적합한 분야다. '규칙이 변화한다면 강화 학습으로 대응하면 된다'는 생각도 있지만, 규칙이 변경되는 방식 자체에 법칙성이 없으면 강화 학습의 적용은 어려울 것이다.

설명성의 과제

AI의 산업 응용을 막는 요인으로, 학습에 의해 얻어진 모델이 개발자 자신도 이해할 수 없다는 문제가 있다. 예를 들어, 제2장에서 설명한 그림 2.25 의 바둑 SL 정책 네트워크의 학습 결과는 결과만 봐도 무엇을 파악하고 있는지 이해하기 어려우며, 하물며 왜 그렇게 되었는지는 아무도 설명할 수 없다.

예를 들어, 자동 운전과 같은 '실패하면 인체 상해를 초래하는 위험이 높은 의사 결정을 AI에게 맡길 것인가'라는 것을 생각하면 설명의 중요함을 알 수 있을 것이다.

그런데 바둑 프로 기사의 중요한 업무로 기보 해설이라는 것이 있다. 여담이지만, 어떤 기사에게 기보 해설의 비법을 물어 본 결과, "최선 수가 아니라 상대에게 이해하기 쉬운 수를 일부러 인용해 설명하는 경우도 있다"라는 말을 듣고 '과연 그렇구나'라고 생각한 적이 있다. 이러한 재주는 AI에게 아직 어려울지도 모른다. 바둑 기사는 본업은 물론이고, 해설하는 일 또한 당분간 없어지지 않을 것이다.

아직 기술적인 벽이 두껍지만, 이러한 과제를 해결하고 나면 혹 '인공지능이 인간의 지능을 넘어서는 싱귤래리티'가 올 것이다. 그러므로 우리는 당분간 AI의 발전에서 눈을 뗄 수 없다.

수식에 관하여

지금까지 딥 러닝과 강화 학습 등 학습 알고리즘의 설명에서는 가급적 수식을 다루지 않고 학습의 개념 및 최적화의 구조를 중심으로 해설해 왔다.

한편, 이 책에서 참고하는 알파고 논문이나 알파고 제로 논문에 나타난 수식은 기본적이며 중요한 내용을 담고 있다. 딥 러닝과 강화 학습을 스스로 구현하기 위해서는 수식 수준에서 자세한 내용을 이해하는 것이 중요하므로 부록으로 정리하여 설명하기로 하였다. 이러한 수식에 관심 있는 분은 꼭 읽어 보길 바란다.

A1.1 컨볼루션 신경망의 학습 법칙 도출

 여기에서는 이 책에서 설명된 컨볼루션 신경망(CNN)인 SL 정책 네트워크와 밸류 네트워크의 학습 법칙을 도출한다. 또한, 알파고 제로에 사용되는 듀얼 네트워크의 손실 함수에 대해 보충 설명한다.

A1.1.1 SL 정책 네트워크의 학습 법칙 도출

먼저, SL 정책 네트워크의 학습 법칙을 도출한다.

SL 정책 네트워크로의 입력 국면 s^k와 정답 레이블 a^k의 쌍(s^k, a^k)으로 이루어진 학습 데이터$(s^1, a^1), (s^2, a^2), \cdots, (s^M, a^M)$을 고려한다. 여기서 M은 학습 데이터의 수다.

또한, 정답인 a_k번째의 $t_{a_k}^k$만 1로 하고, 나머지를 0으로 하는 A개의 변수 $t_0^k, t_1^k, \cdots, t_A^k$를 고려한다. A는 수의 후보 전체로, 예를 들어 모든 칸을 후보라고 생각할 경우 $A = 19 \times 19 = 361$이 된다.

또한, 가중치 파라미터를 w로 하는 SL 정책 네트워크는 국면 s를 입력으로 취해 수 a를 선택하는 확률 $p_w(a|s)$를 출력한다. 따라서 개별 입력 국면 s_k와 수 a에 대한 입출력의 관계식 $y_a^k = p_w(a|s^k)$이 성립된다. 여기에서 y_a^k는 국면 s^k에 있어서 수 a를 선택하는 예측 확률을 나타낸다.

SL 정책 네트워크의 학습은 손실 함수의 일종인 교차 엔트로피 오차(식 A1-1)를 최소로 하는 것을 목표로 한다.

$$L_w = -\sum_{k=1}^{M} \sum_{a=1}^{A} t_a^k \log y_a^k \quad (1)$$

식 A1-1 교차 엔트로피 오차

여기서 k번째의 학습 데이터에 대응하는 t_a^k은 정답인 $a = a^k$일 때만 1이 되는 것을 이용하면, L_w는 식 A1-2 와 같이 표현할 수 있다.

$$L_w = -\sum_{k=1}^{M} \log y_{a^k}^k = -\log \prod_{k=1}^{M} y_{a^k}^k = -\log \prod_{k=1}^{M} p_w(a^k|s^k) \quad (2)$$

식 A1-2 $a = a^k$일 때만 1이 되는 것을 이용한 L_w의 변형

본문에서 언급한 바와 같이 확률적 경사 하강법(SGD)을 이용하는 경우의 w 갱신 조작은 a를 학습률로 하여, 식 A1-3 과 같이 작성할 수 있다.

$$w \leftarrow w + \alpha \Delta w, \quad \Delta w = -\frac{\partial L_w}{\partial w} \quad (3)$$

식 A1-3 확률적 경사 하강법(SGD)에 의한 파라미터 w의 순차 갱신식

이 식 A1-2 와 식 A1-3 을 이용하면, 식 A1-4 와 같이 경사 Δw를 사용하여 계산할 수 있다.

$$\Delta w = -\frac{\partial L_w}{\partial w} = \frac{\partial \log \prod_{k=1}^{M} p_w(a^k|s^k)}{\partial w} = \sum_{k=1}^{M} \frac{1}{p_w(a^k|s^k)} \frac{\partial p_w(a^k|s^k)}{\partial w} \quad (4)$$

식 A1-4 경사 Δw의 계산 방법

따라서 SL 정책 네트워크 학습의 플로 차트(제2장의 그림 2.24)의 Step 4는 이 Δw를 사용하여 파라미터를 갱신한다. 또한, 식 A1-4 의 가장 오른쪽에 있는 $\frac{\partial p_w(a^k|s^k)}{\partial w}$는 SL 정책 네트워크의 오류 역전파법으로 얻을 수 있다.

✿ A1.1.2 밸류 네트워크의 학습 법칙 도출

다음으로, 밸류 네트워크의 학습 법칙을 도출한다.

밸류 네트워크의 학습 법칙 도출은 대체로 SL 정책 네트워크의 경우와 동일하게 만들

수 있지만, 학습의 목적이 다음의 한 수의 선택이 아니라 승률 예측이므로 조금 생각이 다르다.

가중치 파라미터를 θ로 하는 밸류 네트워크 $v_\theta(s)$는, 국면 s를 입력으로 취하여 승률 예측값을 출력한다. 그래서 이번 학습 데이터의 정답 레이블 z는 승률에 해당하는 -1.0 이상 1.0 이하의 값을 취하는 것으로 한다. 구체적으로는 입력 국면 s^k와 정답 레이블 z^k의 쌍(s^k, z^k)을 이용해서 학습 데이터는 $(s^1, z^1), (s^2, z^2), \cdots,$ (s^M, z^M)이 된다.

따라서 이번에는 각 입력 s^k에 대해 입출력 관계식 $y^k = v_\theta(s^k)$이 성립된다. 여기서 y^k는 국면 s^k에서의 승률 예측값을 나타낸다. 이 경우 손실 함수로는 정답 레이블과 승률 예측값의 제곱 오차(식 A1-5)를 사용한다.

$$L_\theta = \sum_{k=1}^{M} (z^k - y^k)^2 \quad (5)$$

식 A1-5 정답 레이블과 승률 예측값의 제곱 오차

이때 식 A1-3의 파라미터 w를 θ로 대체하여 식 A1-5를 대입하면 식 A1-6과 같이 경사 $\Delta\theta$를 얻을 수 있다.

$$\Delta\theta = -\frac{\partial L}{\partial \theta} = \sum_{k=1}^{M} 2(z^k - v_\theta(s^k)) \frac{\partial v_\theta(s^k)}{\partial \theta} \quad (6)$$

식 A1-6 경사 $\triangle\theta$ 의 계산 방법

따라서 SL 정책 네트워크 학습 플로 차트(제2장의 그림 2.24)의 Step 4 부분의 경사 Δw를 식 A1-6으로 치환하면 밸류 네트워크를 학습할 수 있다. 참고로, 식 A1-6의 가장 오른쪽에 있는 $\frac{\partial v_\theta(s^k)}{\partial \theta}$는 밸류 네트워크의 오류 역전파법에 의해 얻을 수 있다.

✦ A1.1.3 듀얼 네트워크의 손실 함수에 관한 보충

마지막으로, 알파고 제로에서 사용된 듀얼 네트워크의 손실 함수에 대해 자세히 설명한다.

가중치 파라미터를 θ로 하는 듀얼 네트워크 $f_\theta(s)$는 국면 s를 입력으로 취하여 수 a가 출력인 확률 $p(s, a)$와 흑의 승률 $v(s)$ 두 개를 출력한다.

여기에서는 입력 국면 s^k와 정답 데이터 π^k, z^k의 쌍으로 이루어진 M개의 학습 데이터 $\{(s^k, \pi^k, z^k)\}_{k=1}^M$가 얻어졌다고 보고, 듀얼 네트워크 학습 방법을 설명하고자 한다.

여기서 정답 데이터의 하나인 π^k는 국면 s^k에서 각 수 a가 두어지는 확률을 A차원 벡터로 나타낸 것이다. 여기에서 A는 수의 후보 총 수를 나타낸다. 구체적으로는 모든 교차점의 합계 361에, 아무것도 하지 않는 '패스'를 더한 362가 된다.

지도 학습처럼 정답 레이블이 단지 한 개 a^*인 경우는 a^*번째의 성분만 1로 하고, 나머지를 0으로 한 A차원 벡터 $\pi^k = \{\pi_a^k\}_{a=1}^A$로 나타낸다. 한편, 알파고 제로의 강화 학습의 경우처럼 정답 레이블에 하나가 아니라 여러 수의 확률 분포를 이용하려면 각 수의 확률값을 A차원 벡터의 요소 π_a^k로 채용한다.

다음으로, 또다른 하나인 정답 데이터 z^k는 최종적인 승패(흑이 승이라면 +1, 백이 승이라면 -1)를 나타낸다.

이 경우의 손실 함수 L_θ를 알파고 제로에서는 **식 A1-7**로 정의하고 있다.

$$L_\theta = \sum_{k=1}^M \left\{ (z^k - v^k)^2 - \sum_{a=1}^A \pi_a^k \log p_a^k \right\} + c \sum_i \theta_i^2 \qquad (7)$$

식 A1-7 손실 함수 L_θ

또한, 여기에서는 앞 절까지의 표기에 맞추어, $p_a^k \equiv p(s^k, a), v^k \equiv v(s^k)$로 표현을 달리하였다.

이 중 $(z^k - v^k)^2$의 부분은 z와 v의 제곱 오차를 나타내며, 이것은 기존 버전 알파고의 밸류 네트워크 손실 함수와 동일하다(A1.1.2항 참고). 다음으로 $\sum_{a=1}^{A} \pi_a^k \log p_a^k$ 부분은 $\pi^k = \{\pi_a^k\}_{a=1}^{A}$과 $p^k = \{p_a^k\}_{a=1}^{A}$ 사이의 교차 엔트로피 오차를 나타내며, 이것은 기존 버전 알파고의 정책 네트워크 손실 함수와 동일하다(A1.1.1항 참고). 마지막으로, $\sum_i \theta_i^2$는 파라미터 θ가 과도 학습하는 것을 막기 위한 정규화항이다.

여기에 제시한 손실 함수는 기본적으로 정책 네트워크의 손실 함수와 밸류 네트워크의 손실 함수를 더한 것이므로 전통적인 것이라고 말할 수 있다.

 메모 | **정규화와 정규화항**

정규화란 과학습(2.3.9항 참고)을 막기 위해 파라미터 θ의 크기에 패널티를 곱하는 것이다. 신경망의 정규화는 과중 감쇠(weight decay)라 불리는 경우도 있다.

정규화를 위한 패널티 항을 정규화항이라고 부른다. 여기에서는 각 파라미터의 제곱 합을 정규화항으로 이용하고 있다. θ_i가 커지면 이 정규화항이 커지므로 파라미터 θ_i가 쓸데없이 커지지 않도록 유도한다. 즉, 정규화에는 과도한 학습을 방지하고 데이터에 맞는 간단한 모델을 만드는 효과가 있다.

A1.2 강화 학습의 학습 법칙 도출

👆 여기에서는 이 책에서 나타낸 강화 학습 중에서 정책 경사법의 학습 법칙 도출에 대해 언급한다.

❖ A1.2.1 알파고의 RL 정책 네트워크 강화 학습 방법의 학습 법칙 도출

먼저, 정책 경사법을 이용하는 알파고의 RL 정책 네트워크 강화 학습 방법에 대해 설명하겠다. 여기에서는 RL 정책 네트워크를 방안으로 생각해 기대 수익 $J(\rho)$를 최대화하는 RL 정책 네트워크 $p_\rho(a|s)$의 파라미터 ρ를 구한다.

참고로, 제3장에서 언급한 바와 같이 RL 정책 네트워크 $p_\rho(a|s)$는 SL 정책 네트워크와 구조가 동일한 컨볼루션 신경망으로 되어 있다.

RL 정책 네트워크(CNN)의 학습은 SL 정책 네트워크의 가중치 값을 초깃값으로 하여 파라미터 ρ를 식 A1-8과 같이 순차적으로 갱신하는 방침이었다.

$$\rho = \rho + \alpha\Delta\rho, \qquad \Delta\rho = \frac{\partial J(\rho)}{\partial \rho} \quad (8)$$

식 A1-8 RL 정책 네트워크 $p_\rho(a|s)$의 파라미터 ρ의 순차 갱신식

경사 $\Delta\rho$는 정책 경사 정리를 이용하면 행동 가치 함수 $Q(s, a)$를 사용하여 식 A1-9와 같이 근사할 수 있다. 자세한 내용은 참고문헌을 참고하길 바란다.

$$\Delta\rho = E_{p_\rho}\left[\frac{\partial p_\rho(a|s)}{\partial \rho}\frac{1}{p_\rho(a|s)}Q(s,a)\right]$$

$$= E_{p_\rho}\left[\frac{\partial}{\partial \rho}\log p_\rho(a|s)\,Q(s,a)\right] \qquad (9)$$

$$\sim \frac{1}{N}\sum_{i=1}^{N}\frac{1}{T}\sum_{t=1}^{T}\frac{\partial}{\partial \rho}\log p_\rho(a_t^i|s_t^i)\,Q(s_t^i,a_t^i)$$

식 A1-9 정책 경사법에 기반한 경사 $\Delta\rho$의 근사

 메모 | **정책 경사법에 관련된 참고문헌**

정책 경사법에 관해서는 다음 책의 1.4절에 상세히 설명되어 있다.

《これからの強化学習(앞으로의 강화 학습)》(牧野 貴樹, 澁谷 長史, 白川 真一 著 編集, 浅田 稔, 麻生 英樹, 荒井 幸代, 飯間 等, 伊藤 真, 大倉 和博, 黒江 康明, 杉本 德和, 坪井 祐太, 銅谷 賢治, 前田 新一, 松井 藤五郎, 南 泰浩, 宮崎 和光, 目黒 豊美, 森村 哲郎, 森本 淳, 保田 俊行, 吉本 潤一郎 著, 모리키타출판, 2016년)

여기서 N는 대국의 총 수이며, T는 각 대국의 수(手)의 수(數)다(편의상 어떤 대국도 T수에서 끝난다고 하자). 또한, s_t^i 및 a_t^i는 각각 i번째 대국 t 수째의 국면 및 그 국면에서 취한 행동(즉, 둔 위치)을 나타낸다. E_{p_ρ}는 방안 p_ρ를 취한 경우의 기댓값을 나타낸다. **식 A1-9**의 마지막 식은 N회의 자기 대전 결과에 따른 기댓값의 근사치를 나타낸다.

식 A1-9에 있어서 $Q(s_t^i,a_t^i)$의 부분을 시간 t의 보상으로 근사하는 알고리즘을 REINFORCE 알고리즘이라고 한다. 알파고에서는 동일 대국의 수의 보상은 모두 동일 값 z_T^i(즉, 이겼다면 1, 졌다면 -1)로 근사하는 방침을 취하고 있다. **식 A1-9**에서 $Q(s_t^i,a_t^i)$를 보상 z_T^i로 대체하면 **식 A1-10**이 된다.

$$\Delta\rho \sim \frac{1}{N}\sum_{i=1}^{N}\frac{1}{T}\sum_{t=1}^{T}\frac{\partial}{\partial \rho}\log p_\rho(a_t^i|s_t^i)\,z_T^i \qquad (10)$$

식 A1-10 알파고의 강화 학습에서의 $\Delta\rho$의 근사법(REINFORCE 알고리즘)

따라서 RL 정책 네트워크 학습의 플로 차트(제3장 그림 3.14)의 Step 4에서는 이 $\Delta\rho$를 사용하여 파라미터의 갱신을 실시한다.

참고로, REINFORCE 알고리즘에서는 상태 s_t에만 의존하는 함수 $b(s_t)$ (이 $b(s_t)$은 베이스라인 함수라고 부른다)를 이용하여 z_t의 부분을 $z_t - b(s_t)$로 교체해도 얻을 수 있는 기댓값이 변하지 않는 것으로 알려져 있다. 따라서 분산이 작아지는 $b(s_t)$를 이용하는 일이 자주 있다. RL 정책 네트워크의 학습에 있어서도 $b(s_t)$로서 밸류 네트워크에 의한 승률 평갓값 $v(s_t^i)$을 이용하는 연구에 대해 언급하고 있다. 이 경우 식 A1-10 의 z_T^i 부분을 $z_T^i - v(s_t^i)$로 대체하게 된다.

식 A1-10 의 z_T^i을 그대로 사용하는 경우는 특정 대국에 관한 모든 학습 데이터를 동일한 비중으로 다룬다. 그에 반해 $z_T^i - v(s_t^i)$로 대체한 경우는 이미 우열이 결정된(즉, 승률 예측값 $v(s_t^i)$이 1에 가까워지는) 국면은 $z_T^i - v(s_t^i)$가 작아지므로 경시되게 된다. 반대로, 승패 예측이 어려운(즉 $v(s_t^i)$가 0에 가까운) 국면이나 최종적인 승패(즉, z_T^i를 말한다)와 승률 예측에 의한 승패가 역전하는 국면은 $z_T^i - v(s_t^i)$가 커져 그런 국면을 중시한 학습이 이루어지게 된다. 알파고 논문에 따르면 이 연구의 결과로 성능을 올리는 효과가 있다고 한다.

❖ A1.2.2 미로를 예로 든 정책 경사법의 학습 법칙 도출

마지막으로, 정책 경사법의 적용 사례로서 이 책에서 언급한 미로 사례의 학습 법칙에 대해 설명한다. 미로의 예에서는 각 상태 s와 행동 a의 쌍에 하나의 파라미터 $\pi(s, a)$를 할당해 이 파라미터에 대한 소프트맥스 함수를 방안 함수 $p_\pi(a|s)$라고 생각한다. 즉, 식 A1-11 과 같다.

$$p_\pi(a|s) = \frac{e^{\pi(s,a)}}{\sum_b e^{\pi(s,b)}} \quad (11)$$

식 A1-11 미로를 예로 든 방안 함수 $p_\pi(a|s)$

여기에서는 정책 경사법을 이용하여 기대 수익을 극대화하는 방안 함수 $p_\pi(a|s)$의 파라미터 $\pi(s, a)$를 구한다.

또한, 미로의 사례에서는 1 에피소드마다 파라미터를 갱신하는 데에 $N = 1$로 한다. 또한, 골에 이르는 경우에만 보상 1을 얻을 수 있다고 생각했으므로 $t = T$의 경우에만 $z_T^i = 1$로 하고, $t \neq T$의 경우는 $z_T^i = 0$으로 한다. 이때 식 A1-10 은 식 A1-12 와 같이 바꿀 수 있다.

$$
\begin{aligned}
\Delta\pi(s, a) &\sim \frac{1}{T} \sum_{t=1}^{T} \frac{\partial}{\partial \pi(s, a)} \left(\pi(s_t, a_t) - \log \sum_b e^{\pi(s_t, b)} \right) \\
&= \frac{1}{T} \left(N_1 - N_0 \frac{e^{\pi(s, a)}}{\sum_b e^{\pi(s, b)}} \right) \quad\quad (12) \\
&= \frac{1}{T} \left(N_1 \cdot (1 - p_\pi(a|s)) - N_2 \cdot p_\pi(a|s) \right)
\end{aligned}
$$

식 A1-12 미로의 강화 학습에서의 경사 $\Delta\pi(s, a)$의 근사법

N_0: 해당 에피소드에서 칸 s을 지나는 횟수
N_1: 해당 에피소드에서 칸 s에서 행동 a을 취한 횟수
N_2: 해당 에피소드에서 칸 s에서 행동 a 이외를 취한 횟수

식 A1-12 의 마지막 식에서 $(1 - p_\pi(a|s))$ 및 $p_\pi(a|s)$는 모두 정상이므로 골까지의 경로 중에서 행동 a를 취한 횟수(= N_1)가 많은 경우는 $\pi(s, a)$가 커지도록, a 이외의 다른 행동을 취한 횟수(= N_2)가 많은 경우는 $\pi(s, a)$가 작아지도록 갱신된다.

결과적으로, 3.4.2항에서 언급한 바와 같이 골까지의 경로에 포함된 행동에 관한 확률이 높아지도록 파라미터가 갱신되거나, 반대로 경로에 포함되지 않는 행동의 확률이 낮아지게 파라미터가 갱신된다.

이런 식으로 하나의 에피소드마다 정책 경사법에 의한 학습을 실시한 결과가 제3장의 그림 3.10 이다.

바둑 프로그램용 UI 소프트웨어 GoGui 및 GoGui용 프로그램 DeltaGo 이용 방법

여기에서는 바둑 프로그램의 UI 소프트웨어 'GoGui' 및 GoGui용 프로그램 'DeltaGo'의 설치 및 조작 방법에 대해 설명한다.

A2.1 DeltaGo란?

 DeltaGo에 대해서 소개한다.

A2.1.1 DeltaGo의 특징

DeltaGo는 '일반 PC에서 누구나 손쉽게 알파고(의 일부)를 체험할 수 있다'는 것을 콘셉트로, 이 책에서 참고하는 AlphaGo에 대해 쓰여진 알파고 논문의 첫 번째 단계인 SL 정책 네트워크를 충실하게 재현한 프로그램이다.

DeltaGo 자체는 나중에 언급할 바둑 프로그램용의 UI 소프트 'GoGui'에서 동작하도록 필자가 작성한 바둑 AI 프로그램이다(그림 A2-1).

본 프로그램은 입력 48채널, 192필터, 13층의 컨볼루션 신경망을 이용하고 있다.

필자의 검증에서는 이 책에서 참고하는 알파고 논문과 동등한 평가에 의해 일치율 54% 정도에 도달하였다.

그림 A2-1 GoGui에서 DeltaGo 프로그램을 기동했을 때의 모습

A2.2 GoGui의 설치 및 GoGui용 프로그램 DeltaGo 이용 방법

 GoGui 설치 및 DeltaGo의 이용 방법에 대해 설명한다.

❖ A2.2.1 DeltaGo 다운로드와 압축 풀기

① DeltaGo를 다운로드한다

그림 A2-2 의 웹사이트에서 DeltaGo를 다운로드할 수 있다(2019년 7월 현재).

デルタ碁(DeltaGo)のページ

What's New!
2017/07/19 アルファ碁の技術を解説した『最強囲碁AI アルファ碁解体新書』が発売になりました。関連ページはここに公開。
2016/07/09 囲碁ソフトDeltaGoとそのソースを公開。
2016/04/16 AlphaGoに関する講演資料をUP。

- 人工知能エンジニアMeet UpのAlphaGoに関する講演資料はここ(Nature論文解読の一助になれば・・・)。

- 「普通のPCで誰でも手軽にAlphaGo(の一部)を体験できる!!」をコンセプトに囲碁アプリDeltaGoを作りました。DeltaGoは、AlphaGo(Nature論文)のSL-Policy Network (AlphaGo全部ではありません!!)をほぼ忠実に再現、192filterで一致率54%程度に達しました。
  DeltaGoの実行バイナリとそのソースをここに、使い方をここに公開しますので、自己責任でご利用ください。GoGuiなどの囲碁対戦用GUIを使えば、普通のパソコンで簡単に遊べます!!

> 클릭

그림 A2-2 DeltaGo의 다운로드 페이지

URL http://home.q00.itscom.net/otsuki/delta.html

② 다운로드한 파일의 압축을 푼다

다운로드한 DeltaGo.zip(**그림 A2-3**)을 파일 압축 소프트웨어로 푼다. 여기에서는 CubeICE(파일 압축 소프트웨어: **URL** http://www.cube-soft.jp/cubeice/)나 7zip(파일 압축

소프트웨어: URL https://www.7-zip.org/)을 이용해서 압축을 푼다.

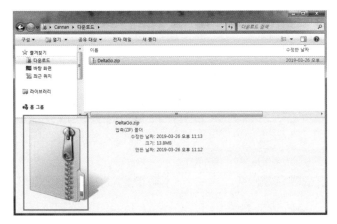

그림 A2-3 DeltaGo.zip을 다운로드한다

'DeltaGo'라는 폴더(이 폴더 안에 'winbin'과 'src' 폴더가 있다)가 생성된다(그림 A2-4).

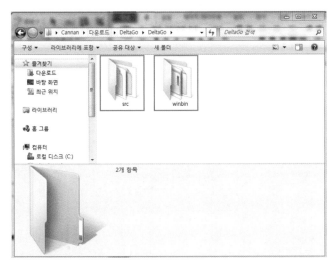

그림 A2-4 DeltaGo.zip의 압축을 푼다

GoGui의 다운로드와 DeltaGo의 이용

① GoGui를 다운로드한다

GoGui를 다음 사이트에서 다운로드한다(**그림 A2-5**).

그림 A2-5 'GoGui'의 다운로드(Windows 버전)

URL https://sourceforge.net/projects/gogui/files/gogui/1.4.9/

② GoGui를 실행한다

다운로드한 실행 프로그램(gogui-1.4.9-install.exe)을 더블 클릭한다(**그림 A2-6**).

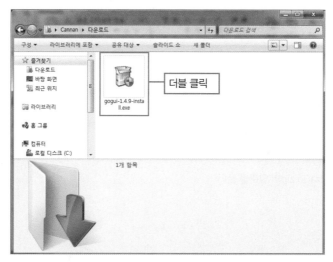

그림 A2-6 gogui-1.4.9-install.exe를 더블 클릭

'Welcome to the GoGui Setup Wizard' 화면에서 [Next] 버튼을 클릭한다(**그림 A2-7**).

그림 A2-7 'Welcome to the GoGui Setup Wizard' 화면

'License Agreement' 화면에서 라이선스 관련 내용을 읽고 문제가 없으면 [I Agree] 버튼을 클릭한다(**그림 A2-8**).

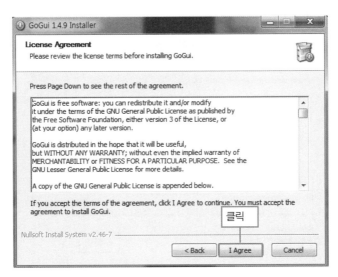

그림 A2-8 'License Agreement' 화면

'Choose Components' 화면에서는 아무것도 변경하지 않고 [Next] 버튼을 클릭한다(**그림 A2-9**).

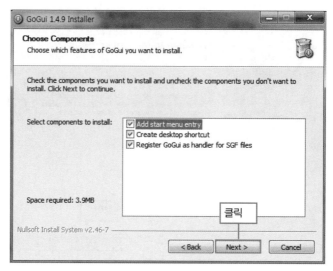

그림A2-9 'Choose Components' 화면

'Choose Install Locations' 화면에서 'Destination Folder'에 인스톨할 곳을 지정하고 (**그림 A2-10 ①**), [Install] 버튼을 클릭한다(**그림 A2-10 ②**). 참고로, 여기에서는 C 드라이브에 설치하고 있다.

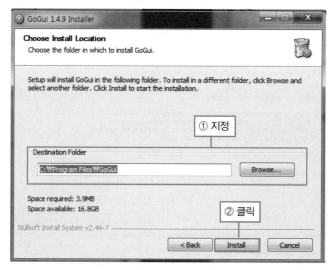

그림 A2-10 'Choose Install Locations' 화면

'Completing the GoGui Setup Wizard' 화면이 나타나면 [Finish] 버튼을 클릭한다(그림 A2-11).

그림 A2-11 'Completing the GoGui Setup Wizard' 화면

바탕 화면에 GoGui의 바로 가기가 생성된다. 바로 가기를 클릭하여 GoGui를 시작하면 'GoGui' 창이 표시된다(그림 A2-12).

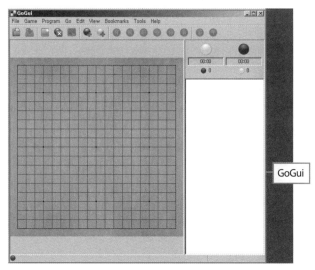

그림 A2-12 'GoGui' 창

③ GoGui에서 DeltaGo를 이용하기

'GoGui' 창의 메뉴에서 [Program] → [New Program]을 선택한다(그림 A2-13 ①②).

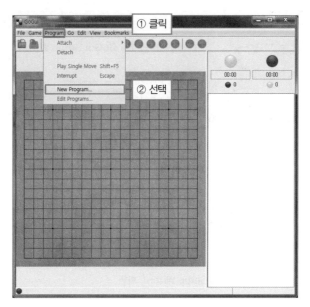

그림 A2-13 [Program] → [New Program]을 선택

'New Program' 창이 열린다. 'New Program' 창에서 Command의 오른쪽 입력란의 오른쪽에 있는 폴더 모양 버튼을 클릭한다(그림 A2-14).

그림 A2-14 폴더 모양 버튼을 클릭

'Select Go Program' 창이 열린다. 'Select Go Program' 창에서 C:\DeltaGo\winbin 폴더에 들어가 'deltaGo.exe'(DeltaGo 애플리케이션)를 선택하고, [열기] 버튼을 클릭한다 (그림 A2-15 ①②). 'Select Go Program' 창이 닫힌다.

그림 A2-15 'deltaGo.exe'를 선택

'New Program' 창으로 돌아가 Working directory의 오른쪽 Command 난에 문자열을 winbin 부분까지 키보드로 입력한다(예: 'C:\DeltaGo\winbin'). [확인] 버튼을 클릭하여 창을 닫는다(그림 A2-16 ①②).

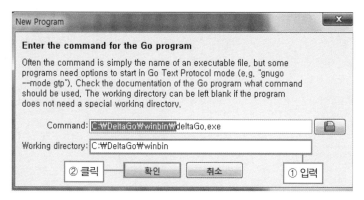

그림 A2-16 여기에서는 'C:\DeltaGo\winbin'이라고 입력

'New Program' 창이 열린다. 'Edit the menu label'의 'Label'에 이름을 적당히 입력하고
(기본적으로 'deltaGo'가 된다), [확인] 버튼을 클릭한다(그림 A2-17 ①②). 'New Program' 창
이 닫힌다.

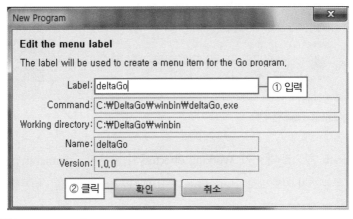

그림 A2-17 'New Program' 창

④ DeltaGo를 기동하기

'GoGui' 창에서 메뉴로부터 'Attach' → '1 : deltaGo'를 선택한다(**그림 A2-18 ①②③**).

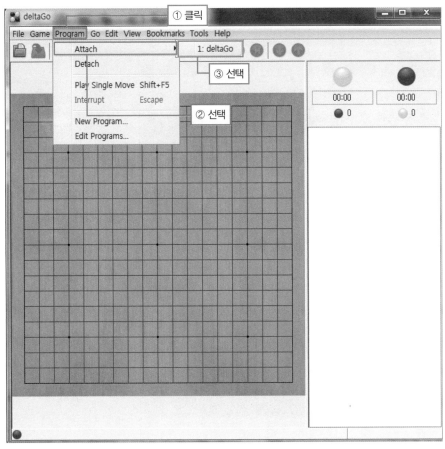

그림 A2-18 'New Program' 창

⑤ GoGui에서 DeltaGo와 대전하기

'GoGui' 창 위에서 흑으로 첫 수를 두고 싶은 곳에 클릭하면 흑돌이 놓이고, 백의 바둑 프로그램(DeltaGo)이 2수째를 생각하기 시작한다(그림 A2-19).

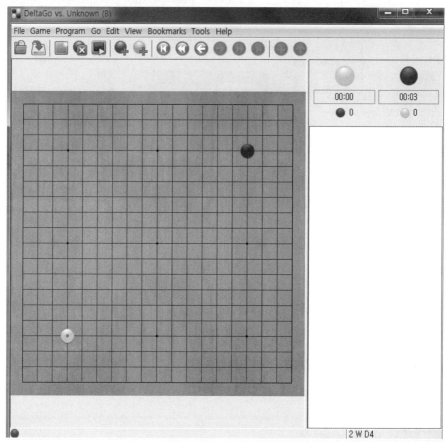

그림 A2-19 흑(인간: 1수째), 백(DeltaGo: 2수째)

칼럼 | GoGui가 제대로 동작하지 않을 경우

GoGui가 제대로 동작하지 않는 경우 GoGui 설치 과정에서 실패하는 경우가 많을 것이다. 그런 때는 다시 설치해 보길 바란다.

또한, 다운로드하여 압축을 푼 deltaGo.exe 자체가 사용하는 컴퓨터에 호환되지 않거나 'New Program' 창에서 'Command'의 지정과 Working directory의 입력이 잘못되면 'New Program' 창 부분에서 실패하는 경우가 많다.

'New Program' 창이 표시되는 부분까지 가면 거의 성공이다.

찾아보기